손와만록

서울대학교 규장각한국학연구원 한국학자료총서 22
손와만록巽窩謾錄
조선후기 향리 출신 선비 김경천의 인생이야기

역주자 이대형 · 이미라 · 박상석
지은이 김경천
펴낸곳 서울대학교출판문화원
펴낸이 성낙인

초판1쇄 인쇄 2015년 11월 25일
초판1쇄 발행 2015년 11월 30일

책임 편집 이라미
디자인 최선아

출판등록 제15-3호

주소 (08826) 서울 관악구 관악로 1
대표전화 02-880-5252 | **팩스** 02-888-4148
마케팅팀(주문상담) 02-889-4424, 02-880-7995
이메일 snubook@snu.ac.kr
홈페이지 www.snupress.com

ISBN 978-89-521-1699-4 94800
978-89-521-1026-8 (세트)

서울대학교 규장각한국학연구원 한국학자료총서 22

손와만록 巽窩謾錄

조선후기 향리 출신 선비 김경천의 인생이야기

이대형
이미라
박상석

서울대학교출판문화원

Sonwamanrok

The Life Story of Kim Kyoungcheon,
Country Writer in Late Joseon Dynasty

Lee Daehyung

Lee Mira

Park Sangseok

Seoul National University Press

머리말

지금으로부터 삼백 년 전 조선후기에 향리 신분이었다가 진사시(進士試)에 합격했던 김경천(金敬天)이라는 인물이 있다. 이 책은 그가 남긴 잡록 『손와만록(巽窩謾錄)』을 현대어로 번역하고 교주한 것이다. 여기에는 그가 모시면서 은덕을 입은 여러 수령과의 일화, 평생에 걸쳐 과거 시험에 도전하면서 겪었던 영욕의 순간, 점술과 관상 및 꿈의 영험을 신봉하는 이로써 겪은 신이한 체험, 그밖에 자신과 후손의 기억에 새기고 싶어 한 다채로운 이야기들이 담겨 있다.

우리는 그가 남긴 책이 단지 옛사람의 기록이라서 번역하기로 한 것은 아니다. 『손와만록』은 우선 교훈적이다. 교훈을 주는 책이란 것이 왠지 진부하게 느껴지는 시대이지만, 그것은 절대 그렇지가 않다. 교훈은 절대 퇴색되지 말아야 할 책의 존재가치다. 우리는 『손와만록』을 읽으며 옛사람들이 나누던 속 깊은 정분에서 숙연한 감동과 바람직한 삶의 태도를 배울 수 있었다. 그러면서도 「염승전(廉丞傳)」이라는 재미난 소설을 쓰기도 한 작가의 작품답게 『손와만록』은 상당한 재미를 준다. 자기를 짝사랑하던 여인에 관한 이야기에서부터, 줄곧 남의 과거 시험지를 대필해 주느라 정작 자신은 과거에 합격할 수 없었다는 하소연까지, 진실한 태도로 생생하게 풀어낸 여러 이야기는 독자에게 흥미와 감동을 전한다. 『손와만록』은 문학이나 역사 분야의 전공자뿐만 아니라 일반 독자의 서가 한 칸을 차지할 만한 책이다.

『손와만록』의 번역이 우리 손에 맡겨진 인연이 기쁘고 감사한 한편으로 부담감도 적지 않다. 바로잡고 더 고민해야 할 부분이 많다는 것을 안다. 그러나 그것은 독자 제위의 질정이 있어야 가능한 일이기에 우선 이 번역본을 독자 여러분 앞에 내놓는다. '21세기 신규장각 자료구축사업'으로 번역 작업을 지원해 준 서울대학교 규장각

한국학연구원에 감사를 드린다.

2015년 10월
역주자 일동

차례

부록: 원문

일러두기

1. 번역 대본은 규장각(奎章閣) 소장 필사본 『巽窩謏錄』(古819.53 Y57s)을 활용하였다.
2. 번역문은 가능한 한 현대 우리말로 풀어쓰는 것을 원칙으로 하였다. 그러나 당대에 상용한 용어에 대해서는 괄호 안에 한자를 병기하고, 그 개념을 해설한 다음 그대로 사용하였다.
3. 번역문에서 한자(漢字)는 필요한 경우 ( )로 묶어 한글과 병기하였다.
4. 번역문에서 표현이 바뀌어 원문의 한자 표기를 밝힐 필요가 있을 때에는 [ ] 안에 병기하였다.
5. 주해는 각종 사전류와 고전 번역서를 참고하여 작성하였다.
6. 원문을 입력하여 표점을 찍어 부록으로 삼았다.
7. 원문의 장수(張數)를 < >에 넣어 번역문과 원문에 표기하였다.
8. 원문에서 윗사람을 지칭하는 말 앞에 높이는 뜻으로 둔 여백은 '_'로 표기하였다.

작품 해제

박상석(동아대학교 교수)

1. 작품의 체재와 내용

『손와만록(巽窩謾錄)』[1]은 김경천(金敬天, 1675~1765)이 80대 중반에 정리한 것으로,[2] 20세 무렵부터 집필 당시까지 자신이 겪은 여러 가지 일을 기록하고 있다. 한문 필사본이고 1책 67장의 분량이며 면당 10줄, 줄당 27자 내외이다. 현재 규장각에 소장되어 있는 것이 유일본(唯一本)이다. 김경천은 「염승전(廉丞傳)」이란 한문소설을 지은 작가이기도 하며, 이 작품의 연구를 통해 김경천과 『손와만록』이 학계에 처음 소개되었다.[3]

『손와만록』은 전체가 총 다섯 개의 장으로 구성되어 있다. 첫째 장 「관정(觀政)」에는 경상도 의성(義城)의 수령을 지내면서 자신을 발탁해 준 이익저(李益著)의 행적을 특별히 따로 기록했다. 둘째 장 「과거(科擧)」에는 자신의 과거 응시 및 입격에 관련된 일들을 세세히 기록했다. 셋째 장 「사장(詞章)」에는 자신의 시문에 얽힌 몇 가지 이야기를 기록했다. 넷째 장 「정분(情分)」에는 이익저 이후에 자신이 모신 여러

1. 표지의 제목이 '巽窩漫錄'이고, 내제(內題)는 '巽窩漫錄自序'이다.
2. 김경천이 『손와만록』 중 「정분(情分)」 <송후정분(宋侯情分)>에서 이 글을 자신의 나이 85세가 된 기묘년(1759)에 적는다고 밝혔다. 『손와만록』 중에 밝혀진 작가의 나이 중 가장 많은 것이다.
3. 김영진, 「「廉丞傳」 연구」, 韓國漢文學會, 『韓國漢文學研究』 23, 1999; 김영진, 「『巽窩漫錄自序』를 통해 본 鄕吏 출신 文人 金敬天의 생애」, 大東漢文學會, 『大東漢文學』 41, 2014. 『손와만록』과 김경천에 대한 본 해제의 내용도 이들 연구를 참고했다.

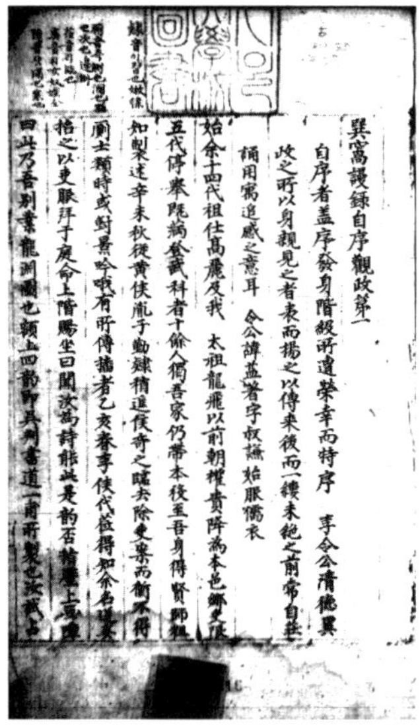

그림 1.1 『손와만록』의 첫 장

수령과의 일화를 기록했다. 다섯째 장 「잡저(雜著)」에는 꿈 · 점술 · 관상 등과 관련된 기이한 체험 따위를 기록했다. 각 장은 별도의 제목이 달린 독립된 이야기로 구성되어 있으며, 총 58편에 이른다.

김경천은 왜 『손와만록』이라는 기록을 남겼을까. 사람이 인생을 살다 보면 잊고 싶지 않은 일, 잊지 말아야 할 일이 있다. 김경천도 그러한 일을 뽑아 『손와만록』에 기록하고 그것으로써 '잊지 않을 자료'를 삼고자 했던 것이다.[4] 김경천은 스스로 『손와만록』의 내용을 회고하려고 할 뿐만 아니라, 후손들이 그것을 보고 기억해 주기를 원하고 있다. 자신이 살아온 인생에 후손들에게 전하고 싶은 교훈과 경계(警戒)가 있기 때문이다. 또 자신에게 은혜를 베풀어 준 사람에 대해서는 후손 대에서라도 보은이 이뤄지기를 바랐기 때문이다.[5]

글을 남기는 모든 사람이 그러하듯 김경천 역시 『손와만록』을 통해 자신의 이름을 후대에 전하고 싶은 마음도 있었을 것이다. 김경천이 소설로서의 재미를 충분히 갖춘 「염승전(廉丞傳)」이라는 작품을 지었고, 또 고소설로서는 드물게 이 작품에 저

---

4. "정분(情分)이란 것은 현후(賢侯)께서 아껴 준 정과 내가 은혜에 감동한 분수를 일에 따라 적어 잊지 않을 자료로 삼는 것이니 …… "(『손와만록』 「정분(情分)」 <자서(自序)>)

5. "이에 전말을 간략히 기록하여 내 자손들로 하여금 대를 이어 보답하기를 도모토록 하였다."(『손와만록』 「잡저(雜著)」 <상병혼명감(喪病婚銘感)>)

자의 이름이 분명히 명기되도록 한 것을 보아도 그러한 점을 짐작할 수 있다. 문집을 남기기 곤란한 향리 출신이었고, 소과(小科) 합격에 머물렀을 뿐 끝내 벼슬을 못했던 처지인지라 김경천은 『손와만록』이나 「염승전」과 같은 잡문을 빌려 후대에 자신의 이름을 남기고자 했을 것이다.

2. 작가 김경천

『손와만록』의 작가 김경천은 숙종 연간에서 영조 연간을 살다 간 인물이며, 경상도 의성 출신이다. 김경천의 집안은 대대로 향리(鄕吏)를 지내왔다. 상주(尙州)의 향리 이진흥(李震興)이 고려 말과 조선시대에 활동한 향리들의 사적(事蹟)과 일화(逸話)를 정리하여 1777년(정조 1)에 『연조귀감(掾曹龜鑑)』을 편찬했다. 그리고 이진흥의 아들인 이정하(李挺夏), 손자인 이복운(李復運)·이만운(李晩運), 증손인 이명구(李明九) 등이 이 책을 보완하여 『연조귀감속편(掾曹龜鑑續編)』을 펴냈다. 이 『연조귀감속편』 중 향리 열전(列傳)에 해당하는 『관감록(觀感錄)』에 김경천에 관한 60자가량의 짧은 기록이 있다.[6] 그가 의성 향리의 아들로 태어나 어려서부터 총명했고, 이익저가 공부를 시켜서 마침내는 진사가 되었으며, 90세가 되어서는 나이 덕분에 동지중추부사(同知中樞府事)가 되었다는 내용이다. '연조귀감'이란 책 제목이 말하는 대로,[7] 김경천이 향리들이 귀감으로 삼아야 할 인물로 존경받았음을 알 수 있다.

『연조귀감』에서도 언급한 대로 김경천 자신은 의성의 수령으로 내려온 이익저의 은택으로 유복(儒服)을 입게 되었다. 그는 의성 및 청주 등지에서 여러 수령의 책실(冊室) 및 자제사(子弟師) 구실을 하며 살아갔다. 한편 그는 20세 무렵부터 70세가 다 되어서까지 계속해서 과거에 응시했고, 그런 가운데 나이 52세에 진사시(進士試)에 합격했으며, 60세가 넘은 나이에 유생으로서 성균관에서 생활했다.

---

6. 김경천은 의성의 향리 효약의 아들이다. 어려서 총명하여 말을 할 때마다 사람들을 놀라게 했다. 수령 이익저가 그를 매우 아껴, 공부하도록 도와주어 예부(에서 주관하는 과거)에 천거한 것이 여섯 번이며 세 번 장원을 했다. 마침내 진사가 되었고, 후에 90세가 되어서는 동지중추부사가 되었다. 만년에는 『주역』 읽기를 좋아하여 자기 호를 '손와'라 했다.[金敬天, 義城吏孝躍子也. 少聰慧, 出語輒驚人. 李侯益著甚珍之, 資以學具, 凡擧禮部者六, 而三居魁, 竟成進士. 後以九耋陞同樞, 晩喜讀『易』, 自號曰巽窩.](『연조귀감속편』 권1 28장 뒤~29장 앞)
7. '연조(掾曹)'란 향리들이 스스로를 높여 부른 명칭이다.

김경천은 『손와만록』의 저자로서는 아직 주목받지 못했으나 국문학계, 특히 고소설 학계에서는 한문소설 「염승전(廉丞傳)」의 작가로 잘 알려져 있다. 「염승전」의 주인공 염시탁(廉時度)은 양반의 비서 역할을 하는 겸인(傔人)으로, 평생 여러 수령을 모시며 살았던 작자 김경천의 분신이라 할 수 있다. 염시탁의 상전은 실존 인물 허적(許積)인데, 그가 경신대출척(庚申大黜陟)의 와중에 죽임을 당하게 되는 상황에서 염시탁이 목숨을 걸고 끝까지 자신의 상전을 지키려 하는 모습을 통해 그의 충성심과 의로움을 부각시키고 있다. 『손와만록』에 김경천이 관상가의 말을 듣고 3년 동안 집을 떠나 액(厄)을 피한 일이 기록되어 있는데, 이것이 「염승전」에 하나의 에피소드로 들어가 염시탁과 혼인을 하는 처자가 겪는 일로 묘사되기도 했다.

<김경천 이력>

1675년 의성의 아전인 김효약(金孝躍)의 아들로 의성에서 태어남.
1694년 20세. 의성 현감 황응일(黃應一)이 이임하면서 김경천을 향리 명부[吏案]에서 빼줌.
1695년 21세. 의성현감 이익저의 배려로 사류에 듦. 이듬해 이익저가 청주목사로 옮기자 따라감.
1702년 28세. 상주목사 이익저를 모심.
1704년 30세. 부친의 상을 당함.
1706년 32세. 아내의 상을 당함.
1707년 33세. 구산(龜山, 지금의 경북 군위군 의흥면) 현감 송징규를 따라가 그의 두 아들과 동접(同接)이 됨.
1710년 36세. 의성 위천(渭川)에 새 집을 마련함.
1711년 37세. 모친의 상을 당함.
1713년 39세. 뜻 없이 지은 시가 수령을 모독한 것으로 몰려 관아의 감옥에 갇히는 필화를 겪음.
1716년 42세. 「염승전(廉丞傳)」 저술함.
1717년 43세. 의흥(義興, 지금의 경북 군위군에 속한 면) 현감 조하성(曺夏盛)의 자제사(子弟師)가 됨.
1721년 47세. 의성 현감 심위(沈瑋)의 기실(記室)이 됨.
1722년 48세. 이익저의 상을 당함.
1724년 50세. 의성 철파촌(鐵坡村)으로 이사함.
1726년 52세. 의성 현감 이우신(李雨臣)의 강권으로 과거 시험을 치르고 진사(進士)가 됨.
1728년 54세. 의성 현감 이제상(李齊尙)의 기실(記室)이 됨.
1730년 56세. 관상가의 말을 듣고 액을 피하기 위해 울산으로 이주함.
1733년 59세. 의성으로 돌아옴.

1736년 62세. 이해 봄부터 가을까지 성균관에 머무르며 정시(庭試)를 준비함. 봄에 영조 앞에 나아가 전강(殿講)을 치름.
1737년 63세. 울산에 서실을 짓고 이주함.
1747년 73세. 의성 현감 이길보(李吉輔)의 책실이 되어 고향에 돌아옴.
1764년 90세. 나이로 인해 동지중추부사(同知中樞府事)를 제수받음.
1765년 91세로 졸함. 묘소는 의성 한동(漢洞)에 마련했음.

3. 『손와만록』의 가치

1) 문학적 가치

『손와만록』은 작가가 지은 몇 편의 시를 삽입하고 있을 뿐, 전체가 산문으로 되어 있다. 『손와만록』은 단순한 기록물이 아니라 필기 및 수필로 분류할 수 있는 문학 작품이다. 형식이나 내용 면에서 문학 작품으로서의 요건을 충실히 갖추고 있기 때문이다. 각 편의 글에는 따로 제목이 붙어 있고, 통일된 주제가 있다. 그리고 각각의 글은 기승전결의 완결된 구조와 일정한 분량을 갖추고 있다. 글마다 대화와 묘사가 적절히 활용되고, 구체성과 생생함이 갖추어져 재미와 감동을 지닌다. 김경천은 소설까지 쓴 작자답게 재미와 감동을 전하는 글을 쓸 줄 아는 재주를 가진 사람이었으며, 『손와만록』은 이러한 작자의 산문정신과 기록정신이 잘 발휘된 작품이다.

『손와만록』의 문학성을 잘 보여 주는 예로 <몰풍정과(沒風情科)>를 들 수 있다. 김경천이 젊은 시절 고향에서 모시던 수령을 따라 청주에서 머물 때 수령의 아들이 그의 적적함을 달래 주려 '차진(次眞)'이란 여종과 동거하게 해 준다. 그러나 김경천은 여색을 경계하라는 부모의 뜻을 받들어 반년 동안이나 그녀와 동거하면서도 동정(童貞)을 유지한다. 과거를 보러 길을 떠나며 헤어질 때 차진은 매몰참을 시험하는 과거가 있다면 김경천이 장원할 것이라며 원망 섞인 농담을 한다. 그리고 길을 떠나는 김경천에게 손수 마련한 행찬(行饌)을 건네주었다. 27년이 지난 뒤 그 당시에 모셨던 수령의 장례에서 김경천은 노쇠해진 차진과 그녀의 남편을 만나보게 된다. 차진은 다시 길을 떠나는 김경천에게 그로 인해 평생 헛되이 몸과 마음이 수고로웠음을 토로하면서, 이번에도 손수 마련한 행찬을 건네주었다.

<영총제시(嶺塚題詩)> 또한 『손와만록』의 문학성을 잘 보여 주는 글로, 작자와 정을 맺은 한 기생에 관한 이야기이다. 그녀가 먼저 찾아와서 정분을 맺고자 했으나 아내가 있는 김경천이 거듭 거절했다. 나중에 우연히 만난 그녀가 병든 몸으로 눈물을 흘리니 김경천이 섬돌 위의 두견화 한 가지를 꺾어 신표로 삼아 주었다. 며칠 뒤 길에서 만난 그녀가 품속에서 마르고 시든 두견화를 꺼내 보여 주니 '그 정을 손에 쥘 듯이 알 수 있었다'고 했다. 그런 일이 있은 후 결국 두 사람은 며칠 밤 함께 기쁨을 나누는 사이가 되었다. 그러나 안타깝게도 이듬해 봄에 기생이 결국 죽게 되는데, 그녀의 유언은 김경천이 가까운 집안을 찾아다니느라 자주 지나게 되는 계란현(鷄卵峴, 재랏재)에 자신을 묻어 달라는 것이었다.

기생과의 사이에 있었을 여러 일 중에서도 두견화와 유언 부분은 가장 애틋한 일일 것이며, 읽는 이의 마음을 애잔하게 한다. 기생과 정분을 나눈 사사로운 이야기를 책에 올린 태도부터 그러하거니와, 김경천은 어떻게 해야 독자의 마음을 움직일 수 있는지를 체득하고 있던 뛰어난 산문 작가이다.

2) 자료적 가치

① 과거(科擧) 관련

『손와만록』에는 특히 작자가 체험한 과거(科擧)에 대해 잘 기록되어 있다. 평생 과거 시험에 도전한 작자의 이력에 걸맞게 『손와만록』에는 과거에 대한 이야기가 가장 많다. 작품 중에 「과거(科擧)」라는 장이 가장 긴 분량으로 따로 마련되어 있을뿐더러, 다른 장에도 과거와 관련된 글이 많으며, 이 속에 작자가 직접 경험한 과거가 생생한 문체로 기술되어 있다. 제도를 연구하기 위해서는 법 조항으로서의 제도뿐만 아니라 당대 사람들이 몸소 겪어 낸 것으로서의 제도를 알아야 한다. 어떠한 제도이든 원칙과 실행 사이에는 적지 않은 차이가 있고, 문서화된 제도 자체보다도 사람이 삶 속에서 겪어 낸 제도가 인문학적 관심의 대상이 되기 때문이다.

김경천은 33세(1707)에 감시(監試)에서 초시(初試)에 합격했는데 그때의 일이 <정해과설(丁亥科說)>에 기록되어 있다. 당시 수령이던 심후(沈侯)가 김경천을 축하하며 자신이 처음 초시에 합격했을 때의 일화를 들려준다. 심후는 전에도 간혹 꿈에서 과거에 급제했다가 깨어난 뒤에 허탈해진 적이 있었다. 방목(榜目)을 확인한 그날 밤은 마침 달이 낮같이 밝기에 자다 말고 알몸으로 창가에 가서 과거 시험 답안지인 명지(名紙)를 달빛에 비춰 보며 꿈을 꾸고 있는 게 아니란 걸 확인했다는 것이다. 당시 공부하는 자들의 과거에 대한 소망이 어떠한 것이었는지 처연할 만큼 잘 느껴지게 하는 장면이다. <몽등악양루설(夢登岳陽樓說)>은 김경천이 82세 때(1756) 꿈속에서 신선을 따라 악양루(岳陽樓)에 오른 일을 적은 것이다. 꿈에서 신선이 내준 운(韻)을 따라 김경천이 시를 지었더니 신선이 태학사(太學士)를 할 만한 재주라고 칭찬했다. 꿈에서 깬 김경천은 나이 50세가 지나 겨우 소과 합격만 이루고 성균관에 올라 나라의 녹(祿)을 허비하기만 한 자신의 삶을 한탄하고 있다. 팔십 노인이 되어서까지 꿈에서도 놓지 못하는 문과(文科)와 벼슬에 대한 소망이 읽는 이의 마음을 안타깝게 한다.

『손와만록』의 기록은 조선후기 과거제도의 실상을 이해하는 데에 큰 도움을 준다. 『손와만록』을 보면 시험장에서 과거 응시생이 자유롭게 대화를 나누는 것은 예사이고, 답안지 대필이 빈번히 이뤄지며, 남의 답안지를 훔치는 일이 일어나기도 하고, 응시생이 시험장 안에서 버젓이 음주하기도 한다. <병오과몽(丙午科夢)>을 보면, "내가 누차 과거 시험을 봤지만 합격하지 못한 것은 단지 재주가 적어서만이 아니라 매번 다른 사람의 부림을 받아서 때맞춰 시권(試券)을 제출할 수 없었기 때문이다." 라고 토로하고 있다. 김경천이 소과(小科) 초시(初試)에서는 여러 차례 합격했지만 그때까지 복시(覆試)에 합격하지 못했는데, 그 이유를 다른 사람의 청탁을 받아 대필을 해 주느라 정작 자신의 답안지를 때맞춰 낼 수 없었기 때문이라고 밝히고 있는 것이다. 이런 일로 '수십 년의 원통함이 쌓여' 과거 응시를 단념하기로 굳게 결심했다가 수령의 강권에 못 이겨 과거를 치르고 마침내 복시에 합격할 수 있었다.

김경천은 52세(1726)에 소과 복시에 합격한 후 유생으로서 성균관에서 생활하던 중 62세(1736) 때 영조(英祖) 앞에서 전강(殿講)을 치르게 된다. <친문식당설(親問食堂說)>에서 이에 관해 자세히 적고 있다. 관리들이 응시생들을 향해 임금 앞에서 예절을 잃지 말라고 거듭 당부하는 바람에 김경천은 더욱 긴장했다. 대전(大殿) 안에 다 같이 들어가서 영조 앞에 꿇어 엎드리니 영조가 고개를 들어 자신의 얼굴을 보라고 했다. 수많은 신하가 나립하고 허다한 궁녀들이 숨어서 몰래 구경하는 가운데 대기하고 있다가 차례로 임금 앞으로 나아갔다. 드디어 차례가 되어 김경천이 용상(龍床) 앞에 바싹 다가가 시험을 치르게 되었다. 임금이 경서(經書)의 한 대문(大文)을 짚으며 풀이를 하라고 했으나 김경천은 말문이 막혔다. 임금이 "천천히 생각해 보라."고 하며 배려해 주었으나 결국 못하겠다는 뜻으로 '불(不)' 자를 써서 제출하고 말았다. 임금은 김경천에게 사는 곳을 묻고, 또 날이 저물었는데 식당에 갈 수 있겠느냐며 염려해 주었다. 다음 날 일찍 대사성(大司成)이 성균관에 들어와서 선비들에게 시험을 치르게 하는 데 문제가 '본조(本朝) 태학사(太學士) 김경천이 전강일(殿講日)에 임금께서 친히 식당에 갈 수 있느냐 없느냐를 물으신 일에 감사했던 것에 비겨서 표(表)를 지으라'는 것이었다. 이때가 김경천의 인생에서 가장 극적인 때였을 것이다. 이 글만큼 임금 앞에서 치르는 과거의 현장을 생생하게 묘사한 기록은 아마 없을 것이다.

② 생활사 관련

『손와만록』은 조선후기 생활사와 미시사를 위한 귀중한 자료이다. 『손와만록』에는 조선후기를 살아간 한 향리 출신 선비의 일생과 그가 겪은 다채로운 일이 구체적이고 생생하게 담겨 있다. 한 예를 들면, <사당대노(祠堂大怒)>란 글에는 당시 청주(淸州) 지방에서 아전들로 하여금 관아의 제수(祭需)를 충당하도록 하여 민간에 제사가 있다는 소식이 들리면 아전이 그 집으로 찾아가 제사가 끝나기를 밤새 기다렸다가 과일을 아이들한테 주는 대신 자기한테 달라고 간청하던 일이 서술되어 있다.

옛사람이 흔히 그러했듯이 김경천도 운명론을 믿었으며, 그래서 『손와만록』에 꿈을 풀이하고, 점(占)을 치며, 관상을 보는 이야기가 많이 실려 있다. <경인과설(庚寅科說)>은 과몽(科夢)에 관한 이야기이다. 김경천은 36세 때(1710) 과거를 준비하는 중에 자신이 털빛이 붉은 적다마(赤多馬)의 머리를 베고 지인(知人)인 오대래(吳大來)는 그 꼬리를 자르는 꿈을 꾸고, 자신이 장원을 하고 오대래는 말석을 차지할 것이라 생각했다. 나중에 집에서 시지(試紙)를 정리하면서 자신이 규격에 맞춰 윗부분을 잘랐는데 마침 오대래가 와서 시지의 아랫부분을 자르는 것을 보고 꿈이 맞아떨어지리라 생각했다. 오대래가 어찌 되었는지는 말하지 않았지만, 이때의 과거에서 김경천은 장원을 했다. <이가감현후(移家感賢侯)>를 보면, 김경천이 56세 때(1730) 수령이 관상가에게 김경천의 상(相)을 보인다. 관상가는 장래 그에게 큰 액운이 있으니 남쪽으로 300여 리를 가서 3년 후에 돌아오라고 했다. 다소 망설이긴 했으나 수령의 적극적인 권유를 받고 김경천은 울주(蔚州)로 이사를 단행하여 3년을 지내고 온다. 관상이나 점술에 대해 김경천이나 주변 사람들의 믿음이 얼마나 공고했는지를 알 수 있다. 이 밖에도 꿈, 점술, 관상에 대한 여러 이야기가 구체적으로 기술되어 있어 김경천을 비롯한 당시 사람들의 사고와 세계관을 이해하는 데에 도움을 준다.

③ 역사 관련

『손와만록』에는 저자가 직접 체험한 중요한 역사적 사건들이 기록되어 있기도 하다. 1728년(영조 4)에 일어난 무신란(戊申亂, 일명 李麟左의 난)이 그런 것이다. 무신란은 노론(老論)이 지지하는 영조가 즉위하자 그에 위협을 느낀 소론의 과격파들과 남인이 영조와 노론을 제거하고 소현세자(昭顯世子)의 증손인 밀풍군(密豊君) 탄(坦)을 왕으로 추대하기 위해 일으킨 난이다. 『손와만록』의 <무신난리(戊申亂離)>에서는 어느 글보다 긴 분량을 할애하여 저자 자신이 경험한 이 무신란을 기록하고 있다. 그만큼 생사를 넘나들었던 난리의 체험이 절절했던 것이다. 무신란이 일어날 당시 54세였던 김경천은 공교롭게도 문과 회시(會試)를 보기 위해 삼월 초열흘에 길을 나섰다. 그리고 열나흘에 석원(石院, 충청북도 음성군과 경기도 이천시의 경계지역)에서 큰 난리가 났다는 소식과 그날 밤 적병이 병영(兵營)을 칠 것이라는 기밀을 듣게 된다. 이윽고 북쪽으로부터 내려오는 피란민의 행렬과 마주친다. 김경천은 나아가야 할 방향을 점쳐 동쪽으로 길을 잡았다. 그리고 새벽에 병영에서 도망친 이로부터 병영이 함락당하고 도륙이 일어났다는 이야기를 듣는다. 김경천은 차라리 나라를 위해 죽겠다는 생각으로 남한산성을 찾아갔으나 용납되지 못하고 다시 동쪽으로 달렸다. 설상가상으로 동행인 김이서(金履瑞)가 천연두를 앓기 시작했는데, 김경천이 급히 조치하여 다행히 병세가 나아갔다. 다시 병자를 말에 싣고 가면서 처참한 피란 행렬과 마주치게 된다. 말을 가진 다른 피란민들은 모두 관군에게 말을 빼앗겼으나 김경천 일행은 자신들이 영장(營將)의 고향인 인동(仁同) 사람들이라고 말하는 기지를 발휘해 무사히 통과할 수 있었다. 천신만고 끝에 집에 돌아오자 수령이 김경천을 불러 난리 소식을 묻고, 어서 관아의 식솔을 이끌고 피란하라고 했다. 그러나 김경천은 민심이 동요할 것을 염려해 그럴 수 없다고 했다. 그리고 김경천은 수령에 의해 산성진장(山城鎭長)으로 임명되어 여러 사람과 함께 길을 나서서 요충지를 살피고 작은 성을 쌓을 계획을 세웠다. 그로부터 10여 일 후 적병이 소탕되었으니 돌아가라는 전령을 받게 된다. 이 글은 개인의 체험으로써 역사의 한 장면을 생생히 증언하고 있다.

또한 『손와만록』에는 김경천과 교분이 있는 역사적 인물이 몇 사람 등장한다. 1748년 통신사행(通信使行) 때 종사관으로서 일본에 다녀와 『봉사일본시문견록(奉使日本時聞見錄)』을 남긴 조명채(曺命采), 정읍 현감을 지낼 때 여씨향약(呂氏鄕約)을 실시하고 후에 『마의방(馬醫方)』을 간행한 이우신(李雨臣) 등이 그런 예이다. 이우신은 의성 현감을 지내던 중 당시 52세 나이로 과거를 단념하고 있던 김경천에게 과구(科具)를 일일이 챙겨주고 과거를 보러 가지 않으면 관아로 잡아들이겠다고 강력히 권면하여 결국 그가 소과 복시에 합격하도록 했다.

④ 인문지리 관련

작자 김경천의 고향이 경상북도 의성이고 『손와만록』에 기술된 일들도 의성이라는 공간을 중심으로 하고 있다. 그래서 이 책에는 소주(韶州), 위천(渭川), 철파촌(鐵坡村), 사촌(沙村), 비안(比安), 안평창(安平倉), 재랏재[鷄卵縣] 등 의성의 옛 지명이나 지금도 그대로 이어져 오는 지명이 다수 등장하고, 그곳에서 저자가 겪은 일들이 서술된다. 인문지리학의 관점에서 본다면 한 지역은 그저 물리적인 공간으로서가 아니라 그 안에서 살아간 사람들의 삶과 애환이 아로새겨진 공간으로서 의미가 있다. 『손와만록』은 의성을 더욱 뜻깊고 정감 어린 향토 공간으로 만들어 줄 작품이다.

손와만록[1] 자서(自序) 관정(觀政) 제1

<1앞> 자서(自序)라는 것은 대개 발신(發身)[2]한 과정[階級]과 겪어 온 영행(榮幸)을 기록한 것인데 특히 이영공(李令公)의 맑은 덕과 특이한 정사 가운데 내가 친히 본 바를 드러내어 선양하고 후세에 전하며 한 가닥 나의 목숨이 끊어지기 전에 항상 스스로 간직하고 암송하여 회고하는 뜻을 부치고자 할 따름이다. 영공(令公)의 휘(諱)는 익저(益著)[3]이고, 자(字)는 숙겸(叔謙)이다. 처음 유의(儒衣)를 입혀 주셨다.

본래 나의 십사대 조부께서 고려에서 벼슬을 하셨으나 우리 태조(太祖)께서 등극하심에 이르러 전 왕조의 권문귀족(權門貴族)을 본읍(本邑, 의성)의 향리(鄕吏)[4]로 강등시켰고 오대(五代)에 걸쳐 정거(停擧)[5]하게 하셨다. 기한이 다 되어서는 무과(武科)에 오른 자가 십여 인이었으나 유독 우리 집안은 본역(本役)에 묶여 있었는데, 나에 이르러 어진 스승을 만난 덕에 글을 조금 지을 줄 알게 되었다.

---

1. 표지의 배면지에 '折衝將軍行金山陣, 水軍僉節制使鄭'이라는 글자가 있다. 『司馬榜目』을 보면, '절충장군(折衝將軍)'은 김경천의 부친 김효약(金孝躍)이 지낸 관직이다. "業儒 金敬天 仲直 乙卯 木義城 居義城 父折衝將軍行龍讓衛副軍 孝躍 永感下 雁行 兄 克昌 弟 克欽."(『丙年式年司馬榜目』 1728년 1책)(김영진, 「『巽窩漫錄自序』를 통해 본 鄕吏 출신 文人 金敬天의 생애」, 大東漢文學會, 『大東漢文學會』 41, 2014, 85쪽 참고).
2. 발신(發身): 천하거나 가난한 처지를 벗어나 앞길이 트임.
3. 이익저(李益著): 1649~1722. 본관은 연안(延安), 자(字)는 숙겸(叔謙). 음직(蔭職)으로 여러 고을의 수령을 역임했음.
4. 향리(鄕吏): 한 고을에 대물림으로 내려오던 구실아치.
5. 정거(停擧): 일정 기간 과거를 보지 못하게 하는 벌.

신미년(1691, 17세[6]) 가을에 황후(黃侯)[7]의 맏아들을 따라서 열심히 학업에 정진하여 조금 진전이 있었다. 후(侯)께서 이를 기특하게 여기셔서 떠나실 때에 향리의 명부에서 빼 주셨으나 사류(士類)에 낄 수는 없었다. 때때로 경물에 대해 시를 읊었는데 사람들에게 전해진 것이 있었다.

을해년(1695, 21세) 봄에 이후(李侯)께서 그 자리에 대신 오셔서 내 이름을 들으시고 하인을 보내어 부르시매 향리의 복장을 하고 뜰아래에서 절을 올리니 계단에 오르라 명하시고 자리를 내주며 말씀하셨다.

"듣자 하니 네가 시를 짓는다고 하던데 이것으로 운(韻)을 삼을 수 있겠느냐?"

그리고 벽에 걸린 그림 병풍을 가리키며 말씀하셨다.

"이것은 내 별장에 있는 용연(龍淵)을 그린 그림인데, 편액(扁額) 위의 사운(四韻)은 오도일(吳道一)[8] 판서(判書)께서 지은 것이지. 네가 <1뒤> 화운(和韻)[9]해 보아라."

내가 비록 송구하나 감히 사양할 수 없어 급히 지어 바치니 후께서 무릎을 치며 감탄하여 말씀하시기를,

"함련(頷聯)[10]에 '산세는 구상(構想)을 따라 에둘러 비단을 이루고, 물은 신비한 붓을 따라 희미하게 비단을 적시네[山隨意匠圍成錦, 水逐神毫細濕綃]'라고 한 것은 소동파(蘇東坡)[11]가 다시 태어난다고 해도 이에서 더할 수 없겠군."

이라고 하시니, 과찬이셨다. 그리고 공고(工庫)[12]에 보관한 저포(苧布)[13] 두 단(端)을 가져다가 집에 보내 주도록 하시고, 머물러 앉혀 음식을 주시면서 말씀하셨다.

"네가 실로 예사 재주가 아니구나. 하류에 오래도록 머무는 것이 불가하니, 내 마땅히 너를 유자(儒者)로 만들겠다. 보내 준 저포로 유복(儒服)을 만들어 입고 오너라."

---

6. 17세: 이하 해당 연도에 저자 김경천(金敬天)의 당시 나이를 적기로 함.
7. 황후(黃侯): 황응일(黃應一, 1655~1716), 후는 수령을 높여 이르는 말. 그는 생원시에 합격한 후 동몽교관(童蒙教官)에 제수되고, 1691년 의성 현령이 되어 1694년에 문소루(聞韶樓)를 중건했음.
8. 오도일(吳道一): 1645~1703. 본관은 해주(海州), 자는 관지(貫之), 호는 서파(西坡). 숙종 때 부제학 · 도승지 · 대사헌을 거쳐 대제학 · 병조판서 등을 역임했음. 소론(少論)에 속함.
9. 화운(和韻): 남이 지은 시의 운자(韻字)를 써서 화답하는 시를 지음.
10. 함련(頷聯): 율시(律詩)에서 셋째 구(句)와 넷째 구를 이르는 말.
11. 소동파(蘇東坡): 1037~1101. 본명 소식(蘇軾), 자는 자첨(子瞻), 호는 동파거사(東坡居士). 송나라 최고의 시인이며, 문장에서도 당송팔대가(唐宋八大家)의 한 사람으로 평가됨.
12. 공고(工庫): 각 관청에서 쓰는 기구를 넣어 두던 창고.
13. 저포(苧布): 저포(紵布). 모시. 모시풀 껍질의 섬유로 짠 피륙.

옷이 지어져 나아가 알현하니, 후께서 말씀하셨다.

"이미 유복을 갖췄으면 드나드는 길이 다른 법이지."

하시고는 동협문(東挾門)[14]을 열고 맞이하여 청사(廳事, 마루)에 올라 절을 받으셨다.

이날 뜰을 가득 메우고 이 광경을 본 서리(胥吏)[15]들은 낯빛과 태도를 고치지 않는 이가 없었다. 이어 양자인 맏아들을 불러 서로 인사하게 하고 말씀하셨다.

"너는 이제 스승을 얻었으니 공경하여 섬기거라."

이로부터 책실(冊室)[16]을 왕래하며 함께 과거(科擧) 공부를 했다. 부자(父子)의 친애함이 골육과 같았다. 부침(浮沈)에는 실로 운수가 있는데, 사대부가 다른 이의 아름다움을 이뤄 줌이[17] 이와 같다.

별을 보고서 진휼을 생각하다[觀星慮賑]

후(侯)께서는 항상 벽에 천문도(天文圖)를 걸어 놓고 서안에는 역서(曆書)를 놓아두고서 공무 중에 잠시 짬이 날 때마다 마음을 가라앉히고 뜻을 음미하며 산가지를 쥐고 헤아리셨다. 을해년(1695, 21세) 단옷날 밤에 마당 가운데로 나와 별자리를 올려다보시더니 근심스런 표정을 지으며 즐거워하지 않으셨다. 내가 계단 옆에 모시고 섰다가 그 이유를 여쭈었더니 답하셨다.

"내년 봄엔 백성들이 <2앞> 굶어 죽는 자가 많겠구나."

"금년의 보리 풍작은 근래 없던 일인데, 어찌 굶주리겠습니까?"

"가을 곡식에 큰 손실이 있을 것이다."

말씀이 엄숙해서 나는 다시 여쭈지 못하였다. 며칠 후 순영(巡營)에 가서 돈을 꾸어 산성전(山城錢)[18] 만 냥을 얻어 돌아오셨다. 관아 창고에 쌓아 둔 갖가지 전포(錢布)[19]를 모두 내어 또 만 냥을 채우셨다. 보리를 타작함에 이르러 쉰 말을 돈 한

14. 동협문(東挾門): 동쪽의 협문(挾門 · 夾門). 협문은 궁궐이나 관청 등의 정문(正門) 좌우에 딸린 작은 문으로, 동협문(東挾門)과 서협문(西挾門)이 있음.
15. 서리(胥吏): 각 관청에 딸려 벼슬아치 밑에서 행정실무에 종사하던 구실아치.
16. 책실(冊室): 책방(冊房). 수령의 자제가 머물던 곳.
17. 다른 이의 아름다움을 이뤄 줌이: 『논어(論語)』 「안연(顔淵)」에, "군자는 남의 아름다움을 성취시켜 주고 남의 악함은 성취시켜 주지 않는다. 소인은 이와 반대이다.[君子成人之美, 不成人之惡, 小人反是.]"
18. 산성전(山城錢): 산성(山城)을 운영하기 위해 마련한 돈.

관(貫)[20]과 바꿨다. 그리고 후께서 지역의 장사치들을 불러 모아 분부하셨다.

“듣자니 보리값이 매우 싸다고 하는데 너희가 원한다면 한 관을 받고 마흔다섯 말을 상납하라.”

장사치들은 그것이 이익이 된다고 여겨 다투어 받아가 정한 수대로 바쳤다. 이때에 벼, 기장, 콩, 조는 전에 비해 크게 풍족하여 아전과 백성들이 헛되이 쌓아놓으면 무용지물이라 하였다.

칠월 초하루 밤 또 천상(天象)을 보시고 농리(農吏)[21]를 불러 각 면에 서한을 보내 도랑을 열어 수재를 방비하게 하자 백성들은 또한 의아하게 여겼다. 초엿새가 되자 스산한 바람이 불고 찬비가 동시에 내리며 밤낮으로 붓듯이 쏟아졌다. 팔월 열이틀에야 비로소 개어 달빛이 낮처럼 밝았다. 후께서 또 하늘을 보고 말씀하셨다.

“내 땅의 백성들이 살 길을 얻을 수 있겠구나.”

방으로 가 잠을 이루지 못하는 사이 닭이 울자, 내게 말씀하셨다.

“한기가 몸에 끼치는 것을 보니 서리가 내렸겠구나.”

나가서 보니, 땅이 눈 쌓인 것처럼 하얬다. 후께서 방문을 열어 보고서는 쯧쯧 혀를 차며 길게 탄식하셨다.

“사람들이 모두 죽겠구나.”

해가 뜨자 장마에 서리 맞은 곡식이 모두 말라 남은 것이 없었다. 백성들은 그제야 두려워하며 그분의 신명함에 더욱 탄복하였다. 열이렛날에 시장에서는 한 관으로 겨우 보리 다섯 <2뒤> 말을 살 수 있었고, 봄이 되자 한 말로 줄었다. 즉시 본전 수만 관(貫)을 갚았고, 남은 곡식이 헤아릴 수 없었다. 지역민들이 모두 그분의 덕을 누렸다.

병자년(1696, 22세) 여름, 조정에서 그가 진휼 잘함을 특별히 기려 표리주(表裡紬)[22]를 하사하고 통정대부(通政大夫)[23]로 승진시키고 청주목사(淸州牧使)로 임명하였다. 남은 돈으로 백성들의 생활을 예비하였는데, 정축년(1697, 23세)에 정공(正

19. 전포(錢布): 화폐로 쓰던 천. 『우서(迂書)』 권7 「논징공세전량(論徵貢稅錢糧)」에 관련 서술이 보임.
20. 관(貫): 엽전 천 닢, 곧 열 냥의 돈을 이르던 말.
21. 농리(農吏): 농사를 담당하는 아전.
22. 표리주(表裡紬): 『경국대전(經國大典)』에 잘 다스린 수령을 포상하여 표리주 두 단을 하사하는 규정이 있었음. 『퇴계집(退溪集)』 권7 「숙부참판부군묘갈지(叔父參判府君墓碣識)」 참고.
23. 통정대부(通政大夫): 문관(文官)의 정3품(正三品) 당상관(堂上官)의 품계.

供)[24] 쌀과 포목을 바치고, 그 나머지로 절 노비들의 신포(身布)[25] 백여 동(同)[26]을 충당했으며, 여러 신포로 이획(移劃)[27]하였다. 또 삼천 냥으로 황청(荒廳)[28]을 세우고 삼천 냥으로 역청(役廳)[29]을 세워 백성들이 무역(貿易)하는 고단함을 줄여 주었다. (임기를 마치고) 떠나실 때에 짐은 오직 거문고와 서책 두 가지뿐이었다. 그의 신이한 다스림과 청렴결백한 지조는 근래에 없던 것이다.

법을 집행함에 흔들리지 않다[執法不撓]

후(侯)께서 을해년(1695, 20세) 봄에 본읍(本邑)의 정사(政事)를 맡으시고 참무명[眞木] 재단하는 것을 척양(尺樣)대로 하고자, 호조(戶曹)에 보고하여 기준을 청하며 호조에서 사용하는 자를 낙인해서 보내 달라 청했더니 그에 따라주었다. 대동목(大同木)[30]을 납부하게 되었을 때 백성들에게 알렸다.

"대동목이 당초에 오 승(升)[31]의 무명 삼십오 척(尺)으로 정해졌으니 이에 따라서 납부하라."

백성들이 이를 믿지 못했다. 무명을 납부하는 날에 새 자로 뜰 가운데 땅을 재서 삼십오 척쯤 되는 양 끝에 표시를 꽂고 그 가운데에서 무명을 펼쳐 남는 것이 있으면 잘라서 주었다. 무명을 보낼 때에 별도로 보고서를 써서 (이전) 수령들이 법을 받들지 못하여 나라로 인해 (백성들의) 원망을 들었던 상황을 갖추어 진술했다. <3앞> 또 사목(事目)[32]에 따라 새 자에 맞춰 올려 보내는 뜻을 진술했다. 담당 낭관(郎官)[33]이 감히 자기 마음대로 할 수 없어 당상(堂上)[34]에 품의하니 당상이 그 (백성

24. 정공(正供): 정당한 공납이라는 뜻으로, 법으로 정해진 부세(賦稅), 방물(方物)을 말함.
25. 신포(身布): 조선시대에 양인(良人)이 신역(身役) 대신 바치던 무명이나 베. 공노비가 신공(身貢) 대신 바치던 베.
26. 동(同): 물건을 묶어 세는 단위. 피륙은 50필이 한 동임.
27. 이획(移劃): 금전과 양곡 등을 이곳에서 저곳으로 옮기는 것. 대신 충당해 줌.
28. 황청(荒廳): 흉년에 대비하여 곡식을 비축해 두고 굶주린 백성을 구제하는 관청인 듯함.
29. 역청(役廳): 임진왜란 후 군포(軍布)를 바치는 것으로 군역을 대신했음. 역청은 백성이 내야 할 군포를 마련하거나 비축하는 일을 담당한 기관으로 보임.
30. 대동목(大同木): 대동법에 따라 쌀 대신 거두던 무명.
31. 승(升): 새. 피륙의 날실 80올.
32. 사목(事目): 공사(公事)에 관하여 정한 규칙.
33. 낭관(郎官): 육조(六曹)의 5~6품관인 정랑(正郎)·좌랑(佐郎)의 자리에 있던 사람을 이르던 말.
34. 당상(堂上): 정삼품 이상의 품계에 해당하는 벼슬을 통틀어 이르는 말. 혹은 아전들이 자기의 상관을 이르던 말.

을) 보살핌을 칭찬하며 말했다.

"숙겸(叔謙)[35]이 청렴하게 법을 집행하니 앞서 새 자를 만들어 보낸 것은 이 때문이다. 또 보고를 보니 말 가운데 쟁변(爭卞)하는 뜻이 분명히 있다. 만약 가까운 예(例)로 끝내 멀리 물리치면 이 현후(賢侯)가 필시 벼슬을 내놓고 상소할 테니 놔두느니만 못할 것이다."

그래서 결국 다 받아들였다.

한편 본읍에는 예로부터 호랑이 대신 무명 칠십여 필을 대신 납부하는 규정이 있었다. 필히 십 승의 무명 사십 척을 기준으로 하였는데, 아전이 전례에 따라 출질(出秩)[36]하고자 하니 후께서 말씀하셨다.

"이는 나라에서 민간의 피해를 없애고자 함정을 설치해 호랑이를 잡도록 하고 잡지 못하면 베로써 벌을 준 것이니, 호랑이를 잡는다면 꼭 베를 납부해야 하겠나?"

드디어 사냥을 나서서 작은 범을 잡아 와 가죽을 벗기고 내장과 뼈까지 함께 말려서 때가 되자 이것들을 올려 보내도록 했다. 담당 낭관이 가죽을 사온 것으로 의심해서 그 골육(肉骨)까지 납부하라고 책망하자, 가지고 간 사람이 골육을 봉인해서 올리니, 답할 말이 없었다. 이어 보고한 바에 따라 제송(題送)[37]한 것을 바쳤다. 법을 집행함에 흔들림이 없는 것이 이와 같았다.

세도가를 두려워하지 않다[不畏强禦]

후(侯)께서 옮겨 다스린 곳은 청주(淸州)이다. 나는 자제의 선생으로 따라갔다. 새 정사(政事)를 아직 펴지 않았는데 호장(戶長)[38]이 시탄(柴炭)[39]을 미납한 건으로 <3뒤> 각 사람의 명단을 추려서 나아오니 후께서 말씀하셨다.

"본주(本州)의 대성(大姓)[40]이 누구인가?"

---

35. 숙겸(叔謙): 이익저(李益著)의 자(字).
36. 출질(出秩): 납입고지서를 발행함.
37. 제송(題送): 상부 기관에서 하부 기관에, 혹은 관(官)에서 민(民)에 지령서를 보내어 명함.
38. 호장(戶長): 각 고을 서리(胥吏)의 으뜸.
39. 시탄(柴炭): 땔나무와 숯 따위를 이르는 말.
40. 대성(大姓): 집안이 번성한 성씨, 혹은 지체가 높은 집안의 성씨.

"휘(諱)가 수언(秀彦)인 이판서(李判書) 댁입니다."

"안 걷힌 것이 있는가?"

"전부 납부하지 않았습니다."

"다른 사람은 잠시 두고 먼저 발패(發牌)[41]하여 그 집의 수노(首奴)[42]를 잡아 오너라."

판서는 평소 후의 명성을 들었던 터라 관지(官旨)[43]를 보고 곧 수노를 보내며 말했다.

"나와 신관(新官)은 친분이 얕지 않으니 심히 벌하지는 않을 것이다."

차인(差人)[44]이 수노를 붙잡아 왔는데, 수노가 굴하지 않고 걸터앉아 고개를 쳐들고 말했다.

"이는 이전에 없던 일입니다."

후께서 말씀하셨다.

"너는 호수(戶首)[45]로 결역(結役)[46]을 납부해야 마땅하거늘, 전혀 거행하지 않았으니 될 일이냐?"

수노가 말했다.

"우리 상전이 계신 이래로 호역(戶役)[47]의 독촉을 받아 본 적이 없습니다."

후께서 노하여 말씀하셨다.

"네가 감히 권세를 믿고 이렇게까지 하는구나."

나졸들을 엄히 명해 을러서 형틀에 오르게 하여 형장(刑杖)을 취해 일일이 따지고, 이미 준차(準次)[48]를 한 뒤에 또 형벌을 더하려 하였다. 수노가 비로소 혀를 빼고 죽기를 청하니 마침내 칼을 씌워 가두었다. 다음 날 아침 판서 공(公)이 특별히 와서 뵙기를 청하여 인사를 나눈 뒤에 사례하여 말했다.

"제[民[49]]가 타향에서 관직을 지낸 지 여러 해이고 집에 있는 날은 적어 종들을

---

41. 발패(發牌): 패문(牌文, 관청의 통지문)을 발송함.
42. 수노(首奴): 우두머리 노비.
43. 관지(官旨): 관(官)의 명령. 혹은 관의 명령이 적힌 통지문.
44. 차인(差人): 심부름꾼. 임시로 파견한 사람.
45. 호수(戶首): 땅 여덟 결(結)을 단위로 공부(貢賦)를 바치는 일을 맡은 사람.
46. 결역(結役): 지방관이 불시의 경비를 마련한다는 명목으로 토지 결수(結數)를 기준으로 징수한 세금.
47. 호역(戶役): 집집마다 부과되는 부역(賦役).
48. 준차(準次): 결장(決杖). 죄인에게 곤장을 치는 형벌을 집행하던 일.

단속하지 못해 엄한 책망을 듣는 지경에 이르렀으니 황공하지 않을 수 없습니다. 감히 얼굴을 들고 올 수 없으나 특별히 세의(世誼)[50]가 있어 납자(納刺)[51]를 하니 너그러이 용서해 주시면 다행이겠습니다."

"이는 별일 아닙니다. 완악한 노비를 다스리는 것이 어찌 대감과 관계있겠습니까."

그리고 술을 마시며 맘껏 즐기고 파했다. 소문이 퍼져서 온 고을이 두려워했으며, 며칠 지나지 않아 남김없이 납세가 완료되었다.

한편, 북촌(北村)에 박좌수(朴座首)[52]라는 자가 있어 거부(巨富)로 이름났다. <4앞> 과부인 손아래 누이가 있는데 당시 형조판서(刑曹判書) 임언강(任彦綱)의 계모였다. 좌수의 집안이 이 때문에 더욱이 권세를 믿고 그 아들이 이득을 좋아해서 혹 미납한 자가 있으면 몸소 가서 독촉하니, 백성들이 이를 호랑이처럼 두려워했다.

서촌(西村)의 한 사내가 가난하여 즉시 돈을 갚지 못하자 박생이 하인을 데리고 가서 사는 집을 팔아 갚게 했으나, 백성들이 사기 어려워 거절했다. 그러자 박(朴)이 크게 노하여 그 집에 불을 질렀고 마침 광풍이 불어 예닐곱 집이 잇달아 불탔으나 백성들이 감히 고소하지 못했다. 후께서 이 사실을 듣고 즉시 용맹한 차인(差人) 십여 인을 보내 기필코 잡아 오게 하니, 과연 빚을 독촉하던 집에서 붙잡아 왔다. 후께서 법에 따라 죄를 따지고 일차로 엄형을 내린 뒤 칼을 씌워 가두고 순영(巡營)[53]에 낱낱이 적어 보고했다.

당시 감사(監司)[54] 임공(任公)이 박가(朴家)와 알던 터이고 후와는 사돈 사이여서 먼저 후에게 편지를 보내 간청하고 한편으로는 형벌을 더하라는 뜻으로 제송(題送)했다. 아전이 감사의 편지를 올리자 후가 편지를 무릎 아래에 놓아두었다. 제사(題辭)가 이르러 형벌을 더하려던 차에 문밖에서 여러 여자의 곡성이 들려서 물으니, '이판서(李判書) 대부인(大夫人)[55]이 특별히 와서 발괄[白活][56]한다'고 했다. 후께서

---

49. 민(民): 자기 지역 수령에 대해 자신을 이르는 말.
50. 세의(世誼): 대대로 사귀어 온 정의(情誼).
51. 납자(納刺): 명함을 들임. 여기서는 방문한다는 뜻으로 씀.
52. 좌수(座首): 지방의 자치 기구인 향청(鄕廳)의 우두머리. 수령을 견제하는 기능을 담당했다가 향원(鄕員)의 인사권과 행정 실무의 일부를 맡아보았음.
53. 순영(巡營): 감사(監司)가 일을 보던 관아. 감영(監營).
54. 감사(監司): 관찰사(觀察使). 각 도의 으뜸 벼슬.
55. 대부인(大夫人): 자당(慈堂). 남의 어머니를 높여 이르는 말.
56. 발괄[白活]: 소지(所志)의 일종으로, 백성들이 관서에 올리는 일종의 청원서 혹은 진정서.

문들을 굳게 닫고 형벌을 더하여 준차(準次)하고 한편으로는 그 집에 분부하여 불탄 집을 복원하도록 하고 법에 따라 치죄했다.

이어 상주목사(尙州牧使)가 되었을 때에는, 종실(宗室)의 세력을 업은 호성(湖城) 도정(都正)[57]이 읍저(邑底)[58]에서 오랫동안 머물렀는데 민가에서 땔나무를 빼앗아 <4뒤> 울타리처럼 쌓았다가 더 이상 살 수 없을 지경이 되면 다른 곳으로 이사했다. 백성들이 매우 고통스러워했으나 수령은 어찌할 도리가 없었다. 후께서 일찍이 손님을 불러 잔치를 벌이고 (도정의) 아낌을 받는 기생 '영(英)'을 부르니 행수기생(行首妓生)[59]이 말했다.

"영이가 부중(府中)[60]의 부름을 받으면 도정이 일고여덟 명의 마직(馬直)[61]을 보내 포효하고 성을 내며 그 아이를 앗아갈 테니 또한 욕될 것입니다."

후께서 말씀하셨다.

"어찌 감히 그러겠느냐. 미리 나졸에게 일러 영이를 뺏기지 않도록 하라."

(영이가) 잔치자리에 도착하자마자 예닐곱 명의 거친 놈들이 무리지어 와서 빼앗아 갔다. 후께서 대로하여 잡아들이라 했다. 명을 받은 이들이 일시에 소리에 응하여 구타하고 결박하여 각기 삼십 대씩 곤장을 쳤으며, 상소를 갖추어 적어서 도정의 작폐와 죄악을 낱낱이 열거해 상달했다. 이날 밤 도정이 사람을 사서 말고삐를 잡고 달아나니, 고을의 갖은 폐해가 하루아침에 사라졌다.

한편, 병영(兵營)[62]의 노문(路文)[63]에 아다개(阿多介)[64] 진상이 이르면 담여군(擔舁軍)[65]은 각자 지역에서 대기하라 했으니, 이는 곧 어좌(御座)의 죽방석(竹方席)이다. 배래(陪來)[66]하는 군관(軍官)이 삼백여 명을 뽑으라고 했다.

---

57. 도정(都正): 종친부(宗親府)·돈령부(敦寧府)·훈련원(訓練院)의 정3품 당상관 관직. 세자의 중증손(衆曾孫), 대군의 중손(衆孫), 왕자군의 중자(衆子), 승습(承襲)의 적장증손(嫡長曾孫) 등 종친에 한하여 이 관직을 주었음.
58. 읍저(邑底): 관아가 있는 읍내(邑內).
59. 행수기생(行首妓生): 관아 소속 기생의 우두머리.
60. 부중(府中): 목사(牧使)를 가리킴.
61. 마직(馬直): 마지기. 각 궁방(宮房)에 속한 하인.
62. 병영(兵營): 주로 병마절도사(兵馬節度使)가 주둔하고 있던 관서. 넓은 의미로 병마절도사의 지휘·감독을 받는 절제사(節制使)·첨절제사(僉節制使)·동첨절제사(同僉節制使)·만호(萬戶)·도위(都尉)가 있던 곳을 포함하기도 함.
63. 노문(路文): 외방에 공무로 나가는 관원이 각 지방의 역(驛)에서 말과 침식을 제공받을 수 있게 하려고 마패(馬牌) 대신 발급해 준 문서.
64. 아다개(阿多介): 본래 호랑이나 노루의 가죽 등으로 만든 요나 방석을 이름. 아닷개(阿多叱介).
65. 담여군(擔舁軍): 물품을 지고 가는 일꾼.

후께서 말씀하셨다.

"자리 하나의 무게가 수십 근을 넘지 않으니 마주 들더라도 수십 인이면 족하다."

군색(軍色)[67]이 명을 받들고 물러났는데, 영속(營屬)[68]은 군졸이 이처럼 매우 적은 것을 보자 색리(色吏)[69]를 구타하고 허다한 군정(軍丁)을 강제로 뽑아 갔다고 했다. 후께서 관대(冠帶)[70]를 갖추고 나가 맞으며 영속에게 말했다.

"자리 하나를 진상함에 십여 명 쓰면 되는데 어찌 이처럼 지나친가? 내가 열어보겠다."

군관이 성내어 말했다.

"병사또[兵使道]께서 <5앞> '신하가 삼가 봉합니다.[臣謹封]'[71]라고 서압(署押)[72]하셨으니 수령께서 열어 보는 것은 불가하오."

후께서 정색하고 말씀하셨다.

"수령 또한 신하이니 다시 개봉하는 것이 어찌 잘못이냐?"

아전들에게 소리쳐 서찰을 열어 보게 하니 자리 아래에 돈 사백 관(貫)이 감춰져 있고 전복 삼십 첩(貼)이 있었으며 기타 잡물이 이와 같았다. 후께서 일일이 기록하고 영속 상하를 모조리 형틀을 씌워 가두고 사실을 갖추어 순영(巡營)에 보고했다.

방백(方伯)[73] 최상국(崔相國)이 편지를 보내 풀어 줄 것을 권했으며, 병사(兵使)[74]는 급히 자제를 보내 십분 애걸했다. 후께서도 임금께 알려지는 것을 원치 않아 갇힌 사람 각자에게 감영(監營)[75]의 제송(題送)에 따라 이차 엄형을 가했다. 병영(兵營)에서 다른 교관을 따로 뽑아 정돈해서 진상하게 하고, 다시 봉하여 들게 하니 일고여덟 명을 쓰는 데 불과했다. 이로부터 각 영(營)에서 꺼려 진상할 때의 폐

---

66. 배래(陪來): 진상품을 운반함.
67. 군색(軍色): 병조(兵曹) 산하의 일군색(一軍色)과 이군색(二軍色)을 통칭하여 부르는 말. 용호영(龍虎營)과 호련대(扈輦臺)의 보포(保布)를 맡은 분장(分掌)을 일군색이라 하고, 기병과 보병의 보포를 맡은 분장을 이군색이라 함.
68. 영속(營屬): 각 군영(軍營)이나 감영(監營) 등에 딸린 아전과 종.
69. 색리(色吏): 향리의 한 부류. 조선후기에는 '일반적으로 말단 향리를 색리'라고 했음.
70. 관대(冠帶): 벼슬아치들의 공복(公服).
71. 신근봉(臣謹封): 임금에게 바치는 문서의 봉하는 곳에 쓰는 글자.
72. 서압(署押): 수결(手決)을 둠.
73. 방백(方伯): 관찰사(觀察使).
74. 병사(兵使): 병마절도사(兵馬節度使). 종2품의 무관직. 도(道)의 국방 책임을 지고 유사시에는 군사적 전제권(專制權)을 행사할 수 있었음.
75. 감영(監營): 각 도의 감사(監司, 觀察使)가 정무(政務)를 보던 관아.

단이 모두 없어졌다. 세도가를 두려워하지 않고 백성을 위해 폐단을 없애는 것이 모두 이러했다.

사령이 죽기를 다투다[使令爭死]

청주(淸州)에서 서북으로 오 리 되는 곳에 횡류하는 큰 하천이 있어 매번 장마가 지면 잠기는 마을이 많았다. 공사(公私)가 힘을 다해 느릅나무와 버드나무를 섞어 심어 둑이 무너지는 것을 막았으며, 이것을 베는 자는 극히 중하게 다스렸다.

후(侯)께서 일찍이 '여수제법해천지산(黎首除法解天地筭)'을 얻어서 다스리기 어려운 사물과 은밀한 인정(人情)에 대해 이것으로 점을 치면 기이하게 맞지 않음이 없었다. 하루는 새벽에 사령(使令)[76] 다섯 명을 불러 말했다. <5뒤>

"북쪽 숲에 도벌꾼이 있으니 모두 잡아 오너라."

다섯 명의 차사(差使)[77]가 명을 받들고 달려가니 과연 다섯 사내가 (나무를) 짊어지고 나가는데 그중 하나는 차사의 동생이었다. 사사로운 정으로 그를 놓아 주고 네 명의 사내만 보고하니, 후께서 말씀하셨다.

"한 명은 어디 있느냐?"

"네 명뿐이옵니다."

"사령의 동생은 유독 나를 보러 오지 않느냐?"

사령이 혼이 달아나 머리를 조아려 말했다.

"동기(同氣)의 정으로 사지(死地)에 몰아넣을 수 없어 도중에 풀어 줬사오니, 소인[小的][78]이 대신 죽기를 청하옵니다!"

말이 마치기도 전에, 풀려났던 이가 달려 들어와 자수하며 말했다.

"죄는 실로 저에게 있으니 마땅히 제가 죽어야 합니다!"

신문[平問]하는 자리에서 형제가 죽기를 다투니, 후께서 의롭게 여겨 두 명을 다 풀어 주었다. 이로부터 아전과 백성들이 감히 조그만 것도 감추지 못했으며, 선정

---

76. 사령(使令): 각 관아의 심부름꾼.
77. 차사(差使): 고을 원이 죄인을 잡으려고 내보내던 관아의 하인.
78. 소인[小的]: '소적(小的)'은 평민이 관리에 대하여 자기를 일컫는 말임.

(善政)에 대한 칭송이 더욱 높아졌다.

까마귀더러 자기를 잡아가 달라고 빌다[烏捉我願]

후(侯)께서 일찍이 문치(文治)에 뜻이 있어 문사(文士) 백여 명을 모아 이름을 기록하여 서안(書案) 위에 올려 두고 향교에 거접(居接)[79]하게 하고, 쌀 오십 곡(斛)[80]과 반찬값 오십 관(貫)을 내어 선비를 키우는 밑천으로 삼았다. 매일 아침 시부(詩賦)[81]의 의심나는 구절을 문제로 내고, 반드시 미시(未時)[82]와 신시(申時)[83] 사이에 답안지를 거두고 방(榜)을 내걸어 서른 명 내외를 뽑아 상하에 따라 음식에 차등을 두었다. 기한 내에 제출하지 못한 자는 다섯 대씩 매질을 했다. 모두 아는 공적인 일이 아니면 함부로 나가지 못하게 했으므로 아둔한 자는 떠나고자 해도 감히 마음대로 못하고 밤낮으로 괴롭게 (글을) 읊어 대느라 고달파하고 수척해지기까지 했다. <6앞> 하루는 까마귀가 행단(杏壇)[84]에서 울어 대자 생(生)들이 말했다.

"우는 소리가 매우 불길하니 사람이 반드시 죽겠다."

아둔한 자 중의 한 사람이 붓을 던지고 일어나 까마귀를 향해 빌었다.

"네가 사람을 죽일 수 있다니 먼저 나를 잡아가 다오."

이것이 온 고을에 전해져 웃음거리가 되었으며 동헌(東軒)에게까지 전해졌으나 그래도 일과(日課)를 폐하지 않았다. (학문을) 독실하게 권장함이 이와 같았다.

---

79. 거접(居接): 잠시 몸을 의탁하여 거주함.
80. 곡(斛): 곡식을 세는 단위. 10말. 1섬.
81. 시부(詩賦): 시(詩)와 부(賦)를 아울러 이르는 말. 부는 글귀 끝에 운을 달고 흔히 대(對)를 맞추어 짓는 글, 혹은 과문(科文)에서 여섯 글자로 한 글귀를 만들어 짓는 글.
82. 미시(未時): 오후 1시부터 3시까지.
83. 신시(申時): 오후 3시부터 5시까지.
84. 행단(杏壇): 은행나무 단(壇)이라는 뜻으로, 학문을 닦는 곳을 이르는 말. 공자가 은행나무 단에서 제자를 가르쳤다는 고사에서 유래함.

우애[85]로 죄를 얻다[憂愛得罪]

후(侯)께서 성정(性情)이 엄정해 평소 음사(淫祀)[86]를 엄금하여 매번 관리로 부임할 때에는 먼저 이 명령을 내려 무당을 방치하지 않았으니, 백성들이 감히 범하지 못했다.

하루는 일찍 후께서 묵방리(墨坊里)[87]에 있는 이판서(李判書) 댁에 인사를 가게 되자, 유모가 부인의 명으로 와서 물었다.

"택일(擇日)하는 법을 아시나요?"

"뭐하시게요?"

"마누라[88]께서 무당의 말대로 영감의 액운을 염려해 기도 드리려고 하십니다."

"영감께서 이런 일을 엄금했으니 길일을 골라도 영감께서 관아에 계신다면 할 수 있겠습니까?"

유모가 들어가 아뢰니 즉시 회답하여 말씀하셨다.

"그대 말이 과연 옳으니 오늘 하고자 하는데, 어떻겠소?"

"행차(行次)[89]께서 반드시 미시(未時)나 포시(晡時)[90]에는 돌아오실 텐데 그 전에 할 수 있겠습니까?"

다시 회답하셨다.

"대강 거행하고 마치고 싶은데, 만약 발각되면 큰 화가 날 테니 그대도 한마음으로 숨겨야 할 것이오."

"삼가 가르침을 받들겠습니다."

드디어 크게 도구를 갖추고 <6뒤> 근처에 사는 영보(靈保)[91]와 공축(工祝)[92]을 많이 불렀다. 수궁(壽宮)[93]을 설치하고 화석(花席)[94]을 펼쳤으며, 관아 내에서 악기

85. 우애(憂愛): 상대를 염려해 주는 애정.
86. 음사(淫祀): 귀신(鬼神)에게 지내는 제사.
87. 묵방리(墨坊里): 현재 충북 청원군 내수읍 묵방리.
88. 마누라: 부인을 가리키는 존칭어로, 여기서는 수령의 부인을 높인 말임.
89. 행차(行次): 길을 나선 웃어른.
90. 포시(晡時): 신시(申時). 오후 3시부터 5시까지.
91. 영보(靈保): 신 내린 무당.
92. 공축(工祝): 신령을 부르는 일을 담당한 남자 무당.
93. 수궁(壽宮): 생전에 미리 만들어 두는 관.
94. 화석(花席): 꽃 모양을 놓아 짠 돗자리.

를 연주하는 이들에게 돕도록 명하여 북을 둥둥 울리고 신령함을 드러냈다.

내가 소아(小衙)[95]와 함께 외당(外堂)[96]에 가 보니 때는 봄날의 정오였는데, 한 아전이 행차가 계신 곳에서 달려와 아뢰기를,

"영감께서 이판서 댁에 다다르기 전에 말이 넘어져 다치셨으며 이제 고삐를 돌려 돌아오신답니다."

라고 했다. 온 집안이 매우 놀라 황망히 기도 도구를 거두었다. 이윽고 (후께서) 들어오셔서 외헌(外軒)[97]에서 조치했는데, 크게 다치시지는 않았다.

다음 날 내당(內堂)[98]에 들어가서 마루 틈과 자리의 터진 곳에 팥이 많이 흩어져 있는 것을 보시고는 별실(別室, 첩)에게 물었다. 별실이 우물쭈물하니, 비로소 의심이 생겨서 정당(政堂)[99]에 나아가 형틀을 벌이라고 명하고 비복(婢僕)[100]들을 모두 붙잡아 실상을 엄문했다. 많은 차인(差人)을 보내 무녀에 관여한 이들을 모조리 잡아들여 형틀에 묶어 엄하게 매를 치려고 했다. 부인께서 어린 계집종을 시켜 전하여 말씀하셨다.

"오늘의 어려움을 해결할 사람이 그대가 아니고 누구겠소?"

내가 부득이 외당으로 나아가니, 영감께서 노기를 띠고 책망하며 말씀하셨다.

"내가 너를 자식처럼 여겨 집안일을 많이 맡겼는데 어찌 이치에 따라 막지 않아 이처럼 집안을 어지럽히는 짓이 있게 되었느냐?"

내가 옷깃을 여미고 천천히 아뢰었다.

"영감께서 저를 자식처럼 여기시니 자식이 어찌 아비에게 감히 감추겠습니까. 오늘 일은 옥리(獄吏)[101]로 하여금 덮어 버리게 하더라도 마땅히 소생이 수괴(首魁)가 되니, 노기를 조금 거두시어 모두 말씀드릴 수 있게 해 주십시오."

"좋다."

"행차께서 동성(東城)으로 나가시자마자 유모가 부인의 뜻으로 영감의 건강과 복을 지키고자 가신(家神)께 기도하여 <7앞> 영감의 액운을 없애고자 한다 하기에,

---

95. 소아(小衙): 수령의 아들.
96. 외당(外堂): 사랑(舍廊). 집의 안채와 떨어져 있는, 바깥주인이 거처하며 손님을 접대하는 곳.
97. 외헌(外軒): 사랑(舍廊).
98. 내당(內堂): 안방. 안주인이 거처하는 방.
99. 정당(政堂): 관아에서 정무를 집행하는 곳.
100. 비복(婢僕): 계집종과 사내종을 아울러 이르는 말.
101. 옥리(獄吏): 감옥에서 죄수를 감시하던 구실아치.

소생이 여쭙기를, '길일을 택하더라도 영감이 관아에 계시면 어떡하겠습니까?' 했더니 부인께서 깨닫고서 바로 길일이라며 기도하는 자리를 마련했습니다. 소생이 지휘한 것이라 해도 변명하지 않겠습니다."

다시 물으셨다.

"네가 글을 읽는 사람인데 액을 없앤다고 굿하는 것이 과연 양반가에서 할 일이냐?"

내가 웃으면서 아뢰었다.

"소생이 과연 독서할 때에 본 바가 있습니다. 자고로 성제(聖帝)·명왕(名王)·충신(忠臣)·고제(高弟)[102] 가운데 또한 (귀신을) 받들어 믿은 이가 많이 있으니 대략 말씀드리고자 합니다. '사관(史官)과 무당을 많이 쓰면 길하다'[103]라는 말이 『주역(周易)』에 명시되어 있으며, 무축(巫祝)[104]이 푸닥거리하는 예(禮)는 『대경(戴經)』[105]에서 밝히 드러낸 바여서[106] 방에 들어가 기도하겠다고 한 것은 중유(仲由)[107]가 성사(聖師)[108]를 위한 일이었으니,[109] 하물며 앙망종신(仰望終身)[110]하는 정성이겠습니까? 산초(山椒)를 품고서 무당을 부른 것은 굴원(屈原)이 어두운 임금을 생각함이었으니,[111] 하물며 유별한 부부의 정이겠습니까? 부인께서 우애(憂愛)가 깊으실 뿐

---

102. 고제(高弟): 고족제자(高足弟子). 학식과 품행이 뛰어난 제자.
103. 사관(史官)과 무당을 ~ 쓰면 길하다: 『주역(周易)』「손괘(巽卦)」에 "구이(九二)는 공손하여 상(牀) 아래에 있다. (자신의 誠意가 통할 수 있도록 해 주는) 사관(史官)과 무당을 많이 쓰면 길하고 허물이 없을 것이다. 상전(象傳)에 말하였다. 사관과 무당을 많이 쓰면 길하다고 한 것은 중(中)을 얻었기 때문이다.[九二, 巽在牀下, 用史巫紛若, 吉無咎. 象曰, 紛若之吉, 得中也.]"라고 하였다.
104. 무축(巫祝): 고대에 귀신을 섬기는 자를 무(巫)라 하고 제주(祭主)를 축(祝)이라 했으며, 뒤에는 점치고 제사 지내는 이를 아울러 무축이라 했음.
105. 대경(戴經): 『예기(禮記)』의 다른 이름. 『예기(禮記)』를 서한(西漢)의 학자 대규(戴逵)와 그의 조카 대옹(戴顒)이 정리했기 때문에 생긴 이름.
106. 무축(巫祝)이 발제(祓除)하는 ~ 드러낸 바여서: 『예기(禮記)』「단궁(檀弓)」에, "군주가 신하의 초상에 조문을 갈 때에는 무(巫)가 도(桃)를 잡고 축(祝)이 열(茢)을 잡고 소신(小臣)이 창을 잡으니, 흉한 기운을 싫어해서이다.[君臨臣喪, 以巫祝桃茢執戈, 惡之也.]"라고 했다. 도(桃)는 복숭아나무 가지이니 귀신이 두려워하는 물건이고, 열(茢)은 갈대로 만든 빗자루이니 상서롭지 못한 것을 쓸어 내는 물건이다.
107. 중유(仲由): 공자(孔子)의 제자 자로(子路).
108. 성사(聖師): 공자(孔子)를 이름.
109. 방에 들어가 ~ 위한 일이었고: 『논어(論語)』「술이(述而)」에 다음과 같이 나온다. "공자께서 병이 들자 자로가 기도를 드릴 것을 청했다. 공자께서 물으셨다. "그런 선례가 있는가?" 자로가 여쭈었다. "있습니다. 기도문에, '당신을 위하여 하늘과 땅의 신께 비노라.'라고 했습니다." 공자께서 말씀하셨다. "내가 기도를 드린 것은 이미 오래되었느니라."[子疾病, 子路請禱. 子曰: "有諸?" 子路對曰: "有之. 誄曰: '禱爾于上下神祇.'" 子曰: "丘之禱久矣."]"
110. 앙망종신(仰望終身): 한평생 존경하고 사모하여 내 몸을 의탁함. 아내가 남편에 대하여 하는 말. 『맹자(孟子)』「이루(離婁)」에, "남편은 우러러보며 평생을 같이할 사람이다.[良人者, 所仰望而終身也.]"라고 했다.
111. 산초(山椒)를 품고서 ~ 임금을 생각함이었으니: 초(楚)나라 회왕(懷王)이 굴원(屈原)을 시기한 상관대부(上

만 아니라 소생 또한 영감께 『주역』을 배워 용요(龍繇)[112]의 이치를 조금 헤아리는 바, 며칠 전에 부인의 명을 받들어 점을 치고 '소과지겸(小過之謙)'[113]의 사효(四爻)를 얻었으니 '오관(午官)이 세상에 임해 움직인다'는 것이라서 심히 불길해 보이더니, 불행히도 상제(霜蹄)[114]가 넘어졌으니 과연 오귀(午鬼)의 발현과 부합됩니다."

"그렇다면 무당 말이 정녕 믿을 만한 것이냐?"

"아닙니다. 지금 세상에는 상전(桑田)의 무당이 없어, 측간에 빠지는 조짐에 대해 전혀 모릅니다.[115] 특별히 요 앞의 일로 말한다면 수궁(壽宮)을 마련하고 반나절 동안 축원을 한 것 한마디, 한마디가 영감의 도액(度厄)[116]을 위한 정성이 아니겠습니까. 그런데 끝내 가마가 부러지는 액을 면하지 못했으니 족히 믿을 만하지 못한 것이 분명합니다. 그러나 기도를 드린 일로 <7뒤> 혹형을 받는다면 소계자(蘓季子)[117]가 말한 '거짓으로 술을 엎었다가 매를 오십 대 맞는 것'[118]과 불행히도 같게 됩니다. 그러므로 관아의 상하가 우애(憂愛)로 죄를 얻게 되면 우애는 죄를 얻는 것이 아니거늘 세상에 능히 변론할 사람이 없어서 그런 것이라고 소생은 생각합니다. 그것이 경전에 나오지 않았다고 말씀하신다면 가할 것이나 그것이 집안을 어지럽혔다고 말씀하신다면 맞는 말씀이 아닌 듯합니다. 꼭 엄히 다스리고 싶으시다면 소생

官大夫)의 말을 듣고 그를 멀리했다. 그리하여 굴원은 우수와 근심으로 「이소(離騷)」를 지었다. 이를 보면, 굴원이 복사(卜師)인 영분(靈氛)을 불러 앞날을 물어보니 다른 나라로 가면 어진 임금을 만나게 될 것이라 했으나 그는 마음을 정하지 못하고 다시 무함(巫咸)에게 물어본다. 그러나 무함에게서도 같은 답을 들었으니 「이소」의 표현은 다음과 같다. "썩은 흙 주어다가 향주머니 채우고 산초가 향기 없다 하네. 영분의 길점(吉占) 따르려 해도 주저하고 망설이는 마음. 무함(巫咸)이 저녁에 내려오면 산초와 고운 쌀 품고 그를 맞으리. [蘇糞壤以充幃兮, 謂申椒其不芳, 欲從靈氛之吉占兮, 心猶豫而狐疑, 巫咸將夕降兮, 懷椒糈而要之.]"

112. 용요(龍繇): 『주역(周易)』. 용(龍)은 역(易)을 상징함.

113. 소과지겸(小過之謙): '소과(小過)'는 『주역(周易)』 64괘 중 62번째 괘의 이름. '소과지겸(小過之謙)'은 약간 지나친 겸손함이 이롭다는 뜻으로 볼 수 있음.

114. 상제(霜蹄): 굽에 흰 털이 난 좋은 말.

115. 상전(桑田)의 무당 ~ 전혀 모릅니다: 춘추시대 진(晉)나라 경공(景公)이 어느 날 꿈에서 귀신이 자신을 죽이려 드는 꿈을 꾸고 상전(桑田)의 무당을 불렀다. 무당은 경공이 햇보리를 먹기 전에 죽을 것이라 했다. 그런데 그해 햇보리로 밥을 지을 때까지도 경공은 살아 있었다. 경공은 예언이 틀렸다 하여 상전의 무당을 사형에 처했다. 그러나 경공은 밥을 먹으려다 갑자기 배가 아파서 변소에 갔다가 그곳에 빠져 죽고 말았다. 『좌전(左傳)』 「성공(成公) 10년」.

116. 도액(度厄): 사람에게 재난이 있을 때에 푸닥거리를 하여 이를 넘어가는 것.

117. 소계자(蘓季子): 소진(蘇秦). 계자(季子)는 소진의 자. 전국시대 중엽의 정치가로, 강국 진(秦)나라에 대적하기 위해 나머지 6국이 연합하는 합종설(合從說)을 주장했음.

118. 거짓으로 술을 ~ 맞는 것: 『사기(史記)』 「소진전(蘇秦傳)」에 소진(蘇秦)이 말하는 다음과 같은 이야기가 나온다. 어떤 여자가 남편이 집을 비운 사이에 외간 남자와 사통했다. 그리고 남편이 돌아오게 되자 술에 약을 타서 첩에게 시켜 남편에게 올리도록 했다. 첩은 남편을 걱정해서, 넘어지는 체하며 술을 쏟아 버렸다. 그런데 남편은 화를 내며 첩에게 매를 오십 대 쳤다.

을 먼저 다스리시어 원흉을 징벌하십시오."

영감이 오랫동안 생각하더니 말씀하셨다.

"나는 너에 대해 살피지 못한 마음이 없다고 생각했는데, 오늘 변론한 것은 (내가) 미치지 못할 곳이 많다."

내가 나아가 아뢰었다.

"뜰을 가득 채우고 명을 기다리는 저 사람들은 혹은 상전의 명을 받들거나 혹은 관아의 부름에 달려왔으니 필경 화를 만날지 어떻게 알았겠으며, 분수에 맡겨진 바이니 감히 거스를 수 있었겠습니까? 자작지얼(自作之孼)[119]이 아닌 것이 분명하니 원컨대 조금 관대하게 용서해 주십시오."

영감이 비로소 웃으며 말씀하셨다.

"네가 아니면 진실로 분별없는 형벌을 면하지 못했을 것이다."

즉시 각자에게 분부하여 말씀하셨다.

"내가 중히 다스리고자 하나 김생(金生)의 변론이 극히 조리가 있어 모두 풀어 주니 이후에 다시는 범하지 마라."

이날 내외 상하가 나에게 덕을 돌리지 않는 이가 없었다. 몽매함을 무릅쓰고 아뢴 것은 부인의 명을 따른 것인데 생각지 못한 칭송이 이와 같았다.

사당이 크게 노하다[祠堂大怒]

<8앞> 이해 가을에 죄를 자백한 이가 감옥을 넘어 달아나 숨었다는 보고가 올라가 수령이 파출(罷黜)되어야 했다. 후(侯)께서 가솔을 거느리고 읍에서 이틀 거리가 되는 곳으로 서둘러 나갔다. 아전들은 사택(舍宅)에서 중기(重記)[120]를 닦으며 날이 오래도록 머물렀다. 후께서도 무료히 한가롭게 앉아 있다가 새 과일을 가져다 드셨다. 밤이 깊은 후에 아전들을 불러 물으셨다.

"근래 청주(淸州) 목사가 매해 파직을 당했는데 연유가 있어서 그런 것이냐? 내가 이미 너희들의 수령이 아니니 항간에 떠도는 말이라도 감추지 말거라."

119. 자작지얼(自作之孼): 자기가 저지른 일로 말미암아 생긴 재앙.
120. 중기(重記): 사무를 인계할 때에 전하는 문서나 장부.

관청색(官廳色)[121] 최서운(崔瑞雲)이란 자가 나서서 대답했다.

"소인[小的]이 그 이유가 있음을 분명히 아나 황공하여 감히 말씀드리지 못하겠습니다."

후께서 말씀하셨다.

"나를 어렵게 여기지 말고 너의 품은 뜻을 모두 털어놓아라."

땅에 엎드려 '황공' 소리를 거듭하기에 후께서 강제로 하게 하시니 이윽고 머리를 들고 대답했다.

"본주(本州)의 관청에 납입할 것을 서리가 무역하는데, 실로 어려운 일이 많습니다. 특히 안전(案前)[122]의 소반에 올리는 과일로 말하면 원가는 대단히 싸나 때맞춰 내놓지를 못합니다. 때를 놓친 후에 매번 제향(祭享)을 당하면 차지(次知)[123]가 독촉을 하는데 가난한 아전은 마련할 방법이 없어서 민간에 대상(大祥)[124]이나 소상(小祥)[125]을 모시는 사람이 있다는 말을 들으면 정분이나 친소(親疎), 멀고 가까움을 따지지 않고 반드시 기일(期日) 전에 가서 애걸합니다. '내가 과일을 미납한 것이 많습니다. 불행히도 관가에서 요즘 제향이 많아서 잡아 가두고 독촉을 하는데 어찌할 방법이 없습니다. 그대가 제사를 모신다는 소리를 듣고 와서 간청하는 것입니다. 상 위에 진설(陳設)한 과일이 쓸 만한 것이 많아 보입니다. 주인 또한 다스림을 받는 백성이니 제사를 모신 후에 괜스레 아이들한테 주지 말고 <8뒤> 다소간 나눠주시면 나는 관아의 꾸짖음을 면할 것이고 그대는 적선을 하는 것입니다'라고 하면, 주인이 가엾게 여겨 허락합니다. 그 사람은 밤새 기다렸다가 제사가 끝나자마자 그릇을 씻어 가지고 와서 사대부 귀신에게 제사 지내는 것에 충당합니다. 그리하여 살아 있는 사람은 알든 모르든 간에, 신령이 있는 사당(祠堂)에서는 반드시 크게 노하여서 관아의 제물(祭物)을 오래 흠향하기를 원치 않으니, 그래서 이렇게 자주 파직당하는 데에 이른 것입니다."

후께서 묵묵히 말없이 있으시니, 모든 아전이 최서운을 걱정했다. 그런데 죄인이 잡혀 후께서는 다시 관아로 돌아오시게 되었다. 우선 과일을 사서 바치는 것을 없애

---

121. 관청색(官廳色): 수령의 음식물을 맡아보던 구실아치.
122. 안전(案前): 존귀한 사람이 앉아 있는 자리의 앞.
123. 차지(次知): 각 궁방(宮房)이나 벼슬아치의 집안일을 맡아보던 사람.
124. 대상(大祥): 사람이 죽은 지 두 돌 만에 지내는 제사.
125. 소상(小祥): 사람이 죽은 지 한 돌 만에 지내는 제사.

시고 매번 제향을 당하면 시장에서 직접 그 물건을 샀으며 다른 물건도 그렇게 하셨다. 완고한 아전의 말은 진실로 외람되었으나 후께서 스스로 하신 일은 아름답다.

나무에 올라가 물고기를 구하다[緣木求魚]

수령께서 본가[126]에 머무실 때 회장(會葬)[127]하러 가는 길에 내가 모시고 따라갔다. 청양(靑陽)[128] 경계에 이르러 내게 말씀하셨다.

"나는 앞마을에 있는 친구를 찾아가 봐야겠으니 너는 먼저 청양 관아에 가거라. 고을 수령과 내가 오늘 만나기로 약속하였다."

이에 길을 나누어 갔다. 앞에 작은 고개가 있고 고개에는 정자나무가 있었는데 나뭇가지가 이리저리 뻗어 있었다. 한 장사치가 많은 생선 두름을 매달아 두고 햇볕에 쬐어 말리고 있었다. 가까이 가 보니, 나무 작대기를 두름에 끼워 끌어내리고 있었다. 나는 말에 몸을 맡기고 소리를 높여 말하였다.

"이것이 이른바 '연목구어(緣木求魚)'로다."

그 사람이 즉시 얼굴을 돌려 응답하였다.

"맹자(孟子)는 물고기를 얻지 못했다고 하였으나 나는 물고기를 얻었으니, <9앞> 이에 훗날 재앙이 많다는 것을 근심할 필요 없겠지요."[129]

나는 황망히 말에서 내렸다. 그를 맞이하여 보니, 그 사람은 패랭이를 쓰고 짧은 베옷을 걸치고 있었다. 인사한 후 자리를 펴고[班荊][130] 앉았다. 내가 말하였다.

"존(尊)께서는 성인의 글을 읽으셨는데 장사로 고생하시니 어찌된 일입니까?"

---

126. 본가: 뒤 <용연별업(龍淵別業)>의 내용으로 보아 '홍주(洪州) 서은촌(鋤隱村)', 지금의 충남 홍성 지역을 말하는 듯함.
127. 회장(會葬): 장례 지내는 자리에 참여함.
128. 청양(靑陽): 충남 청양군.
129. 맹자는 물고기를 ~ 근심할 필요 없겠지요: 『맹자(孟子)』「양혜왕(梁惠王)」"나무에 올라가 물고기를 구하는 것은 비록 물고기를 얻지 못한다 해도 후환은 없습니다. 그러나 이런 행위(전쟁)로 원하는 것을 구하고자 한다면 마음과 힘을 다한다 해도 훗날 반드시 재앙이 있을 것입니다.[緣木求魚, 雖不得魚, 無後災, 以若所爲, 求若所欲, 盡心力而爲之, 後必有災.]"
130. 자리를 펴고[班荊]: '반형(班荊)'은 가시풀을 깐다는 뜻. 춘추시대 초(楚)나라의 오거(伍擧)가 정(鄭)나라 교외에서 우연히 옛 친구 성자(聲子)를 만나 자리를 깔고 앉아 옛이야기를 나누며 초나라로 돌아갈 것을 의논한 데서 나온 말. 『좌전(左傳)』「양공(襄公) 26년」.

"조금 글을 안다면 어찌 행상(行商)을 하겠습니까?"

내가 말하였다.

"옛날 여불위(呂不韋)가 조(趙)나라에 가서 진기한 물건[奇貨]을 사 둔 것[131]은 행상이 아닙니까? 그러나 몸은 진(秦)나라 승상에 이르렀고 손으로는 노나라 역사서를 주석하였으니[132] 어찌 행상한다 하여 무식하다 하겠습니까?"

그 사람이 말하였다.

"원언백(袁彦伯)[133]도 물고기 장사를 했지요. 밤에 우저진(牛諸鎭)[134] 아래 배를 대고 달을 대하여 영사시(詠史詩)를 읊다가 절도사(節度使)의 부름을 받았습니다. 그의 천거로 높은 자리에 올라 영화로이 되었지요. 옛사람들은 모두 이러한 경우가 있습니다."

"어찌 지금 세상에 사상(謝尙)이 풍류를 좋아한 것과 같은 일이 없겠습니까? 성함을 듣고 천거될 수 있도록 해 보겠습니다."

그 사람이 근심스런 얼굴빛으로 말하였다.

"제 성은 김(金)이요 이름은 극겸(克謙)입니다. 본래 청양(青陽)의 사족(士族)으로 경전을 공부하는 데 뜻을 두어 칠서(七書)[135]를 자못 익혔으나 불행히 자애로운 부친을 여의고 약간의 전장(田庄)은 빈렴(殯斂)과 장례를 치르기 위해 모두 팔았습니다. 오직 어머니와 같이 사는데 연세가 칠순이 다 되어 갑니다. 숙수(菽水)[136]도 잇지 못하여 이렇게 장사꾼이 된 것이 이제 삼 년이 되었습니다. 일찍이 읽은 것이 여전히 기억에 남아 있어 문득 '연목구어(緣木求魚)'라는 말을 듣고 경솔히 대답하

---

131. 여불위(呂不韋)가 ~ 진기한 물건[奇貨]을 사 둔 것: 진기한 물건을 사 두었다 때를 기다리면 큰 이익을 얻는다는 말로, 지금은 대단치 않지만 나중에는 큰 덕을 볼 수 있다는 뜻. 여불위가 조(趙)나라에서 진(秦)의 질자(質子)였던 자초(子楚)를 만나 후원하면서 "奇貨可居"라고 한 데서 나온 말. 『사기(史記)』「여불위전(呂不韋傳)」.

132. 몸은 진(秦)나라 ~ 역사서를 주석하였으니: 자초(子楚)가 진나라로 돌아가 장양왕(莊襄王)이 되자 여불위를 승상에 임명했다. 여불위는 빈객들의 학식을 모아 『여씨춘추(呂氏春秋)』를 편찬했다.

133. 원언백(袁彦伯): 원굉(袁宏, 328~376). 언백은 자(字). 동진(東晉) 사람. 문장이 아주 뛰어났고, 젊을 때 가난하여 조세를 운송하는 인부로 일했는데, 그가 영사시(詠史詩)를 지어 읊는 소리를 들은 사상(謝尙)에게 발탁되어 참군(參軍)이 되었다. 이후 대사마(大司馬) 환온(桓溫)이 그의 문필을 존중해 서기(書記)를 총괄하게 했다. 성격이 강직해서 현달하지는 못했다. 『후한기(後漢紀)』 30권을 지었다.

134. 우저진(牛諸鎭): 지금의 안휘성(安徽省) 마안산시(馬鞍山市) 채석진(采石鎭). 군사상 요충지. 사상(謝尙)이 정서장군(征西將軍)으로 이곳을 지킬 때 원굉(袁宏)을 만났음.

135. 칠서(七書): 일곱 가지의 유교 경서(經書). 『논어(論語)』·『맹자(孟子)』·『중용(中庸)』·『대학(大學)』의 사서(四書)와 『주역(周易)』·『서경(書經)』·『시경(詩經)』의 삼경(三經).

136. 숙수(菽水): 콩과 물이라는 뜻으로 변변치 않은 음식을 가리킴.

였습니다. 이로 인해 교분을 맺었으니 물고기 두름을 햇볕에 말린 것이 뱃속의 글을 말린 것이 되었습니다."

내가 말하였다.

"『맹자(孟子)』를 이미 익혔으니 한 장(章) 외워 볼 수 없겠습니까?"

"좋습니다."

즉시 호연장(浩然章)137을 들어 시험하니, 처음에는 눈썹을 올리고 숨을 내쉬고서는 꼿꼿이 앉아 읽었는데 그 소리가 <9뒤> 금석에서 나오는 듯하고 한 자도 틀리지 않았다. 나는 무릎을 치며 탄복하고 재주를 안타까워하길 마지않았다. 생(生)이 말하였다.

"존(尊)께서는 어디로 가려 하십니까?"

"저는 청양 관아로 가서 이(李) 청주영감(青州令監)을 뵙기로 하였습니다. 오늘 만난 기이한 이야기를 말씀드리면 영감께서는 평소 문인을 아끼시니 반드시 불러 보실 것입니다. 바라건대 멀리 가지 마십시오."

헤어질 때 둘 다 이별을 안타까워하는 마음이 있었다. 관아[衙次]에 이르니 영감께서 먼저 도착해 계셨다. (영감께서) 물으셨다.

"곧바로 왔을 터인데, 뒤에 온 것은 어찌 된 일이냐?"

"말이 나서지 않은 것이 아니라 기이한 만남이 있어 그리되었습니다."

이에 김생(金生)과 이야기 나눈 일을 자세히 늘어놓았다. 영감께서는 매우 놀라고 감탄하시며 주인 수령에게 말씀하셨다.

"그대는 관할 지역에 이런 사람이 있는 것을 듣지 못했소?"

"들었으나 아직 보지 못하였습니다."

"관정칠사(官政七事)138 가운데 학문을 일으키는 것이 가장 먼저요."

예방(禮房) 아전에게 명하여 고목(告目)139을 작성하여 맞이하게 하니, 비로소 의관을 정돈하고 이르렀는데 유독 뛰어난 선비였다. 예를 마치고 어제 나와 이야기를 나눈 일을 다시 풀어냈다. 술을 내와 서로 즐기며 칠서(七書)를 배강(背講)140하니

---

137. 호연장(浩然章): 『맹자(孟子)』 「공손추(公孫丑)」에 있는 '호연지기(浩然之氣)'에 관한 부분.

138. 관정칠사(官政七事): 수령이 해야 할 일곱 가지 일. 농업과 잠업을 번성시키고[農桑盛], 호구를 증가시키고[戶口增], 학교를 늘리고[學校增], 군정을 정돈하고[軍政修], 부역을 균등하게 하고[賦役均], 민사 소송을 간략하게 하고[詞訟簡], 간사하고 교활한 관리들의 관습을 금지하는 것[姦猾息].

139. 고목(告目): 각 관청의 서리나 지방 관아의 향리가 상관에게 공적인 일을 알리거나 문안할 때 올리는 간단한 양식의 문서.

대단히 칭찬할 만하였다. 주인 수령에게 청하여 그의 급함을 먼저 구하게 하니, 수령이 즉시 장요미(長腰米)[141] 두 곡(斛)[142]을 체하(帖下)[143]하며 늦게 본 허물을 사과하였다. 또 영감이 열 곡의 조(租)[144]를 말에 실어 보내도록 패자(牌子)[145]를 근처 장노(庄奴)에게 부쳐 독서를 할 밑천으로 삼게 하시고서는 애써 당부하셨다.

"식년과(式年科)[146]가 멀지 않았으니 십분 공부하여 꼭 크게 성공하시오. 양식이 다하면 마땅히 이어 줄 터이니 독서에 힘쓰시오."

김생은 감사하며 물러갔다. 과거 날이 되어 경향(京鄕)의 시관(試官)에게 간절히 부탁하여 높은 등수로 합격하게[高參] 해 달라고 했다. 이듬해 봄 회시(會試)에서 과연 을과(乙科)[147]에 이 등으로 급제하였다.

아! '연목구어(緣木求魚)' <10앞> 한 구절은 다만 훗날의 재앙이 없었을 뿐만 아니라 끝내 문과에 급제하는 경사를 이루었다. 당시 나로 하여금 그를 만나게 한 것은 혹 하늘이 그렇게 하도록 한 것인가. 우리 영감께서 남의 아름다움을 성취시켜 주심[148]은 다른 사람들보다 매우 뛰어났다. 드디어 벼슬[階級]을 두루 거쳐 남포현령(南浦縣令)[149]이 되었고 치적이 있었다. 내게 좋은 벼루를 보냈는데 한편으로 '돌은 구르지 않는다는 뜻'[石不轉之意][150]을 보여 주었다. 불행히 부모 상(喪)을 만났으나 관청의 힘으로 상을 치렀으니 유감이 없다 할 것이다.

---

140. 배강(背講): 책을 등지고 본문을 외움.
141. 장요미(長腰米): 몸통이 좁고 긴 쌀로, 질이 좋은 쌀.
142. 곡(斛): 곡식을 세는 단위. 10말. 1섬.
143. 체하(帖下): 관아에서 일꾼들에게 돈이나 곡식, 물건을 지급할 때, 종이에 물품을 적고 체(帖) 자 도장을 찍은 표. 그에 따라 물품을 지급하였음.
144. 조(租): 겉껍질을 벗기지 않은 쌀(곡식).
145. 패자(牌子): 관공서의 직인 따위가 찍혀 있는 문서류. 패지(牌旨)라고도 함.
146. 식년과(式年科): 3년마다 정기적으로 시행된 과거.
147. 을과(乙科): 문과(文科) 회시(會試) 급제자 33명은 전시(殿試)를 치러 그 성적에 따라 과차(科次)를 정했는데, 1~3번째는 갑과(甲科), 4~10번째는 을과(乙科), 그 이하는 병과(丙科) 등급을 받았음.
148. 남의 아름다움을 성취시켜 주심: 『논어(論語)』「안연(顔淵)」에서 "군자는 남의 아름다움을 성취시켜 주고 남의 악함은 성취시켜 주지 않는다. 소인은 이와 반대이다.[君子成人之美, 不成人之惡, 小人反是.]"라고 하였다.
149. 남포현(南浦縣): 충남 보령시 남쪽에 인접한 고을. 청양군의 서남쪽에 위치한다.
150. '돌은 구르지 않는다'는 뜻[石不轉之意]: 변함없는 우정을 뜻함. 두보(杜甫)의 오언절구 <팔진도(八陣圖)>의 셋째 구절 '江流石不轉(강은 흘러도 돌은 구르지 않아)'에서 온 말.

울며 '당신[爾]'의 덕을 말하다[泣說爾德]

후(侯)께서 황주(黃州)[151] 목사(牧使)와 원주(原州) 목사를 두루 거치고 임오년(1702, 28세)에 상주(尙州)[152]를 다스리실 때, 소주(韶州)[153] 수령 김진화(金鎭華)[154]의 모친[155]은 곧 후의 사촌누이였다. 후께서 당영(棠營)[156]으로 행차하면서 관아에 문안을 드리고 동향(桐鄕)[157]도 살펴볼 겸하여 길을 돌아서 가니 고을 백성들이 기뻐하지 않는 이가 없었다. 차차 찾아가 인사를 드리니 서쪽 경계에서부터 읍저(邑底)까지 삼십 리인데, 여섯 곳에 공장(供帳)[158]을 세우고 남녀노소 각각 막걸리와 나물안주를 가지고 와 길에서 맞아 인사하였다. 말을 잡고 가마를 붙들어 잠시 머무르기를 간청하며 지극한 정성을 펼 수 있기를 바라니, 수령께서 매번 말에서 내려 응대하셨다. 금뢰(金磊)[159]에 설치한 장막 아래에 이르자 모여 구경하는 자들이 더욱 많았다. 머리가 하얗게 센 한 노파가 왼손에는 작고 하얀 광주리를, 오른손에는 작고 검은 병을 들고 곧바로 자리로 와 꼭 '당신[爾]'이라고 칭하며 말을 꺼냈다.

"제 나이 아흔둘인데, 듣자니 당신[爾]이 다시 온다기에 한 번 얼굴을 보고자 왔습니다. 당신[爾]의 덕을 간단하게나마 말하고 싶습니다. 제가 을병년(乙丙年, 1695~1696)에 부부가 모두 생존하여 세 <10뒤> 자식과 일곱 손주를 두었습니다. 집에 한 되, 한 말의 곡식이 없어 머리를 나란히 하고 골짜기를 메울[160] 지경이었는데, 당신[爾]의 정성 어린 진휼에 의지하여 온 가족이 활로를 얻었을 뿐만 아니라, 당신[爾]이 간 후 조세와 신포(身布)를 모두 면할 수 있었습니다. 촌 노인이 무지하

---

151. 황주(黃州): 황해도 황주군.
152. 상주(尙州): 경북 상주시.
153. 소주(韶州): 경북 의성군의 옛 이름.
154. 김진화(金鎭華): 김만중(金萬重)의 아들. 1702년 의성현령으로 재직할 때 『서포집(西浦集)』을 간행하였음.
155. 김진화(金鎭華)의 모친: 연안(延安) 이씨. 판서(判書) 문량공(文良公) 이은상(李殷相)의 딸.
156. 당영(棠營): 주(周)나라 소공(召公) 석(奭)이 순행(巡行)하면서 정치를 펼 때 감당나무 아래 머물렀는데, 그 후 백성들이 그의 덕을 그리워하였음(『시경(詩經)』 <감당(甘棠)>). 여기서는 감영(監營)을 가리킴.
157. 동향(桐鄕): 옛 수령의 선정을 잊지 못하고 있는 고을이라는 뜻. 한(漢)나라 주읍(朱邑)이 동향의 관리로 있을 때 선정을 베풀었는데, 그가 죽은 뒤 동향 백성들이 그의 묘 옆에 사당을 짓고 해마다 제사를 올렸다고 함. 『한서(漢書)』 「순리전(循吏傳) · 주읍(朱邑)」.
158. 공장(供帳): 연회용 장막과 기구.
159. 금뢰(金磊): 읍내 서쪽으로 약 20리에 있던 면.
160. 골짜기를 메울: 『맹자(孟子)』 「양혜왕(梁惠王)」에서 "흉년으로 기근이 든 해에 임금의 백성 가운데 노약자들은 산골짜기에 뒹굴고 젊은이들은 사방으로 흩어진 것이 몇 천입니까?[凶年饑歲, 君之民, 老弱轉乎溝壑, 壯者散而之四方者, 幾千人矣?]"라고 하였다.

나 하루도 당신[爾]의 덕을 잊은 적이 없습니다. 이제 듣자니 이곳을 지난다기에 산골짜기 험한 길을 꺼리지 않고 진정을 전달하고자 왔으니 행여 보잘것없다 하여 물리치지 마십시오."

곧 가져온 메추리구이 두 마리를 앞에 받들어 놓고 술[秋露]을 따르고서는 나아가 절하고 엎드려 눈물을 흘렸다. 후 또한 얼굴빛을 바꾸고 잔을 기울이고 메추라기를 드시고서는 위로하셨다.

"할미는 어디서 이 남다른 맛을 얻었는가?"

"당신[爾]이 남다른 정치를 하여 제가 남다른 맛을 바치는 것입니다."

"내 정사가 어찌 할미의 말에 미칠 수 있겠는가? 오직 더욱더 오래 살기를 바라네."

노파가 비로소 눈물을 닦고 말하였다.

"이제 당신[爾]을 만났으니 곧 죽어도 무슨 한이 있겠습니까?"

이날 모여 구경하던 남녀 가운데 눈물을 흘리지 않는 이가 없었다. 아, 노파가 관장(官長)의 존엄함을 모르는 것은 아니나 말할 때 꼭 '당신[爾]'이라고 칭한 것은 그 또한 길거리 동요에 나오는 '이극(爾極)'161의 남은 뜻인가? 읍중(邑中)에 이르러 동북촌 남녀들이 모두 모여 맞이하며 절하고서 말하였다.

"불행히 길이 어긋나 저희만 영접하는 공장(供帳)을 세우지 못했습니다."

각각 술과 음식을 올리며 말하였다.

"공께서는 상주로 돌아가지 마시고 머물러 백성들을 살려 주십시오."

혹 눈물을 흘리는 자도 있어 모두 관아 문밖에서 노숙하였다. 그 또한 차마 버리고 가지 못하는 뜻이었다. 남쪽으로 나왔는데, 지나가는 길에 백성들이 맞이함이 서쪽 경계에서와 같았다.

---

161. 이극(爾極): 임금의 지극한 덕. 요(堯)임금이 민심을 살피려고 나왔는데 거리에서 아이들이 불렀다는 노래에 "우리 백성들을 살리심은 당신의 지극한 덕 아님이 없도다. 아무것도 모르지만 임금의 법칙을 따른다네.[立我烝民, 莫匪爾極. 不識不知, 順帝之則.]"라고 하였다(『열자(列子)』「중니(仲尼)」). 『시경(詩經)』「주송(周頌)」 <사문(思文)>에서는 "문덕 높으신 후직이여, 저 하늘과 짝하시도다. 우리 백성들을 살리심은, 당신의 지극한 덕 아님이 없도다.[思文后稷, 克配彼天. 立我烝民, 莫匪爾極.]"라고 하여 후직(后稷)의 덕을 칭송하는 뜻으로 쓰였다.

기이한 일이 우연히 일치하다[奇事偶合]

<11앞> 후(侯)께서 나주(羅州)와 공주(公州)를 거쳐 수원(水原)으로 옮기셨다. 을미년(1715, 41세) 가을에 안동(安東) 수령으로 제수되어 내가 풍산(豊山)[162]에서 맞아 인사드리고 모시고 따라갔다. 당시 시직(侍直)[163] 이협(李浹)께서 수원부 동쪽 언덕에서 잠시 살고 계셨다. 같은 종친으로서 정이 도타워 만날 때마다 옛일을 장황하게 이야기하며 즐기셨다.

하루는 시직공이 와서,

"어느 고을 수령이 부모의 병환 때문에 말미를 청하였으나 얻지 못하여 서울로 경귀(經歸)[164]했다 합니다."

라고 하였다. 후께서 말씀하셨다.

"나 또한 이런 일이 있었는데 앞뒤가 꼭 들어맞는군요. 이전 종친 어른 대감에게서 나선 일이지요. 자세히 이야기해 드리겠습니다.

내 일찍이 태인(泰仁)[165] 수령으로 있을 때 부모의 병환 소식을 듣고 감사(監司)에게 말미를 청하였으나 감사는 일이 많다는 이유로 불허하였지요. 다시 청할 겨를이 없어 황망히 경귀하였는데, 감사가 마음대로 떠난 것을 논죄하며 금추(禁推)[166]에 해당한다고 하였습니다. 그때 왕대감(王大監)께서 판의금부사(判義禁府事)[167]로 계셨는데 다음 날 아침 계초(啓草)[168]를 보내 보여 주셨습니다. 거기에는 '이모(李某)가 부친의 병환 소식을 듣고 말미를 청하였는데 감사가 허락하지 않은 것은 효의 도리를 잃은 것입니다. 하물며 이모(李某)가 경귀한 것은 지극한 정에서 나온 것이니 죄를 더할 단서가 없는 듯합니다. 직책을 그대로 담당하도록 석방함이 어떠하겠습니까?'라고 하였지요. 내가 받들어 보고서 절하며 '죄인을 곡진히 옹호해 주시니 황송하고 감격하여 몸 둘 바를 모르겠습니다'라고 사례하였습니다. 과연 이것으로 윤허를 얻었지요.

---

162. 풍산(豊山): 경북 안동시 풍산읍.
163. 시직(侍直): 세자를 호위하는 일을 담당한 세자익위사(世子翊衛司)의 정8품 관직.
164. 경귀(經歸): 경귀(徑歸). 임지를 버리고 돌아감.
165. 태인(泰仁): 전북 정읍시 태인면.
166. 금추(禁推): 의금부에서 죄인을 심문함.
167. 판의금부사(判義禁府事): 의금부의 으뜸 벼슬.
168. 계초(啓草): 계(啓)의 초안. '계'는 윗사람에게 자기 의견을 올리는 글.

파루(罷漏)[169]가 울리자마자 바로 댁에 갔는데 때가 너무 일러 여종이 침실로 안내하더군요. 대감께서는 침관(寢冠)[170]을 바꾸지 않고 이불로 몸을 두른 채 미소를 띠고 맞이해 주셨습니다. 내가 나아가 인사드리며 '진실로 한집안의 <11뒤> 정분이 있으나 침실에 들어가 뵌 적은 없었는데, 이제 과도한 아낌을 입으니 황공함을 이기지 못하겠습니다'라고 하였더니, 대감께서 무릎을 치며 말씀하셨습니다. '그대와 나의 전후사가 부절(符節)[171]을 합한 것 같네. 늙은이가 사람을 접대함이 무례하고 거만함을 이상히 여기지 말게. 내 일찍이 호 서(湖西)[172]에서 군수로 있을 때 부모의 병환 소식을 듣고 감사에게 말미를 청하였는데 감사는 일이 많다는 이유로 불허하였네. 내가 바쁜 일 제쳐 놓고 경귀하였는데, 장문(狀聞)[173]으로 인해 금추(禁推)를 받게 되었지. 그때 황대감(皇大監)께서 판의금부사로 계셨는데 다음 날 일찍 계초(啓草)를 지어 내게 보여 주셨네. 그것은 곧 내가 어제 그대에게 보여 준 뜻이었네. 석방된 후, 때가 너무 일렀지만 곧바로 댁으로 갔더니 늙은 여종이 침실로 안내했고 대감께서는 침관을 바꾸지 않고 이불로 몸을 두르고 계셨네. 비록 같은 종친 간에 친애하는 뜻이라 해도 마음엔 매우 감격하였지. 지금 그대가 당한 일이 내가 전에 겪은 일과 똑같아 반드시 옛 은혜를 갚고자 초본을 보내 보여 주었고, 과연 은혜로운 용서를 입음이 전 일과 꼭 들어맞는군. 이제 잠자리에서 일어나기 전에 그대가 찾아온 것도 전에 일찍 찾아뵌 것과 같지. 그래서 내가 반드시 황대감의 후의와 같이하고자 이런 무례한 거조를 하였으니 괴이하게 보지 말게.'

내가 옛날을 슬퍼하고 지금에 감동하면서 거듭거듭 절하여 감사를 드리고 나왔습니다. 세월이 오래되었으나 한 번도 마음에서 잊어버린 적이 없습니다. 이제 일이 비슷하여 말했을 뿐입니다."

시직공이 또한 구구절절이 칭송하고 찬미하며 한층 더 감격해하셨다.

---

169. 파루(罷漏): 도성 내 통행금지 해제를 알리기 위해 오경삼점(五更三點, 새벽 4시경)에 종을 33번 치던 일.
170. 침관(寢冠): 잠잘 때 쓰는 관. 『청장관전서(靑莊館全書』「이목구심서(耳目口心書) 六」에 "옛날에 잠잘 때에 침의(寢衣)가 있었으니 응당 침관(寢冠)이 있었을 것인데, 지금은 두풍(頭風)을 앓는 자만 침관을 쓴다.[古者寢時, 旣有寢衣, 則應有寢冠, 今則頭風者獨有寢冠.]"라고 하였다.
171. 부절(符節): 돌이나 대나무로 만든 신표(信標). 둘로 갈라서 하나는 조정에 보관하고 하나는 본인이 가졌다가 진가(眞假)를 구별할 일이 있을 때 두 쪽을 맞추어 보았다.
172. 호서(湖西): 충청도의 별칭.
173. 장문(狀聞): 임금에게 장계(狀啓)를 올려 알림.

시험일을 미루도록 청하다[請退試日]

<12앞> 병신년(1716, 42세) 유월 초에 나는 후(侯)를 모시고 시에 대해 논하였다. 후께서 말씀하셨다.

"듣자니 자네가 갑을(甲乙, 1714~1715) 두 해 도회(都會)[174]에서 연달아 획장(畫壯)[175]에 올라 명성이 자자하더군. 이달 도회에서 반드시 장원하게. 내 장관을 보고 싶네."

"이달 열나흘이 모친의 기일이라 조충(雕虫)[176]의 재주로 반평생 관광(觀光)[177]한 적이 없습니다. 갑오년(1714, 40세)에는 주상전하께서 평안치 못함으로 열흘을 미뤄 다행히 획장을 차지하였고, 을미년(1715, 41세)에는 윤달로 미뤄 또 획장을 하였습니다. 금년에는 반드시 전례를 따를 터인데, 어찌 차마 기일에 과거장에 들어가겠습니까?"

"내 도모해 보지."

돌아가려고 인사드리자 제수(祭需)를 넉넉히 베풀어 주시고 다른 말씀은 없으셨다. 초이렛날 안동(安東) 아전이 감영의 답장을 보여 주었는데, 다음과 같았다.

"공도회(公都會)는 전례대로 초열흘에 개장해야 하나 이제 집사(執事)의 말씀 때문에 열닷새로 미뤄 행하니 네 군데 도회(都會)에 지위(知委)[178]한다."

반드시 내가 관광(觀光)하도록 한 것이다. 재계를 파한 날 즉시 가서 뵈니 수령께서 놀리듯 말씀하셨다.

"송나라 때 시험관이 소장공(蘇長公)을 위하여 시험을 사흘 미뤘는데, 이제 나는 자네를 위하여 닷새를 미뤘으니 부지런히 하게."

시험장에 들어가니 관아[衙內]에서 보내 준 음식들이 매우 성대하여 동향의 선비들이 어울려 함께 배불리 먹고 근처 접(接)[179]의 선비들 또한 많이 참여하였다. 또

---

174. 도회(都會): 공도회(公都會). 각 도의 관찰사가 관내 유생을 대상으로 매년 시행하는 시험. 봄·가을 두 차례 혹은 여름 한 달 도회를 열고, 여기서 우수한 성적을 거둔 자는 바로 소과 복시(覆試)에 응시할 수 있는 자격을 얻었음.
175. 획장(畫壯): 계획 초시(計劃初試)에서 가장 많은 점수로 합격한 사람. '계획 초시'는 열두 번 시험을 치른 후 그 점수를 합산하여 합격 여부를 결정하는 시험. 여기에서 합격한 이에게는 소과 복시(覆試)에 응시할 자격을 주었음.
176. 조충(雕虫): 조충전각(雕蟲篆刻). 벌레 모양이나 전서(篆書)를 새기듯이 미사여구로 글을 꾸미는 작은 기예.
177. 관광(觀光): 과행(科行). 과거를 보러 감.
178. 지위(知委): 통지나 고시 따위의 형식으로 명령을 내려 알림.

시원한 차와 외[瓜物]가 계속 이어져 들어오니 영광스러움은 감동할 만하였지만, 달을 잡으려는 개끌이라는 기롱을 받을까 걱정이었다. 답안지를 제출하니 과도히 장려함을 입어 이중(二中)[180]을 얻었는데, 합제(合製)[181]를 사흘 동안 두루 보이니 등급이 더욱 높아졌고 결국 획장이 되었다. 내 부족한 재주를 생각하건대 어찌 하나하나 잘 지었겠는가? 다만 <12뒤> 이전 합격자를 취한 까닭이다.

창방(唱榜)[182]하는 날, 수령께서 주인으로 잔치에 참여하셨는데 여러 시관에게 나를 가리키며 말씀하셨다.

"여기 장원한 이가 곧 내 문하생이오. 이미 감시(監試)[183]에서 장원하였고 또 삼년간 도회에서 획장이 되었으니 어찌 대단하지 않소?"

자리에 앉은 이들 중 칭찬하지 않은 이가 없었다. 관아로 돌아와서는 상을 많이 주시며 말씀하셨다.

"언제 다시 자네가 장원급제하는 것을 보겠는가?"

아껴 주심이 이와 같아 요행으로 자그마한 것을 이뤘다.[小成][184] 영공(令公)께서 돌아가신 후 만년에 매일 우러러 생각하니 서글픈 마음을 이기지 못하겠다.

굴욕이 바뀌어 영화가 되다[轉屈爲榮]

을병(乙丙, 1715~1716) 두 해의 복시(覆試)는 밀양부(密陽府)에서 열려서, 감영에 들러 정초(正草)[185]를 찾아 가지고 갔다. 시험장에 들어서 경주(慶州) 획장(畫壯) 최열경(崔悅卿)과 영남루(嶺南樓) 아래에서 옛일을 이야기하는데, 두 명의 수재가 함께 왔다. 각각 성명을 말하였는데, 한 명은 상주(尙州)의 대아(大雅)[186] 홍상조(洪

179. 글방 학생이나 과거에 응시하는 유생의 동아리.

180. 이중(二中): 과거 응시생의 성적 등급인 과차(科次)의 하나. 과거 시험의 성적은 상지상(上之上) · 상지중 · 상지하 · 이상(二上) · 이중 · 이하 · 삼상(三上) · 삼중 · 삼하 · 차상(次上) · 차중 · 차하로 나누었음.

181. 합제(合製): 소과(小科) 초시(初試)의 한 종류. 성균관의 대사성(大司成)이 매년 사학(四學)의 유생들에게 시부(詩賦)의 제술(製述)과 사서(四書) 및 『소학(小學)』의 배강(背講)을 시험하던 일. 합격생에게 식년(式年)의 소과 복시(覆試)에 응시할 수 있는 자격을 주었음.

182. 창방(唱榜): 과거 합격자를 발표하는 일.

183. 감시(監試): 국자감시(國子監試)의 준말로 생원과 진사를 뽑는 시험. 소과(小科), 사마시(司馬試)라고도 함.

184. 자그마한 것을 이뤘다[小成]: 소과에 합격함.

185. 정초(正草): 과거 시험에 쓰던 종이. 시지(試紙).

尙朝) 씨,[187] 한 명은 성주(星州)의 거벽(巨擘)[188] 배윤영(裵胤穎) 씨였다. 모두 (내가) 우도(右道)[189]의 획장이라고 특별히 방문한 것이었다. 배생(裵生)이 말하였다.

"당(唐)나라 때 사걸(四傑)[190]이 고금에 이름을 날렸는데, 우리 네 명이 비록 해동(海東)의 사걸은 될 수 없어도 영남 운사(韻士)는 되지 않겠소? 오늘 만남은 우연이 아닌 듯하오. 단란하게 한 접(接)이 되었으니 속마음을 펼쳐 보임이 어떠하오?"

내가 말하였다.

"겸가옥수(蒹葭玉樹)[191]가 옛날에 혹 서로 의지하기도 하였으니, 저같이 부족한 재주로 <13앞> 옛사람의 흔적을 주워 담게 된 것도 또한 다행이지요."

이에 글의 뜻에 대해 토론하였다. 동시에 답안지를 제출하자 시험장 전체가 또한 훌륭한 일이라 여겼다. 출방(出榜)[192]하는 날, 이상집(李商楫)이 장원이 되고 네 획장은 모두 탈락했다. 밤이 깊은 후 한 아전이 시관의 명으로 정초(正草)를 가지고 와 전갈하였다.

"네 명의 대아(大雅)는 다들 한 도의 큰 선비[巨手]로 모두 삼중(三中)[193]을 얻었는데, 한 번의 방으로 두 해를 함께 뽑은 까닭에 잉여(剩餘)를 면하지 못하였습니다. 성대한 명성이신데 극히 무료하게 되었습니다. 삼가 본초(本草)를 되돌려 드립니다." 라고 하였다. 이는 전고에 없던 일로 서로 한 번 웃고는 헤어졌다.

다음 날 아침 유천역(楡川驛)[194]에 돌아왔다. 때는 칠월 열엿새였다. 한 하인이 도장이 찍힌 문서를 주었는데, 관찰사가 나를 부르는 특별한 관(關)[195]이었다. 마음에 매우 괴이하게 여기며 감영에 달려 이르렀다. 이때 팔각정(八角井)의 조(趙) 재상께

---

186. 대아(大雅): 단아한 선비라고 높여 이르는 말로 쓰인 듯함.
187. 씨: 원문은 이름 뒤에 '甫'. 여기에서는 '씨'로 번역했음.
188. 거벽(巨擘): 학식이나 어느 분야에서 남달리 뛰어난 사람.
189. 우도(右道): 낙동강을 기준으로 경상도를 좌우로 나누었을 때 낙동강의 서쪽 지역.
190. 사걸(四傑): 당나라 초기 대표적 문인인 왕발(王勃), 양형(揚炯), 노조린(盧照隣), 낙빈왕(駱賓王).
191. 겸가옥수(蒹葭玉樹): 겸가(蒹葭)는 하찮은 수초(水草)로 자신을 낮출 때 사용하며, 옥수(玉樹)는 옥 같은 나무라는 뜻으로 훌륭한 인물을 비유하는 말. 삼국 시대 위(魏)나라 명제(明帝)가 왕후의 아우인 모증(毛曾)을 황문시랑(黃門侍郞) 하후현(夏侯玄)과 함께 앉게 하자, 사람들이 "갈대가 옥수에 의지한 것과 같다.[蒹葭倚玉樹]"라고 하였다. 이후 상대를 높이고 자신을 낮추어 겸양하는 뜻으로 사용하였다. 『세설신어(世說新語)』「용지(容止)」.
192. 출방(出榜): 과거 급제자를 발표하는 일. 창방(唱榜).
193. 삼중(三中): 과거 시험 성적 9등급 중 여덟 번째 등급.
194. 유천역(楡川驛): 밀양에서 청도로 넘어가는 길목에 있는 역.
195. 관(關): 상급 관청에서 하급 관청으로, 또는 동등한 관청 간에 보내는 관문서(官文書). 동등한 관청 간에 보낸 것은 평관(平關)이라 하였음.

서 방백(方伯, 관찰사)이셨다. 집안 조카가 호방(戶房)으로 번(番)을 서고 있어 납자(納刺)[196]하니 즉시 안으로 인도하여 들어가 징청(澄淸)[197]을 뵈었다. 사상(使相, 관찰사)께서 일어나 답례하셨다. 나는 물러나 엎드려 말하였다.

"소생(小生)의 신분이 매우 낮고 성품이 민첩하지 못하여 본지(本地)께 먼저 아뢰지 못하였는데 애써 성대한 예를 이루시니 황공함을 이기지 못하겠나이다."

사상께서 웃으며 말씀하셨다.

"나는 좌우(左右)[198]께서 호방(戶房) 영리(營吏)의 숙부임을 알고 있지만 선비를 대하는 도리가 이와 같지 않을 수 없소."

낙방한 답안지를 몇 번 큰 소리로 읽으시고 답계(踏啓)[199]할 때 쓰는 주필(朱筆)로 일곱 구절에 점을 찍고서는 매우 탄복하며 칭찬하셨다.

"그대[左右]의 시는 본지 밝히기[明體]를 잘하였으니 맹인의 눈으로 어찌 알겠소? 내가 네 명의 획장(畫壯)을 위하여 가까운 고을에 공문을 보내 알려 스무날에 백일장[白場]을 설치하고 네 획장을 특별히 부를 터이니 낙육재(樂育齋)[200]에서 기다리기 바라오. <13뒤> 이 방에서 높은 등수를 얻으면 부끄러움을 씻을 만할 거요. 내 비록 안목을 갖추지는 못했지만 그대들의 과거 시험 글을 많이 보았으니 반드시 네 거벽(巨擘)을 잃지 않을 것이오."

나는 두 손을 맞잡고 대답하였다.

"하교하심이 이처럼 지극하시니 상처를 싸매고서라도 힘써야 할 것이요, 분수에 감히 사양할 수 없습니다. 하물며 먹으로 싸우는 싸움이겠습니까마는, 불행히 이번 열아흐레가 돌아가신 어머니의 기일입니다. 소생이 비록 매우 비천하나 기일에 다른 곳에서 과거를 볼 수는 없습니다."

"그렇다면 그대를 위하여 역마를 줄 터이니, 재계가 끝난 후 번갈아 타고 오면 날이 저물기 전에 당도할 수 있을 것이오."

"역마를 타고 와서 관광(觀光)하는 것은 소생에게 분수를 넘는 죄가 될 뿐만 아니

196. 납자(納刺): 명함을 들임.
197. 징청(澄淸): 세상의 어지러움을 다스려 맑게 한다는 뜻으로, 감사(監司)를 가리킴.
198. 좌우(左右): 상대방에 대한 존칭.
199. 답계(踏啓): 계(啓)자 도장을 찍는 것으로, 결재함을 뜻함.
200. 낙육재(樂育齋): 1721년 경상감영이 있던 대구에 설립된 교육기관으로, 도내의 뛰어난 유생을 선발하여 이곳에 거처하게 하면서 학업을 수행토록 하였음.

라 감영에 비난을 끼칠까 두렵습니다. 저를 알아주시는 것에 대한 감동이 예사를 훨씬 넘으나 사리로 헤아리건대 결단코 받들 수 없습니다."

"그러면 의가 아닌 일에 사람을 굴복시킬 수 없으니 낙방한 답안지를 남겨 두면 시관에게 물어보겠소."

"이 또한 불가합니다. 영남 선비들의 기풍은 예와 겸양[禮讓]을 주(主)로 합니다. 한 번 주시(主試)[201]를 거쳤으니 분의(分義)가 엄격합니다. 어찌 감히 답안지를 남겨 두어 그의 실수에 대해 억지로 질문하겠습니까? 하물며 재주가 비천하니 배척당함이 마땅한데 또한 어찌 감히 자기가 옳다 하면서 한 도의 미풍을 훼손하겠습니까?"

사상께서 오랫동안 말없이 생각하다가 말씀하셨다.

"전후에 답한 바가 매우 훌륭하오. 나 역시 강요하지 못하겠소."

성찬(盛饌)을 갖추어 예로 대접해 주셨다. 한 번 낙방하고 여러 번 포상을 얻었으니 또한 굴욕이 바뀌어 영화가 되었다고 할 수 있겠다.

죽도록 있는 힘을 다하다[以死報效]

<14앞> 후(侯)께서 정유년(1717, 43세) 봄에 독한 학질에 걸려 의술도 효험이 없었다. 심지어 십여 차례 곡기를 끊고 정신을 완전히 잃어 내가 밤낮으로 곁에서 돌보며 항상 초조해했다. 어느 날 저녁에 의원들이 물러나 밥 먹는 틈을 타서 나에게 말씀하셨다.

"내가 이 병으로 필시 일어나지 못할 것인데 이미 칠십을 누렸으니 돌아보아도 아까울 바는 없으나, 다만 몸이 극읍(劇邑)[202]을 맡은 데다 자손이 어리니 관청의 일이 마음에 걸려 병이 더욱 깊어지네. 일후의 일은 자네가 잘 정리하게."

말씀이 몹시 쓸쓸하여 내가 엎드려 대답했다.

"수명의 길고 짧음은 하늘에 달려 있고, 학질[革痁]로 인한 병은 외감(外感)[203]에

201. 주시(主試): 과거 시험의 최고 감독관.
202. 극읍(劇邑): 사무(事務)가 많은 고을.
203. 외감(外感): 고르지 못한 기후 때문에 생기는 감기 따위의 병을 통틀어 이르는 말.

불과합니다. 모든 의원이 얕보아서 지루하게 끌게 된 것인데 어찌 생사를 염려하십니까?"

"나도 이 병이 반드시 죽을병이 아닌 걸 알지만 따로 내가 판단하는 것이 있네. 선친께서 이곳에 부임하시는 날 내가 희귀한 병을 얻어 죽으리라 생각했는데 다행히 신통한의 의술을 베푸는 권(權) 의원을 만나 기사회생할 수 있었으니, 권생(權生)이 지금 만약 무고(無故)하다면 어찌 이 지경에 이르렀겠는가? 지금 그 집안을 보니 염병에 걸려 갑자기 모친상을 당하고 염습(襲斂)한 후에 나가 있다고 하는데, 이는 필시 귀신이 야유하여 나의 살길을 끊어 놓는 것이니 장차 어찌하겠는가?"

나는 그 말씀을 듣고 매우 오열하며 마음속으로 말했다.

'내가 미천한 몸으로 외람되이 사류(士類)에 끼어 오늘이 있게 된 것은 모두 다 영감(令監)의 은택이니 이번이 실로 보은을 도모할 때이다. 어찌 염병을 두려워하겠는가. 설령 전염되어 목숨을 잃는다 하더라도 마땅히 웃으면서 지하에 들리라.'

『의감학문(醫鑑瘧門)』과 『방용약록(方用藥錄)』을 소매에 넣어 간직하고 몰래 관아의 문밖으로 나와 권극인(權棘人)[204]이 간 곳을 물었더니, <14뒤> 십 리쯤에 있는 선산(先山)을 지키는 노비의 집에 있다고 하여, 강을 건너 분주히 갔다. 마침 문을 열고 앉아 있다가 내가 오는 걸 보더니 손을 저으며 물리쳤다. 내가 곧바로 앞으로 나아가 조문하니, 극인(棘人)이 말했다.

"비록 일가간(一家間)이라 하더라도 부자(父子)조차 서로 피하는 날에 어찌 여기까지 오셨소?"

내가 영감이 하신 말씀을 하나하나 들려주니 극인이 말했다.

"나의 의서(醫書)와 『방용약록』을 보고자 한다면 가져올 수 있겠소?"

내가 꺼내 보이자, 말했다.

"치료가 어렵지 않으나 여러 의원이 평소의 원인을 살피지 못했기 때문이오. 이런 병환이 생긴 것은 위장 입구[胃口]에 완담(頑痰)[205]이 쌓여서이니 마땅히 오줌길[溺道]로 빼내야 하오."

『방용약록』의 처방에 석고(石膏) 삼 전(戔)을 더 넣으며 말했다.

"연달아 두 첩(貼)을 쓰면 반드시 효험이 있을 거요."

---

204. 극인(棘人): 상제(喪制). 부모나 조부모가 세상을 떠나서 상중(喪中)에 있는 사람.

205. 완담(頑痰): 끈끈하고 잘 나오지 않는 담.

돌아오려니 날이 이미 어두웠는데 강 북쪽에 많은 횃불이 보였다. 안장 얹은 말을 이끌고 사람들이 왔다. 영감께서 내가 의원을 찾아갔다는 말을 듣고 속히 맞이해서 돌아오게 한 것이었다. 외당(外堂)으로 달려 들어가 다른 종이에 처방을 베끼고 다시 권 의원이 더한 재료를 기록하여 들여보내니, 영감께서 즉시 불러 말씀하셨다.

"자네가 이미 사지(死地)를 범했는데 내가 어찌 꺼려서 멀리하겠는가."

부득이 들어가서 뵈니, 말씀하셨다.

"떠날 때에 왜 알리지 않았는가?"

"아뢰면 필시 허락하지 않으셨을 것이기 때문입니다."

"자네의 헤아림이 이에 이르렀으니 내가 살아나겠군. 석고 삼 전(戔)을 더 넣은 것은 오줌길로 위장 입구의 담을 내보내려는 것인가?"

"극인의 말이 그와 같습니다."

다음 날 날이 밝기 전에 거푸 두 첩을 드리니 과연 신기한 효험이 있어 곧바로 회복하시어 백일장[206]을 주관하셨다. 시제(詩題)가 '죽도록 있는 힘을 다하다.[以死報效]'였으니, 송나라의 어진 선비가 죽음으로 은혜에 보답한 의리에 관한 것이었다. 백일장이 파한 후 조용히 내게 말씀하셨다.

"어제 시제는 자네가 의원을 찾아 나를 구한 의리에 감동하여 <15앞> 제목을 바꿔 낸 것이네."

그리고 벼슬을 버리셨다. 은혜로이 쌀과 면, 참기름 등을 내려 주시며 말씀하셨다.

"내가 자네 집안이 여름에 제사가 겹쳐 있음을 알아서 그러네."

무릇 청렴하고 소박하신 성품이 명분 없는 물건을 주기를 원치 않아서이니, 영화로움과 감사하는 뜻이 더욱 깊었다.

대신 백성의 조문을 받다[替受民弔]

나라에 불행하게도 이영공(李令公)께서 임인년(1722, 48세) 정월(正月) 스무나흗에 돌아가셨다. 부음(訃音)이 이르자 읍의 온 남녀들이 지친(至親)[207]의 상(喪)을 당한

206. 백일장: 각 지방에서 유생들의 학업을 장려하기 위하여 글짓기 시험을 실시하던 일.

207. 지친(至親): 매우 가까운 친족. 아버지와 아들, 언니와 아우 사이를 이르는 말.

듯하였다. 내가 분곡(奔哭)[208]을 하러 가려 하니, 근방에 사는 장로(長老)가 와서 말했다.

"우리 열아홉 개 면(面)의 백성들이 함께 모여 곡을 하는 예를 펴고자 하는데 조문을 받는 주인이 없을 수 없소. 그대가 문하생(門下生)으로서 의리가 지친과 같으니 조문을 받고 떠나야만 하오."

내가 그것을 의롭게 여겨 기다리고 있었더니, 때가 되자 고을의 백성들이 일시에 모였다. 의국(醫局)[209] 대청마루 위에서 남쪽을 향해 신위(神位)를 세웠다. 시야가 탁 트이고 순서대로 설 땅이 넓었기 때문이다. 내가 흰 의관을 갖추고 향탁(香卓)[210] 앞에 서서 거애(擧哀)[211]하니, 남녀 삼천여 인이 뒤섞여 북쪽을 향해 땅에 엎드려서 일제히 소리 내어 통곡했다. 산천이 그로 인해 뒤흔들리고, 구름 낀 해가 그로 인해 어두워졌으며, 심상하게 길 가던 사람도 낯빛을 바꾸었다. 애모(哀慕)[212]하는 노인들은 몸소 지극한 은택을 입었던 것이고, 나이 어린 자제(子弟)로서 따라온 이들도 역시 곡하는 반열에 동참했으니 그것은 또한 어질다는 평이 사람들에게 깊이 각인됐기 때문인가. 부의(賻儀)[213]를 하려고 길이 멀리까지 슬픔으로 이어졌다. 자원(自願)하는 대로 <15뒤> 돈을 수합하니 거의 수백여 냥에 달했다. 일을 맡은 백성 몇 명을 보내서 빈소(殯所)에 헌납하고 실성통곡을 하고 돌아왔으니, 이 어떠한 인정(人情)인가?

일부에서는 세상이 타락하고 인심이 경박스러워져서 요·순(堯舜)이 다시 나시더라도 필시 순박한 옛날의 다스림을 만회하지 못할 것이라 한다. 이제 모여서 곡한 일을 말하면 세상을 속이는 것에 가깝지 않겠는가? 아! 곡식을 모아 백성을 구휼하고 녹봉을 덜어 부역을 면제해 주는 것은 흉년을 맞은 수령의 예사로운 정사(政事)인데 유독 우리 수령께 대하여 이처럼 함은 어째서인가? 무릇 지금의 사람들이 지친 사이라 하더라도 혹 따로 떨어져 멀리 살며 세월이 지나면 잊을 때도 있는데 하물며 수령에 대한 정임에랴.

---

208. 분곡(奔哭): 상(喪)을 당하여 타지에서 달려와 곡함.
209. 의국(醫局): 관아에서 의무(醫務)를 다루는 부서.
210. 향탁(香卓): 향로(香爐)를 올려 놓는 탁자.
211. 거애(擧哀): 곡읍(哭泣)하는 예.
212. 애모(哀慕): 죽은 사람을 슬프게 사모함.
213. 부의(賻儀): 상가(喪家)에 부조로 보내는 돈이나 물품. 또는 그런 일.

후께서 멀리 가신 것이 스무일곱 해 전이건만 그분께서 가신 후 그리움이 더욱 절실하여 애통함이 이와 같으니, 어찌 까닭이 없겠는가. 후께서 인자하게 어루만져 주신 것은 모두 지성(至誠)에서 나온 것으로, '지성' 두 자는 금석(金石)도 뚫을 수 있으니 하물며 성품이 선한 사람임에랴. 가신 후에 부역을 면제해 주신 것은 명예를 얻으려는 데에 뜻이 있었던 것이 아니라 모두 청렴함에서 나온 것이니 지극히 어리석으며 지극히 신묘한 이들이 어찌 마음에 감동하여 좋아하지 않겠는가.

만약 우리 후께서 일찍 금마옥당(金馬玉堂)[214]에서 명성을 드날리어[215] 음악만으로도 다스려지게 하고 임금의 뜻을 돕게 되었다면 한세상을 순희(淳熙) 연간[216]처럼 이끌어서 팔도를 수역(壽域)[217]으로 만드는 것이 그저 순식간의 일이었을 텐데, 탁월하고 기이한 재주로도 고을 수령으로 정사(政事)를 약간 베푸는 데에 그쳤으니 조물주의 노추(鑪錘)[218]가 그 사이에 차별이 있었는지 모르겠다.

내가 좋아하는 분이라고 아부하는 것은 아니나,[219] 이제 모여서 곡하고 부의를 하는 것으로 말한다면 <16앞> 두공부(杜工部)[220]가 말한 '역사는 수고로움 없이 조씨와 장씨를 손꼽으리.[青史無勞數趙張]'[221]라는 것이 이를 이름인가? 한스러운 것은 영공이 다스린 황주(黃州)·나주(羅州)[222]·공주(公州)[223]·수원(水原)[224] 등에 생사당(生祠堂)[225]을 세우거나 혹은 동철비(銅鐵碑)를 세워 거사(去思)[226]의 정성을 붙인

214. 금마옥당(金馬玉堂): 금마문(金馬門)과 옥당서(玉堂署)로 한(漢)나라 때에 학사들을 초대하였던 곳인데, 뒤에는 한림원(翰林院)이나 한림학사(翰林學士)를 지칭하는 데 쓰임.

215. 명성을 드날리어: 원문은 '비영전무(蜚英展武)'. 『사기(史記)』 「사마상여열전(司馬相如列傳)」에 나오는 "영화로운 명성을 드날리고, 대단한 업적을 올린다.[飛揚英華之聲, 騰馳茂盛之實也.]"에서 온 말로, 뒤에는 '비영등무(蜚英騰茂)'가 명성과 실제가 서로 부합하는 것을 이르게 되었다.

216. 순희(淳熙) 연간: 1174~1189. 순희는 남송(南宋) 제2대 황제인 효종(孝宗) 대의 연호. 순희 연간은 주희(朱熹, 1130~1200)가 활동한 시기임.

217. 수역(壽域): 다른 곳에 비하여 오래 사는 사람이 많은 지역.

218. 노추(鑪錘): 쇠붙이를 달구고 두들기는 기구.

219. 좋아하는 분이라고 아부하는 것은 아니나: 『맹자(孟子)』 「공손추 상(公孫丑上)」 "재아(宰我)와 자공(子貢)과 유약(有若)은 지혜가 성인(聖人)을 넉넉히 알아볼 만하였다. 낮추어 보더라도 그들은 제가 좋아하는 사람에게 아부하는 지경에는 이르지 않았을 것이다.[宰我·子貢·有若, 智足以知聖人, 汚不至阿其所好.]"에서 가져온 표현이다.

220. 두공부(杜工部): 당나라 두보(杜甫)를 말함. 그는 공부원외랑(工部員外郎)을 지냈음.

221. 역사는 수고로움 ~ 장씨를 손꼽으되[青史無勞數趙張]: 두보의 칠언율시 <재주의 수령이 귤정에서 성도로 가는 두소윤을 전별하는 자리에서[章梓州橘亭餞成都竇少尹]>의 한 구절. 조씨와 장씨는 한(漢)나라 조광한(趙廣漢)과 장창(張敞)을 일컫은 것으로, 두 사람은 일찍이 경조윤(京兆尹)을 맡아 치적이 우수했음.

222. 나주(羅州): 전라도 소재.

223. 공주(公州): 충청도 소재.

224. 수원(水原): 경기도 소재.

다면 그간에 분명히 많이 있던 신명(神明)한 정치를 가히 볼 수 있고 가히 기록할 수 있을 텐데, 길이 멀고 친척이 나이 들어서 가지 못하거나 혹은 가도 금방 되돌아서 돌아옴만 알려 끝내 기록할 것이 없게 되었다. 다만 두세 읍을 다스린 업적을 들었으니 보는 이가 혹 한 점 고기에서 솥 전체를 알 수 있을는지.[227] 내가 후를 받든 정성과 후께서 나를 돌보아 주신 은혜를 일마다 서술하겠지만, 잘 살펴보지 못하면 어찌할 것인가.

용연의 별장[龍淵別業]

홍주(洪州)[228] 서은촌(鋤隱村)은 이영공(李令公) 집안이 대대로 살아온 땅이다. 동북쪽으로 오 리쯤에 천태산(天台山)이 있는데 그리 높고 크지 않다. 동쪽을 향해 펼쳐진 면은 맑고 수려하여 사랑스럽다. 펼쳐져 나온 두 가닥은 나누어져 용호(龍虎)[229]를 이루었는데 솟았다가 낮아지며 내려온다. 오백여 보에 이르러 차차 아래로 내려오는데, 구불구불 백 보쯤 내려와 서로 만나 합해진다. 가운데에 한 줄기[幹]가 솟아 함께 내려오다가 또한 오백여 보에 이르러 둥근 봉우리를 이루어 유달리 솟아 있다. 동남쪽을 향해 펼쳐진 면은 내려와 평평한 비탈이 되어, 용호가 합한 곳에 이르러 깎아지른 언덕을 만들었는데 길이가 백여 보, 너비가 육칠십 보 된다. 양쪽 언덕은 깎은 듯한데 양쪽에 중간 줄기를 끼고 <16뒤> 내려와 평평한 비탈이 다하는 곳에 이르러 합하는데, 깊이는 어깨까지 잠기고 맑고 깨끗하여 티끌이 없다. '용연(龍淵)'이라는 이름을 얻은 것은 이 때문이다. 많은 선배가 살 곳으로 정하였으나 번번이 도깨비가 장난을 쳐 감히 들어가지 못하였다. 공께서 젊었을 때 여러 곳을 돌아다니다가 이곳에 이르러 두루 살펴보시고는 말씀하셨다.

---

225. 생사당(生祠堂): 감사나 수령 따위의 선정을 찬양하는 표시로 그가 살아 있을 때부터 백성들이 제사 지내는 사당.
226. 거사(去思): 사람이 떠나간 다음에 그를 그리워함.
227. 한 점 ~ 수 있을는지: 『여씨춘추(呂氏春秋)』「찰금(察今)」에 "한 점의 고기를 맛보고 냄비 전체의 맛과 솥 전체의 간을 짐작하게 된다.[嘗一脟肉, 而知一鑊之味, 一鼎之調.]"라고 하였다. 『회남자(淮南子)』「설산훈(說山訓)」·「설림훈(說林訓)」에도 같은 내용이 나온다.
228. 홍주(洪州): 충남 홍성 지역의 옛 지명.
229. 용호(龍虎): 좌우로 뻗은 산줄기를 좌청룡(左青龍), 우백호(右白虎)로 칭한 것.

"천지가 맡은 바가 다른데, 귀물(鬼物)이 무슨 짓을 하겠는가?"

먼저 토담집을 짓고, 이틀을 머물렀는데 괴이한 일이 없었다. 이에 띠풀을 베고 흙을 정리하여 먼저 수십 칸 정당(正堂)[230]을 지었다. 그때 선대감(先大監)께서 화산(花山, 안동)의 수령직을 그만두고 돌아와서 새집 앞 그늘진 언덕에 노송이 있는 것을 보고 말씀하셨다.

"여기에 정자를 지으면 절묘하겠으나 다만 소나무 가지가 많이 상할 터이니 또한 애석하구나."

공께서 이 말을 기억해 두었는데, 미처 완성되기 전에 선대감의 상을 당하셨다. 상이 끝난 후 서까래 셋을 얽어 정사(精舍)[231]를 지었다. 처마로 들어온 소나무 가지는 살 수 있도록 철사로 걸어 주었다. 단확(丹雘)[232]을 바른 후 '선지정(先志亭)'[233]이라 편액(扁額)하고, 거주하면서 돌아가신 부친을 그리워하는 곳으로 삼았다.

대개 그곳 지세가, 오른편으로는 터를 단단히 둘러싸고 깎아 내어 자리를 펼 땅이 없고 다만 계곡물이 흘러들었다. 왼편으로는 위에서 아래까지 이삼 일 갈이의 평지가 있는데 또한 터를 둘러싸고 계곡물과 만난다. 험준한 벼랑이 바위를 드러내고 있으며 선지정에서 거리가 십 보쯤 된다. 계곡물 가운데에 돌기둥을 세우고 송판을 깔아 왕래할 다리로 삼았다. 다리에는 작은 정자를 짓듯 네 기둥을 세웠고 서까래는 있으나 들보는 없었다. 기둥머리마다 끝이 올라간 추녀[春椽]를 얹고, 두 널빤지를 이어 종지(宗旨)[234]를 만들고 네 구멍을 뚫어 추녀를 잇고, 육십 네 개의 작은 서까래를 나누어 배열하고서 띠풀[白茅]로 덮고 단청을 칠하였다. 종지의 두 판으로 <17앞> 양의(兩儀)[235]를 표시하고 추녀[春椽]로 사상(四象)[236]을 표시하고 작은 서까래 끝에 육십사 괘를 그려 한결같이 『역경(易經)』의 원도(圓圖)[237]를 좇아 '팔

---

230. 정당(正堂): 한 구획 내에 지은 여러 채의 집 가운데 주된 집채.
231. 정사(精舍): 학문을 가르치기 위해 또는 정신 수양을 위해 지은 집.
232. 단확(丹雘): 진홍색 염료.
233. 선지정(先志亭): '선지(先志)'는 선조의 유지라는 뜻. 부친의 뜻을 기린다는 의미로 붙인 이름.
234. 종지(宗旨): 미상.
235. 양의(兩儀): 음양(陰陽). 『주역(周易)』「계사(繫辭)」에 "역에 태극이 있으니 이 태극이 양의(兩儀)를 생하고, 양의가 사상(四象)을 생하고, 사상이 팔괘(八卦)를 생한다.[易有太極, 是生兩儀, 兩儀生四象, 四象生八卦.]"라고 하였다.
236. 사상(四象): 『주역』의 복희팔괘(伏羲八卦)와 64괘가 형성되는 과정에서 음(--)과 양(—)이 처음 중첩되어 이루어지는 네 가지 형상, 또는 이 네 가지 형상이 상징하는 자연의 네 가지 변화 상태.
237. 원도(圓圖): 『주역』 64괘를 둥글게 그림으로 배열하여 하늘의 의미를 표현한 것. 그 속에 모난 그림을 넣어 땅을 표현하여 1년 24절기와 맞춘 것은 방도(方圖)라 함.

괘정(八卦亭)'이라 편액하였다. 상류 한 줄기를 별도로 끌어다 누정 아래로 흘러들게 하였다. 남쪽으로 흘러가 폭포를 이루는데 길이가 육칠 척 되고 튀어 오르는 물방울이 남쪽 언덕에 흩뿌려졌다.

이 정자에서 북쪽으로 오십여 보 거리에 수십 칸 정사(精舍)를 세우고 '수초당(遂初堂)'238이라 이름하였다. 이 당에서 서쪽으로 오십 보 거리에 작은 정자를 지어 '귀래정(歸來亭)'이라 편액하였다. 관직에서 물러나 돌아가 쉰다는 뜻으로 붙인 것이다. 그 만든 모양새는 평평한 바위를 파서 뚫었는데 깊이는 무릎까지 잠긴다. 끌어들인 계곡물의 나머지 물줄기가 구멍을 채우고 동쪽으로 흐르는데, 이는 팔괘정에서 폭포를 이룬다. 돌기둥 위에 누각을 짓고 그 안에 스무 쌍 물수리[雎鳩]를 기르는데 성질이 매우 온순하여 손바닥에 먹이를 놓고 먹였다. 이 정자 앞으로 사십 보쯤에 계곡물 밑바닥 돌을 뚫고 돌기둥을 세워 작은 정자를 짓고 '응청각(凝淸閣)'이라 편액하였다. 언덕 위 노송 가지들이 서로 엇갈려 퍼져 햇빛이 새어들지 않으니 이곳은 곧 삼복(三伏)에 더위를 피하는 곳이다.

정자마다 연못이 있는데 온 골짜기에 향기가 자욱하였다. 또 선지정 앞에 돌을 쌓아 단을 만들고 꽃들을 이것저것 심었다. 동북쪽 모퉁이에 네 그루 소나무가 있는데 예스러움이 사랑스럽다. 이에 흙을 쌓아 북돋아 주었는데, 이른바 '백화단(百花壇)'과 '사송정(四松亭)'이 이것이다. 그 안에 여섯 쌍 야학(野鶴)을 살게 했는데 아침저녁 밥을 먹을 때 서로 울면서 무리지어 날아와 영공(令公)이 거주하는 집[軒] 아래 모여들었다. 공은 꼭 별도의 그릇에 밥을 담아 주었는데, 계란처럼 둥글게 만들어 손으로 던져 주면 학들이 대오를 지어 <17뒤> 입을 벌려 먹이를 받아먹으니, 한 개도 땅에 떨어뜨리지 않았다.

용연 위에 긴 다리를 설치하여 왕래하고, 하류에 큰 돌을 경계로 하여 둑을 만들었다. 물이 쌓여 흘러넘쳐서 남북의 두 계곡물까지 육칠십 보 거리에 이르는데 두루 깊이가 한 길이 넘어 물고기와 자라가 가득했다. 십여 명을 태울 만한 작은 배를 만들어 달이 뜨고 꽃이 필 때마다 두루 돌아다니며 악기를 연주하였다. 주봉(主峰) 동쪽 두둑에 석대(石臺)를 쌓아 올려 '완월대(翫月臺)'라 이름하였다. 그 위로 한 층 더 작은 누각을 짓고 '청경각(聽磬閣)'이라 이름하였다. 이는 먼 절의 종경(鍾磬) 소

238. 수초당(遂初堂): 원문에는 '遂禮堂'이라 되어 있는데 문맥상 '禮'는 '初'의 오자임. '수초(遂初)'는 벼슬길에 나아간다는 뜻임.

리를 들으며 귀를 맑게 한다는 것이다. 귀래정에서 팔괘정까지 지계(地界)가 넓고 평평한 곳에 기이한 꽃과 풀을 많이 심었다.

봄옷이 완성됨에 화양건(華陽巾)[239]을 쓰고 학창의(鶴氅衣)[240]를 입고 백우선(白羽扇)[241]을 들고 사륜거(四輪車)를 타고서 건장한 장정 여러 명으로 하여금 뒤를 따르며 수레를 밀게 하여 뜻 가는 대로 갔다. 피리 부는 아이와 거문고 연주하는 미녀에게 잘 차려입게 하고 뒤를 따르게 했다. 머무른 정자에서 악기 소리가 조화롭게 울리고 맑은 소리가 미치는 곳에 금수도 오히려 아는 듯 열두 백학이 공중에 날아오르고 스무 쌍 물수리가 날개를 붙이고 일제히 모이며 기르는 순록이 또한 뿔을 세우고 오는데, 빙빙 돌아 날기도 하고 떠들썩하게 울기도 하고 비틀거리며 춤을 추기도 했다. 공이 모두에게 먹이를 주게 하였다. 수초당에서 선지정으로 걸어서 돌아갈 때 새들과 순록이 앞서거니 뒤서거니 함께 가는데 마치 자제가 부형을 보호하는 듯했다. 물을 건널 때면 사람과 동물 그림자가 물결 가운데 떨어져서 공이 이를 즐거워하며 다리 난간에 걸터앉아 돌아가기를 잊었다. 삼신산(三神山)[242]의 복된 땅이라도 이보다 더하지 않을 것이니 융중(隆中)의 거처[243]와 겨룰 만하다.

벼슬길에 나아갈 때마다 숲과 골짜기가 <18앞> 근심을 띠고 새들이 슬피 울었다. 일찍이 나주(羅州) 목사(牧使)로 갈 때 어린 당질(堂侄)이 이곳에서 행차를 보내며 말하였다.

"대숙(大叔)께서 이 청복(淸福)을 버리시고 기꺼이 속세로 달려가시는군요."

공이 웃으며 말하였다.

"네 말이 매우 좋으나 내가 이 즐거움을 누리는 것도 나라의 은혜가 아닐 수 없다. 어찌 감히 혼자 편하고자 성주(聖主)의 근심을 나누지 않겠느냐?"

임금께 충성하고 나라에 보답하려는 뜻이 이와 같았다.

---

239. 화양건(華陽巾): 은자(隱者)가 쓰는 두건. 위(魏)나라 위절(韋節)이 화산(華山)에 은거하면서 호를 화양자(華陽子)라 하였는데 그가 썼던 두건을 화양건이라 함.

240. 학창의(鶴氅衣): 흰 빛깔의 창의(사대부들의 평상복)에 소매가 넓고 가장자리를 검은 색 헝겊으로 넓게 꾸민 웃옷.

241. 백우선(白羽扇): 새의 흰 깃을 모아 만든 부채.

242. 삼신산(三神山): 신선이 산다고 하는 봉래산(蓬萊山)·방장산(方丈山)·영주산(瀛洲山).

243. 융중(隆中)의 거처: '융중'은 중국 호북성(湖北省) 양번시(襄樊市)에 있는데, 제갈량이 유비를 만나기 전에 이곳에서 지냈음.

손와만록 자서(自序) 과거(科擧) 제2

과거(科擧)라는 것은 보잘것없는 재주이나 반생 동안 심력을 여기에 허다히 소비하였다. 다행히 소과(小科)에 합격하긴 했는데 그 사이에 말할 만한 영욕(榮辱)이 없지 않고, 또한 득실에 운명이 있음을 볼 수 있으니 간략히 기록하여 후손에 보이려는 것일 뿐이다.

매몰참을 시험하는 과거[沒風情科]

이 이야기는 특히 우스운데 과거로 편명(篇名)을 삼아 짐짓 기록한다.

이영공(李令公)께서 청주(淸州) 관아에 계실 때 항상 나를 주렴 안의 별당에 두고 소아(小衙)[1]와 함께 글을 짓고 책을 읽도록 했다. 내가 마음과 뜻을 다해 주야를 가리지 않았으니 영공(令公)께서 도리어 건강을 해칠까 염려하여 등잔 기름을 적게 주시고 휴식을 갖도록 하셨다. 영공께서는 거문고와 책에 취미가 있어 노비 중에 나이 어리고 영리한 자를 가려 <18뒤> 여가에 악기를 가르쳐서 독서를 하지 않으면 반드시 음악을 듣곤 하셨다. 악기를 연주하는 젊은 미인이 십여 인이나 되었는데 관아 깊은 곳에 가둬 두니 궁중(宮中)의 원녀(怨女)[2]나 다름없었다.

1. 소아(小衙): 수령의 아들.
2. 원녀(怨女): 남편이 없음을 원망하는 여자. 빈방을 지키는 여자.

소아는 항상 내가 집 생각 때문에 휙 가 버릴까 봐 염려했다. 어느 날 저녁에 은근히 부추겨 말했다.

"선생께서 타향살이한 지 오래되셨으니 어찌 정욕이 없으시겠습니까? 우리 집 비자(婢子) 중에 '차진(次眞)'이란 이가 재색을 모두 갖추었으나 또한 외로운 방에서 우울해하는 정이 없지 않습니다. 제가 내간(內間)3에 아뢰어서 근심을 물리칠 수단으로 삼으시게 하고자 하는데 뜻이 어떠신지요?"

내가 냉소하고 답하지 않자 소아가 농담을 실제로 이루고자 하여 기어이 길일을 택했다. 자내(自內)4 또한 한바탕 웃음거리를 만들고자 사랑하는 자식의 청을 따라 동뢰연(同牢宴)5의 자리를 차렸다. 손님들과 함께 나를 붙들어 관복을 갖추어 입혀 동쪽에 세우고 차진을 화려하게 꾸며 서쪽에서 재배(再拜)를 올리게 했으며, 이어 함께 술잔을 나누도록 했다. 이날 관아의 상하 가운데 포복절도하지 않는 이가 없었다. 드디어 차진으로 하여금 내 의식(衣食)을 주관하게 하고 나에게 동침하도록 권했으나 내가 사양하고 돌아가 버렸다. 그때의 한 번 만남으로 인해 항상 웃으면서 정인(情人)처럼 대했는데 실제로는 아무 일도 없었다.

서너달 후에 영공께서 밤에 나를 불러 한동안 한담을 하다가 물으셨다.

"음양의 정욕은 사람이 똑같이 지니고 있는 바이고 자네와 차진 사이에 대해서는 이미 우스운 일도 있었는데, 세월이 가도록 한사코 뜻이 없다 하니 어찌된 연고인가?"

내가 엎드려 대답했다.

"소생이 특별히 용졸해서가 아닙니다. 여기 올 때에 노부모께 인사를 드리는데 부모께서 걱정하여 말씀하시기를, '네가 유복(儒服)을 입고 <19앞> 어진 후(侯)를 따라 유학(遊學)하는 것은 실로 좋은 일이다. 그런데 그 댁에 악기를 다루며 미색을 갖춘 이가 많다 하니 네가 빠져들어 돌아오지 않을까 걱정이구나' 하셨습니다. 소생이 반드시 부모의 뜻을 저버리고 음란한 뜻을 행하지 않기로 하늘을 두고 맹세한 터라 홀로 여러 달을 보낸 것이오며, 간혹 마음이 없었던 것은 아니나 그때마다 부모를 생각하고 하늘을 우러러 감히 가까이하지 않았던 것입니다."

---

3. 내간(內間): 부녀자들이 거처하는 곳을 이르는 말로 여기서는 소아(小衙)의 모친을 일컬음.
4. 자내(自內): 이영공(李令公)의 아내, 소아(小衙)의 모친을 일컬음.
5. 동뢰연(同牢宴): 혼례에서 신랑과 신부가 교배(交拜)를 마치고 나서 서로 술잔을 나누던 잔치.

공께서 오랫동안 침묵하다가 말씀하셨다.

"사람이 누군들 부모의 깊은 경계가 없겠는가마는, 잃어버리지 않는 자는 세상에 매우 드물지. 지금 자네의 말을 들으니 옛사람들이 말한 철심석장(鐵心石腸)[6]이로구먼. 실로 이와 같다면 어떤 일을 이루지 못하겠는가?"

마침 향시(鄕試)[7]가 있어 인사하고 돌아가고자 소아와 함께 이별의 회포를 말하는데, 차진이 손수 행찬(行饌)[8]을 마련하고 세탁한 의복을 지니고 와서는 매사에 조심하라고 했다. 그리고 나긋한 말로 놀리어 말했다.

"나라에서 만약 매몰참을 시험하는 과거를 베푼다면 이 낭군께서 마땅히 장원을 해야 옳지만, 일반 과거라면 아무리 뛰어난 문장으로 장원을 하더라도 귀신이 반드시 야유할 것입니다."

내가 미처 대답하기 전에 소아가 먼저 물었다.

"왜 그러하냐?"

"이 낭군이 애초에 딱 거절했으면 모르지만, 이미 잔치를 하고 서로 약조를 하고서 반년 동안이나 한 방에 있었으면서도 끝내 동정남(童貞男)으로 돌아가니, 제가 놀린다 해도 변명할 말이 없을 겁니다."

소아가 웃으며 말했다.

"나도 어찌할 수가 없다. 세상에 좋은 남자가 많으니 어찌 비부(婢夫)[9]가 없을까봐 걱정하겠느냐?"

이윽고 한번 웃고서 파했다.

이십칠 년이 지난 임인년(1722, 48세) 봄에 영공께서 돌아가시어 나도 하관(下棺)[10]에 참례하러 댁에 갔다. 차진 또한 노쇠해졌으며 김초관(金哨官)[11]이란 자와

---

6. 철심석장(鐵心石腸): 쇠와 같은 심장과 돌과 같은 창자. 굳은 정신이나 지조(志操). 철석간장(鐵石肝腸). 소식(蘇軾)의 <이공택에게 보내는 편지[與李公擇書]>에 "나는 본디부터 철심석장으로 공을 기다렸소.[僕本以鐵心石腸待公]"라고 하였다.
7. 향시(鄕試): 각 도(道)에서 실시했던 과거의 초시(初試). 여기에 합격해야 서울에서 복시(覆試)를 치를 수 있었다. 문과 및 소과의 시소(試所)는 경기도 · 경상도 · 전라도 · 충청도는 좌 · 우도(左右道)로, 평안도 · 함길도는 남 · 북도(南北道)로 나누어 양소(兩所)를 두었고, 인구가 적은 강원도 · 황해도는 1소만 두었다. 시소를 일정한 곳에 정하지 않고 예하읍(隸下邑) 가운데서 윤번으로 정했다.
8. 행찬(行饌): 여행할 때에 가지고 가는 음식.
9. 비부(婢夫): 계집종의 남편.
10. 하관(下棺): 주검을 묻기 위해 관(棺)을 광중(壙中)에 내림.
11. 초관(哨官): 종9품의 무관직. 100명으로 편성된 초(哨)를 통솔하던 벼슬로 훈련도감(訓鍊都監), 금위영(禁衛營), 어영청(御營廳), 총융청(摠戎廳), 수어청(守禦廳) 등에 두었음.

함께 살았는데, 내가 인마(人馬)를 이끌고 오는 것을 보고는 그 집에 머물게 하며 보살펴 줌이 예전과 같았다. 초관(哨官)이 이미 들은 바가 있어 웃으며 차진을 가리켜 말했다. <19뒤>

"저이가 비록 늙었으나 하룻밤 즐거움을 함께해서 지극한 원한을 풀어 주시지요."

그만큼 호탕했던 것이다. 내가 말했다.

"분곡(奔哭)[12]하러 와서 이런 말을 해서는 안 될 것이네."

세 사람이 서로 보며 한바탕 웃었다. 인사하고 돌아가려니 차진이 또 행찬을 마련하여 전별하면서 동료들을 돌아보고 말했다.

"내가 평생 이 낭군으로 인하여 헛되이 몸과 마음이 수고로웠소."

나 또한 일말의 후회스런 마음이 없지 않았다.

정해년 과거 이야기[丁亥科說]

정해년(1707, 33세) 감시(監試)[13]는 창녕현(昌寧縣)[14]으로 정해졌고, 시제(詩題)[15]가 '제갈무후(諸葛武侯)의 초상화 찬(贊)[16]'이어서 두보(杜甫)의 율시(律詩) '제갈량(諸葛亮)의 큰 이름이 우주에 드리웠으니.[諸葛大名垂宇宙]'[17]를 취해 첫머리로 삼았다.

같은 마을의 시로(詩老)[18]가 찾아와서 말했다.

"참으로 좋구먼."

내가 말했다.

"좋으시면 가져가시는 게 어떻습니까?"

"그대가 농담하는 거요?"

---

12. 분곡(奔哭): 상(喪)을 당하여 타지에서 달려와 곡함.
13. 감시(監試): 국자감시(國子監試)의 준말로 생원과 진사를 뽑는 시험. 소과(小科), 사마시(司馬試)라고도 함.
14. 창녕현(昌寧縣): 경상도 소재.
15. 시제(詩題): 시의 주제.
16. 초상화 찬(贊): 초상화에 부쳐 쓰는 글.
17. 제갈량(諸葛亮)의 큰 이름이 우주에 드리웠으니.[諸葛大名垂宇宙]: 두보(杜甫)의 칠언율시 <옛 자취에 대해 읊다[詠懷古跡]> 다섯 수 가운데 다섯 번째 시의 첫 구절.
18. 시로(詩老): 시를 잘 짓는 노인.

"감히 그럴 리 없지요. 고시(古詩)는 본래 공물(公物)이고 그 구절에 또 착제어(着題語)[19]가 있으니, '종신(宗臣)의 남긴 얼굴 엄숙하고 맑기도 하여라.[宗臣遺像肅淸高]'[20]를 첫머리로 삼는 것이 좋지 않겠습니까?"

드디어 나눠 써서 함께 입격(入格)[21]했으니 옛사람이 말한 바 '사양하여 얻는 것[讓而能得者]'[22]이 아니겠는가.

방이 붙는 날 아내의 병 때문에 의원을 찾으러 먼 마을에까지 갔는데, 이때 수명루(水明樓)에서 심후(沈侯)께서 정사를 돌보다가 먼저 방목(榜目)[23]을 보고 후의(厚意)로 하인을 보내[走通] 소식을 알렸다. 그런데 친구에게 약을 얻느라 때를 넘겨 돌아오니, 하객이 시장을 이루었다. 어머니의 기쁨과 사백(舍伯)[24]의 환희는 백일장에서 삼하(三下)[25]를 얻었던 것에 비하면 몇 등이나 높았다. <20앞> 방노(榜奴)[26]를 대접하고 비로소 부중(府中)[27]으로 들어가니 후(侯)께서 정색하고 꾸짖어 말씀하셨다.

"자네가 발게[發解][28]한 것이 무슨 경사라고 태수(太守)[29]가 하인을 보내기까지 했으며, 또 의원을 찾는다고 즉시 와서 보지 않았단 말인가? 하물며 노인을 대하는 일이 이와 같아서는 안 되는 것이지. 부모와 어른을 섬기는 도리가 아주 잘못되었네."

내가 황공하여 땅에 엎드려 말했다.

"사람됨이 본래 어두워 느리기가 이 지경에 이르렀습니다. 죄를 물으시니 비로소

---

19. 착제어(着題語): 내용에 가장 알맞은 말.
20. 종신(宗臣)의 남긴 ~ 맑기도 하여라.[宗臣遺像肅淸高]: 두보의 칠언율시 <옛 자취에 대해 읊다[詠懷古跡]> 다섯 수 가운데 다섯 번째 시의 둘째 구절.
21. 입격(入格): 소과(小科)에 합격함.
22. 사양하여 얻는 것[讓而能得者]: 『논어(論語)』「학이(學而)」에 공자(孔子)가 국가의 정사에 참여하는 방식과 관련한 대화가 나오는데, 그중에 자공(子貢)이 "선생님은 온화·순량·공경·검소·겸양으로 구해 얻으시는 것이니, 선생님이 구하는 것은 다른 사람이 구하는 것과는 다르다.[夫子溫良恭儉讓以得之, 夫子之求之也. 其諸異乎人之求之與.]"라는 대목이 있다.
23. 방목(榜目): 과거에 합격한 사람의 성명을 적은 명부.
24. 사백(舍伯): 남에게 자기 맏형을 이르는 말.
25. 삼하(三下): 과거 응시생의 성적 등급인 과차(科次)의 하나. 과거 시험의 성적은 상지상(上之上)·상지중·상지하·이상(二上)·이중·이하·삼상(三上)·삼중·삼하·차상(次上)·차중·차하로 나누고 삼하 이상을 뽑아서 입격(入格)시켰음.
26. 방노(榜奴): 방(榜)을 전달하는 하인.
27. 부중(府中): 행정 구역인 부(府)의 안이란 뜻인데, 여기서는 관아 안을 가리킴.
28. 발게[發解]: 과거의 초시(初試)에 합격함.
29. 태수(太守): 지방관. 군(郡)·현(縣)의 행정 책임을 맡은 으뜸 벼슬.

그 잘못을 깨달았습니다. 매를 쳐서 꾸짖으셔도 사양치 않겠습니다."

후께서 입을 벌려 웃으며 말씀하셨다.

"앞의 말은 책비(責備)[30]에서 나온 것이니 마음에 둘 것이 무언가? 처음으로 발게를 했으니 이는 과연 기쁜 일이네. 나의 지위로서도 웃을 만한 일이 있으니 그대에게 말해 주겠네. 내가 오래도록 움츠려 지내던 중에 비로소 발게를 하여 서울에서 방을 보고 강제(江第)로 부모를 뵈러 가는데, 길에서 만나는 이가 많아 '저놈들도 내가 입격한 것을 알까' 했네. 어머님 앞에서 절을 할 때 기쁨을 참을 수 없었네. 이날 밤 수명루에서 묵었는데 기쁨에 잠을 이루지 못하다가 스스로 생각하기를, '내가 과연 참방(叅榜)[31]한 것인가. 전에도 꿈에서 간혹 참방했다가 깨어난 뒤에 허탈해진 적이 있었으니 오늘의 일도 필시 꿈일 거야' 했지. 이때 강에 뜬 달이 낮 같고 합격한 명지(名紙)[32]가 창가에 놓여 있으니 이것은 족히 믿을 수 있었네. 그런데도 오히려 석연치 않아 알몸으로 가서 그것을 쥐어다가 창문을 열고 달빛에 비춰 본 뒤에야 꿈이 아님을 알게 되었지. 하물며 그대 집안에서는 전에 없던 합격 소식을 들었음에랴!"

수령께서 한바탕 크게 웃으시고 (말씀을) 마치셨다. 나는 실로 느릿느릿한 병이 있었고, 사대부가 초방(草榜)[33]으로 기뻐함은 이와 같은 것이었다.

경인년 과거 이야기[庚寅科說]

<20뒤> 경인년(1710, 36세) 가을에 과거가 본읍(本邑)으로 정해졌다. 나는 앞서 위천(渭川)[34]의 새로운 터에 집을 지었는데 (그리로) 옮겨 가기 전에 그곳에 도달하는 꿈을 꾸었다. 여덟 길이나 되는 적다마(赤多馬)[35]가 입을 벌리고 돌진하여 내가 칼을 뽑아 그 머리를 베었는데 사지가 여전히 꿈틀거렸다. 마침 친분이 있는 오대래

30. 책비(責備): 일을 완전하게 갖추어 잘하기를 요구함.
31. 참방(叅榜): 과거에 합격하여 이름이 방목(榜目)에 오르는 일.
32. 명지(名紙): 과거 시험에 답안지로 쓰는 종이. 시지(試紙).
33. 초방(草榜): 초방목(草榜目). 발표하기 전에 처음으로 작성한 과거 합격자의 명단.
34. 위천(渭川): 경북 군위군과 의성군, 상주시 등을 흐르는 하천. 낙동강의 제1지류임.
35. 적다마(赤多馬): 절따말. 털빛이 붉은 말.

(吳大來)가 와서 차고 있던 칼을 뽑아 그 꼬리를 잘랐다. 꿈에서 깨어나 스스로 해몽하여 말했다.

"이번 과거에서 내가 반드시 장원을 하고, 대래는 말석을 차지하겠구나."

과거 날짜가 점점 다가와 많은 선비가 모여들었다. 하루는 일찍 상인(商人)이 방문하여 말했다.

"위천 새집의 주인이십니까?"

"그렇소."

"제가 행상(行商)을 하다가 여기 왔으나 머물 곳이 없어 빈집에 투숙했는데 꿈에 붉은 두루마기를 입은 사람이 말하기를, '이곳은 이번 과거 장원의 집인데 네가 어찌 여기에 머무느냐?' 했습니다. 그래서 와서 그저 길조를 알려 드리는 겁니다."

무심한 사람의 꿈이 말을 벤 것과 맞아떨어져 자부하는 마음이 없지 않았다. 집에 이전 과거 때의 시지(試紙)를 잘라 놓은 것이 있었는데 반포된 치수와 비교해 보니 길이가 몇 촌(寸) 남았다. 부득이 상하를 잘라야 해서 손으로 윗부분 일 촌을 잘랐는데 마침 대래(大來)가 와서 아랫부분 일 촌을 잘랐으니, 과연 말 머리를 베던 꿈과 맞아떨어졌다.

문득 두 명의 젊은이가 와서 당(堂)[36]에서 내려가 맞았더니 그중 어린 이가 말했다.

"이곳이 공생(貢生)[37] 김아무개의 집이오?"

"그렇소."

"주인은 어디에 있소?"

"바로 나요."

"나는 순흥(順興)[38]의 황생원(黃生員)이요. 듣자 하니 당신[汝] 집이 좀 넓다 하니 머물렀으면 하오."

"친구가 이미 많이 들어왔으니 어떡하겠소?"

"당신[汝] 집 안채에 방이 두 개인데 <21앞> 어찌 처소가 없다고 하시오?"

"한 방은 노모께서 여러 손주를 거느리고 있는 곳이고, 한 방은 우리 부부가 많은 자식을 함께 데리고 있는 곳이오."

36. 당(堂): 대청(大廳). 방과 방 사이에 있는 큰 마루.
37. 공생(貢生): 향교(鄕校)의 교생(校生).
38. 순흥(順興): 경북 영주(榮州) 지역의 옛 지명.

"당신[汝] 집에서 내외하는 것은 분수에 맞지 않소."

"내가 양반 여인에게 장가들어 함께 지내며, 이전 과거에서 발게[發解]를 하여 이미 사류(士類)에 들었는데 어찌 내외하지 않겠소?

"당신[汝]의 초시(初試)가 옛말에 이른바 천연두[疫疾]로군요."

내가 웃으며 말했다.

"우리 마을의 사대부들이 일찍이 나에 대해서 '당신[爾汝]'이라고 지칭한 적이 없는데, 하물며 다른 읍에 사는 문호(門戶)도 모르는 자칭 양반임에랴. 내가 이번 방(榜)에서 또한 높은 점수를 얻을 것이오."

젊은이가 웃으며 말했다.

"그렇게 된다면 내가 당신[汝] 집 노비가 되겠소."

내가 부추겨 말했다.

"높은 점수를 얻을 뿐만 아니라, 만약 장원을 한다면 어쩌겠소?"

"과연 그렇다면 내 손가락에 불을 붙여 촛불로 삼겠소."

내가 웃으며 그 동행에게 말했다.

"이런 망언을 하는 사람과 함께 와서 끝내 한마디도 안 하는 것은 어쩐 일이오?"

"이이는 내 종제(從弟)[39]요. 나이 어린 사람의 실언은 이상할 것도 없지마는 주인의 과감한 말씀은 어찌 그리 지나치오? 영남의 많은 선비가 필시 공생께 조금도 양보하지 않을 거요."

"많은 선비로 하여금 시험을 주관하도록 한다면 실로 그럴 것이나 정확한 시관(試官)으로 하여금 공정하게 하도록 한다면 꼭 그렇게 못하리라고 어찌 알겠소? 노비가 되고 손가락을 태운다는 맹세가 이미 영계(令季)[40]의 입에서 나왔으니 다음에 증명해 주면 좋겠소이다."

"과연 그렇다면 내가 증명하겠으나 절대로 그럴 리는 없을 거요."

하고는 동생을 이끌고 가며 말했다.

"이 역시 선비니 그렇게 업신여겨서는 안 된다."

드디어 시험장에 들어가니 시제(詩題)가 다섯 번 바뀌었고, 포시(晡時)[41]에 또 시

---

39. 종제(從弟): 사촌 동생.
40. 영계(令季): 상대방의 동생을 높여 이른 말.
41. 포시(晡時): 신시(申時). 오후 3시부터 5시까지.

제 하나를 내니, '바야흐로 담공[42]의 등대가 늦었다.[方譚公等對第遲]'였다. <21뒤> 말을 엮기가 극히 어려울 뿐만 아니라 시험장 안이 어지러워질 조짐이 보여 초(草)[43]를 잡을 여유도 없이 바로 써서 제출했다.

다음 날 아침에 예리(禮吏)[44]가 관(官)의 지시로 와서 시초(詩草)[45]를 찾았다. 선성(先聲)[46]이 이미 나왔구나 생각은 했지만 답변할 말이 없어 잃어버렸다고 속여서 말했다. 잠시 후 베낀 것을 가져다 보였는데, 시험장 안에서 청하여 구한 것이었다. 높은 점수인 것을 분명히 알 수 있었다. 황생에게 시원하게 설욕할 만했다.

종장일(終場日)에 일찍 들어가 황생의 접(接)[47]을 두루 찾아보니 이미 남쪽 계단 위에 편안히 자리를 잡고 있었다. 나도 한 접을 데리고 있었기 때문에 황생과는 등을 나누어 앉았다. 해가 뜨고 나서 서너 명의 군리(軍吏)가 두 개의 장대에 명지(名紙)를 꿰어 장원을 부르면서 여러 선비에게 두루 보이는데, 과연 내가 지은 것이었다. '삼상(三上)'[48]이라 크게 쓰고 휘갈겨 쓴 아홉 구절에 비점(批點)[49]이 가득했으며, 또 '차상(次上)'[50]이라 크게 쓰고 종이에 주묵(朱墨)[51]이 가득해, 앞뒤로 눈부셨다. 모든 선비가 각자 암송해 와 합쳐서 한 편을 이루어 큰 소리로 찬양하니, 이 또한 남아의 쾌사였다. 황생의 접 중에 풍채 좋은 한 장로(長老)가 있어 몇 번을 읽고서 말했다.

"내가 반평생 시를 지었는데 이같이 뛰어난 작품은 처음 본다."

접의 무리들을 돌아보며 말했다.

"너희들은 이 사람을 보았느냐? 돌아갈 때 내 꼭 찾아봐야겠다."

그때 친구들이 축하하러 많이 왔다가 이 말을 듣고 장로에게 말했다.

"장원이 이웃한 접에 있으니 멀리서 찾으실 필요가 없습니다."

장로가 놀라 물었다.

"어디에 계시오?"

---

42. 담공(譚公): 정유재란 때 명나라 선유도사(宣諭都司)로 파견된 담종인(譚宗仁)을 가리키는 듯함.
43. 초(草): 기초(起草). 글의 초안을 잡음.
44. 예리(禮吏): 예방(禮房)의 구실아치.
45. 시초(詩草): 시(詩)의 초고(草稿).
46. 선성(先聲): 선문(先聞). 어떤 일이 일어나기 전에 미리 알리는 소문.
47. 접(接): 글방 학생이나 과거에 응시하는 유생의 동아리.
48. 삼상(三上): 과거 응시생의 성적 등급으로 일곱 번째에 해당함.
49. 비점(批點): 시문(詩文)의 잘된 곳을 찍는 점.
50. 차상(次上): 과거 응시생의 성적 등급으로 열 번째에 해당함.
51. 주묵(朱墨): 붉은색으로 표시한 평점(評點).

내가 몸을 일으켜 자리 아래에서 절하며 말했다.

“소생이 미천한 몸으로 외람되이 이런 영광을 입어 오히려 복이 지나쳐 화가 될까 두려운데 하물며 장로께서 보고 싶다 하시다뇨.”

이때 황생 형제가 모두 좌하(座下)에 있다가 머리를 숙이고 기운을 잃었다. 내가 돌아보며 말했다. <22앞>

“이미 그대들과 경개(傾蓋)[52]를 한 구면인데 어찌 한마디 축하의 말이 없소?”

장로가 말했다.

“벌써 안면이 있소?”

“얼굴을 알 뿐만 아니라 백 년에 변하기 어려운 맹세가 있습니다.”

종형제 모두 입을 열지 못했다. 장로가 말했다.

“어떤 연고로 맹세를 했소이까?”

내가 두 손을 맞잡고 대답했다.

“말을 하자니 범하는 것이 있게 되고, 말을 안 하자니 용기가 없는 것이 되니 어찌해야 할지요?”

장로가 나아와 손을 잡으며 말했다.

“여기엔 필시 괴이한 일이 있었던 모양이오. 이 아이는 내 돌아가신 형님의 손자인데 본래 말이 많아 분명 그대에게 실수를 한 모양이오. 원컨대 한번 털어놓아 나의 의혹을 풀어 주시오.”

“말씀이 이에 이르니 감히 끝내 침묵할 수 없겠군요. 또 종씨(從氏)[53]가 입증을 할 테니 어찌 조금이라도 줄이거나 보탤 수가 있겠습니까?”

이윽고 문답을 주고받은 이야기의 시종을 역력히 말하니, 장로가 노하여 그 손자를 질책하며 말했다.

“너는 정말 개자식이며 우리 집안은 역시 향손(鄕孫)이로구나. 망령되고 경솔하기가 어찌 감히 이 같으냐?”

이어 나를 위로해 말했다.

“시인은 자고로 담대한데 어찌하여 말을 나눌 때 저놈의 뺨을 치지 않았소? 저것의 말이 이처럼 분명하고 그대의 입신(立身)이 이처럼 탁월하니 노복(奴僕) 노릇은

52. 경개(傾蓋): 수레를 멈춰 덮개를 기울인다는 뜻으로, 우연히 한 번 보고 서로 친해짐을 이르는 말.
53. 종씨(從氏): 상대편을 높여서 그의 사촌 형제를 부르는 말.

결국 하려니와 우선 저놈 손가락을 태우라고 어찌 명하지 않소이까?"

"설혹 욕된 말이 있더라도 장로의 질책 한마디에는 미치지 못합니다. 그런데 어찌 감히 또 한마디 말을 두어 스스로 본분을 잃겠습니까? 이제 이미 쾌히 설욕했으니 장로께서는 앞의 말을 모두 우스개로 돌리시고 구태여 죄로 삼지 않으시면 좋겠습니다. 또 속담에 '다툼으로 인해 사귐을 얻는다'는 말이 있으니 높은 점수를 얻으시기를 바라오며 회시(會試)[54]를 치르러 함께 가시는 것이 어떻겠습니까?"

장로가 말했다.

"그대의 말씀이 또한 좋구려."

이때 구경하는 이들이 빽빽이 서서 모두 말했다.

"고금(古今)에 설욕하는 유쾌함이 이보다 더한 경우는 없었다."

갑오년 과거 이야기[甲午科說]

더불어 송후(宋侯)와의 정분을 적는다.

<22뒤> 송후(宋侯)의 휘(諱)는 징규(徵奎)이다.[55] 정해년(1707, 33세)에 구산(龜山)[56]의 수령이 되어 나에게 두 아들과 동접(同接)[57]이 되도록 했다. 장자의 휘는 창명(昌明)이고, 차자의 휘는 교명(敎明)인데, 그들과 사이가 매우 좋았다. 예안(禮安)[58] 수령이 되어서도[59] 역시 그러했다.

갑오년(1714, 40세) 유월의 공도회(公都會)[60]가 임금께서 기체(氣體)가 불평(不平)하시어 스무날로 연기되니, 후(侯)께서 나에게 말씀하셨다.

"그대는 꺼릴 것[61]이 없어졌으니 지금 가서 (시험을) 보게."

---

54. 회시(會試): 복시(覆試). 초시(初試) 합격자가 서울에 모여 치르는 2차 시험.
55. 송징규(宋徵奎, 1668~?): 자는 중문(仲文). 본관은 여산(礪山). 증조는 송극인(宋克訒), 부친은 송광순(宋光洵). 의흥(義興), 진안(鎭安), 예안(禮安)의 현감(縣監)을 거쳐 청송부사(靑松府使), 한성서윤(漢城庶尹), 황주목사(黃州牧使) 등을 역임했다.
56. 구산(龜山): 경북 군위군 의흥면의 옛 지명.
57. 동접(同接): 같은 곳에서 함께 공부함. 또는 그런 사람이나 관계.
58. 예안(禮安): 경상북도 안동 지역의 옛 지명.
59. 예안(禮安) 수령이 되어서도: 송징규가 예안현감으로 부임한 것은 1713년이다.
60. 공도회(公都會): 관찰사, 유수(留守)가 해마다 관내(管內)의 유생들에게 보게 하던 소과(小科) 초시(初試). 합격자는 다음 해 소과의 복시(覆試)를 치를 수 있었음.

내가 군이 사양하고 하려 들지 않으니 후께서 말씀하셨다.

"그대는 권면할 부형(父兄)이 안 계시니 내가 행장을 챙기도록 권면하겠네."

열여드렛날에 관청색(官廳色)[62]이 와서 가지고 갈 곡식의 양을 묻기에 가지 않겠다고 했더니, 후께서 들어오셔서 이치를 들어 책망하셨다. 답할 말이 없어 정초(正草)[63]를 구하기 어려워서라고 둘러대니, 즉시 여러 사람을 보내 밤을 틈타 사오게 하시어, 어쩔 수 없이 길을 떠났다.

이때 후께서 안동 수령을 겸하고 계셨는데 공형(公兄)[64]에게 체하(帖下)[65]하여 숙소[舍館]를 정하고 매일 조석(朝夕)을 대접하도록 했으며, 방(榜)이 나면 즉시 성화같이 달려와 아뢰라고 하였다.

시험장에 들어가 시제(詩題)를 보니 '임금께서 쓰신 시를 유천군(儒川君)[66]에게 내리다.[御題詩賜儒川君]'였다. 시권(試券)[67]을 내고 나오니 친구와 공형이 술과 안주를 갖고 찾아와 모였는데, 어떤 통인(通引)[68]이 안으로부터 나와 나에게 고했다.

"아까 제출한 시를 모든 시관들이 소리 높여 읽어 보고 비점(批點)을 잔뜩 찍었으며 이중(二中)[69]으로 등급을 쓰고서는, '이는 필시 서울의 솜씨다'라고 했습니다."

방을 기다리던 모든 사람이 축하하며 오늘 겸관(兼官)[70]이 고목(告目)[71]을 이른 것이 진실로 빛을 발했다고들 했다. 합제(合製)[72]에서 연달아 일등을 해 드디어 묵장(墨壯)[73]이 되었다. 예안 관아로 돌아와 절을 올리며 권면한 것에 대해 사례하니, 후께서도 기쁨을 이기지 못했다. 사대부가 다른 이를 이뤄 주고자 함이 이와 같다.

---

61. 꺼릴 것: 연기되기 전 공도회(公都會)의 일자가 김경천 모친의 기일(忌日)과 겹쳤던 것을 이름.
62. 관청색(官廳色): 수령의 음식물을 맡아보던 구실아치.
63. 정초(正草): 과거 시험에 쓰던 종이. 시지(試紙).
64. 공형(公兄): 삼공형(三公兄). 각 고을의 호장(戶長), 이방(吏房), 수형리(首刑吏)의 세 관속.
65. 체하(帖下): 관에서 사용하는 문서 양식의 하나. 하급이례(下級吏隷)에게 전곡(錢穀)을 지급할 때, 그 물품지령서(物品指令書)에 체자(帖字)의 목인(木印)을 찍어 내려 보내면 이에 따라 현물(現物)을 지급하였음.
66. 유천군(儒川君): 선조(宣祖)의 증손. 생몰 연대 미상.
67. 시권(試券): 과거 응시자들이 제출한 답안지.
68. 통인(通引): 관아의 관장(官長) 앞에 딸린, 잔심부름하던 이속(吏屬).
69. 이중(二中): 과거 응시생의 성적 등급인 과차(科次)의 하나. 과거 시험의 성적은 상지상(上之上)·상지중·상지하·이상(二上)·이중·이하·삼상(三上)·삼중·삼하·차상(次上)·차중·차하로 나누었음.
70. 겸관(兼官): 한 고을 수령의 자리가 비었을 때 이웃 고을 수령이 임시로 겸하여 그 사무를 맡아봄.
71. 고목(告目): 각 관청의 서리나 지방 관아의 향리가 상관에게 공적인 일을 알리거나 문안할 때 올리는 간단한 양식의 문서.
72. 합제(合製): 고강(考講)과 시제(試製)를 통틀어 이르던 말.
73. 묵장(墨壯): 합산 점수가 최고인 사람.

가을의 과거 날이 되어 <23앞> 두 아들로 하여금 경시(京試)[74]를 보도록 재촉하시어 (내가 함께) 단양(丹陽) 길을 거쳐 배로 구담(龜潭)[75]으로 내려갔는데 옥순봉(玉筍峰)[76] 아래 뛰어난 경치를 일일이 나열하기 어려웠다.

초장(初場)[77]이 열리는 날 비가 붓듯이 쏟아져서 별도로 작은 집을 세우니 한 접(接)의 인원이 겨우 수용될 수 있었다. 내가 운 좋게 뜻을 얻자 다른 접에서 구경하러 온 이가 많았다. 선사(繕寫)[78]를 마치고, 데리고 온 아전에게 시권(試券)을 바치게 했는데 아전이 바로 돌아오기에 이상해서 물어보니 말하기를,

"이 접에 왕래하던 눈이 크고 눈썹이 검은 양반이 자기가 잘 내겠다고 하고서 시권을 가져가더니 급히 가 버렸습니다."

하였다. 접의 모든 이가 서로 돌아보며 창백해졌으니 도둑질해 간 것인가 염려했던 것이다.

일이 끝나자 하늘이 맑아졌다. 서로 붙들고 나오면서 중당(中堂)[79]을 보니 한 소년이 끙끙대며 앉아 있었는데, 곧 동경(同庚)[80] 홍첨정(洪僉正)[81]의 아들이었다. 나를 맞으며 말했다.

"날이 지려고 하는데 시편(詩篇)이 아직 이뤄지지 않았으니 잠시 머물러 도와주실 수 있겠습니까?"

나는 이미 십여 수를 지어서 어려울 것이 없었으므로 그와 더불어 잠시 앉아서 술과 안주를 가져다 먹으며 불러 주었는데, 다행히 아주 뛰어난 사수(寫手)[82]가 있어 부르면 바로 받아 적어 한 자도 어긋남이 없었다. 다음 날 아침 첨정공(僉正公)이 노복(奴僕)을 시켜 사례하여 말했다.

"내 아이의 시초(詩草)를 보니 원래 지은 것을 알 만합니다. 아울러 축하를 드립

---

74. 경시(京試): 과거 시험 중 3년에 한 번씩 서울에서 실시한 소과(小科)의 초시(初試). 과거의 첫 관문으로 식년(式年) 바로 전년 가을에 실시하였음. 경시는 생원(生員) 초시와 진사(進士) 초시로 나누어 실시했는데, 여기에서 선발된 200여 명은 복시(覆試)에 응시할 수 있는 자격을 주었음.

75. 구담(龜潭): 단양팔경의 하나인 구담봉(龜潭峰) 밑의 못.

76. 옥순봉(玉筍峰): 단양팔경의 하나.

77. 초장(初場): 첫날의 시험장.

78. 선사(繕寫): 잘못을 바로잡아 다시 베낌.

79. 중당(中堂): 당상(堂上)의 가운데.

80. 동경(同庚): 동경계(同庚契). 동갑계. 나이가 같은 사람끼리 친목을 꾀하기 위하여 맺는 계.

81. 첨정(僉正): 각 관아의 낭청(郎廳)에 속한 종사품 벼슬. 돈령부, 봉상시, 종부시, 사옹원, 내의원, 상의원, 사복시 따위에 두었다.

82. 사수(寫手): 과장(科場)에서 시권(試券)의 글씨를 대신 써 주던 사람.

니다."

이윽고 시초를 가져다 보여 주니, 그것은 선사(繕寫)할 때에 곁에서 베껴 쓴 것이었다. 방(榜)이 났는데, 우리 접(接)이 차례대로 합격했고 홍수재(洪秀才)도 이 등(二等)의 제일을 차지했으나 나만 불합격했다. 사람들이 모두 말하기를 시권을 내는 아전이 허투루 한 탓이라고 했는데, 실은 내가 본분을 잊고 편안히 앉아서 다른 이로 하여금 대신 바치게 한 탓이다.

임인년 과거 이야기[壬寅科說]

<23뒤> 임인년(1722, 48세)의 감시(監試)가 화산부(花山府, 안동)로 정해졌는데 이때 하곡(荷谷) 심후(沈侯)께서 정사(政事)를 펼치고 있어 매우 잘 돌봐 주셨다. 장차 과거를 보러 가려고 인사를 드리니 음식과 시험 도구를 체하(帖下)해 주시고 말씀하셨다.

"그대는 대구(大邱) 관상가 조씨(曺氏)에 대해 들어 본 적이 있는가? 내가 지금 불러왔으니 그대의 상을 보도록 하겠네."

바로 불러오게 했는데 그 사람은 얼굴이 기울고 눈이 비뚤어져 심히 부정(不正)해 보였다. 후(侯)께서 나를 가리켜 물으셨다.

"이 노유(老儒)께서 이제 과거를 보러 가는데 그 재주가 가히 합격할 만하고 상(相) 역시 도움이 없지 않을 텐데, 과연 어떠한가?"

한참 들여다보더니 말했다.

"제가 과거에 대한 상에서 맞히지 못한 적이 없는데, 저분은 본래 부귀한 상이 없어 재주가 비록 뛰어나다 하더라도 과거는 필시 이루지 못할 것입니다. 바라건대 스스로 고생하지 말고 관아에서 체하한 물건을 서너 달의 양식으로 삼는 것이 좋을 듯합니다."

후께서 그 야박함을 잘못됐다고 여기셨고, 나 또한 못마땅해 바로 말했다.

"언어는 몸을 꾸미는 도구인데, 어찌 그리 스스로의 몸을 꾸미지 않소? 이번 과거에 대해서는 득실을 하문(下問)하셨으니 오히려 판단해도 되겠지만 내 평생을 논하는 데 이르러서는 그 기술이 참으로 어긋났구려. 말해 보자면 나는 평소 향족(鄕族)

으로서 과유(科儒)[83]가 되어 연속해서 장원[魁捷]을 하였으니 귀하다 할 것이요, 이 몸은 나무하지 않고 처는 호미질하지 않으며 앉아서 아침저녁을 먹으니 또한 부유하다 할 것인데, 본래 부귀의 상이 없다니 어찌 된 게요? 상에 드러난 것이 비록 맞지 않는다 하더라도 어찌 현후(賢侯)의 입장을 생각지 않고 말이 이처럼 야박하단 말이오? 비록 그러하나 내가 내 상을 보아도 이번 과거는 반드시 얻을 것이오."

후께서 웃으면서 부추겨 말씀하셨다.

"그대가 자기의 상을 보면 반드시 남의 상도 볼 수 있을 터이니, 조생(曺生)의 상은 어떠한가?"

"저의 관상 방법은 마의(麻衣)의 비결[84]을 취하지 않고 특별히 성현의 책에서 구합니다. <24앞> 『맹자(孟子)』에 이르기를 '그 눈동자를 보면 어찌 감출 수 있겠는가?'[85] 하였는데 저이의 눈동자가 비뚤어졌으니 그 중심을 알 만하며, 『공자가어(孔子家語)』[86]에 이르기를 '얼굴이 반듯하면 마음이 바르다' 하였는데 저이의 얼굴이 기울었으니 그 마음을 또한 알 수가 없습니다. 성인(聖人)께서 다시 나신다 해도 결코 제 말을 바꾸지는 못할 것입니다.[87] 듣자 하니 저이가 칠성제(七星祭)[88] 때문에 오래 머문다고 하니 마땅히 장원하고 와서 그 상술(相術)을 타파하겠습니다."

조(曺)가 발끈하여 일어나 가 버렸다. 후께서 크게 웃으며 말씀하셨다.

"그대가 과연 남의 상을 잘 보는구먼."

드디어 초장(初場)에 들어가서 육 천(六天)[89]에 시권(試券)을 내니, 이윽고 구경하던 부리(府吏)[90]가 와서 차상(次上)[91]에 오른 것을 축하하고 이 이야기가 밖에 전

---

83. 과유(科儒): 과거를 보는 선비.
84. 마의(麻衣)의 비결: 송나라가 일어서기 직전 화산(華山)의 마의도사(麻衣道士)가 그때까지 구전이나 비전(祕傳)으로 내려오던 여러 계통의 상법을 종합하여 '마의상법(麻衣相法)'을 창안했다.
85. 그 눈동자를 보면 사람이 어찌 감출 수 있겠는가: 『맹자(孟子)』 「이루(離婁)」에 나오는 구절. "그 말을 듣고, 그 눈동자를 보면 사람이 어찌 감출 수 있겠는가.[聽其言也, 觀其眸子, 人焉廋哉.]"
86. 『공자가어(孔子家語)』: 공자의 언행 및 공자와 문인(門人)과의 대화를 수록한 책.
87. 성인(聖人)께서 다시 ~ 못할 것입니다: 『맹자(孟子)』 「공손추(公孫丑)」에 나오는 "성인께서 다시 나신다면 반드시 내 말을 따르실 것이다.[聖人復起, 必從吾言矣.]"를 변용한 표현.
88. 칠성제(七星祭): 음력 정월 초이렛날 밤에 칠성신(七星神)에게 올리는 제사. 한집안의 평안과 자녀의 장성을 빎.
89. 육 천(六天): 과거 시험 답안지를 제출하는 순서. 10장씩 묶어 천자문의 글자 순서대로 표시하는데, '육 천(六天)'은 '天'에서 여섯 번째로 제출한 것.
90. 부리(府吏): 지방 행정구역인 부(府)에 딸린 서리.
91. 차상(次上): 과거 응시생의 성적 등급인 과차(科次)의 하나. 과거 시험의 성적은 상지상(上之上)·상지중·상지하·이상(二上)·이중·이하·삼상(三上)·삼중·삼하·차상(次上)·차중·차하로 나누었음.

파됐다. 후께서 농담으로 말씀하셨다.

"그대가 과연 으뜸을 차지했다고 하니 즐거운 일이지마는 조생의 상술이 이로부터 허무하게 되었군."

방(榜)이 오자, 조는 내가 수령을 뵌다는 소식을 듣고 책실(冊室)에 죽치고 있었다. 관아의 모든 손님이 서로 축하하하며 말했다.

"조생은 상을 보고서 실패한다 하더니 이렇게 장원을 하였군. 이른바 광충교(廣忠橋)의 점쟁이가 흉하다 한 것이 도리어 길하게 된 격이로구나."[92]

서로 박수 치며 웃으니, 조생이 얼굴이 흙빛이 되어 다시 입을 열지 못했다. 스스로 매우 부끄럽게 여겨 탄식했던 것이다.

기해년 과거 이야기[己亥科說]

기해년(1719, 45세)의 감시(監試)는 영천군(榮川郡)[93]으로 정해졌다. 시제(詩題)는 '운림원의 옛일에 대한 감동을 적다.[追敍雲林園旧事感]'[94]로 고황제(高皇帝)[95]께서 지으셨으며 『전목재집(錢穆齋集)』[96]에 나오는 것이다. 시골 유생으로서는 잘 보지 못한 것이나 나는 서울에 있을 때 익히 보았던 터라 시제를 풀고서 두보(杜甫)의 율시(律詩)인 '화려한 모습을 빈 산에서 회상하네.[翠華想像空山裡]'[97]를 취해 <24뒤>

92. 이른바 광충교(廣忠橋)의 ~ 된 격이로구나: 광충교(廣忠橋)는 청계천 광통교(廣通橋)의 이칭. 옛날에 광통교 일대에는 점쟁이가 많았으며, 『용재총화(慵齋叢話)』에 이와 관련한 이야기가 전한다. 경을 읽는 장님은 모두 머리를 깎아 세상에서는 그들을 선사(禪師)라고 불렀다. 늙은 장님 김을부(金乙富)가 광통교 다릿목에서 점을 치고 사는데 그 점이 맞는 일이 없어 "광통교 선사가 언짢다면 좋은 법이다."라는 말이 생겨났다. 참판 김현보(金賢甫)가 과거를 보러 가는 아들의 글을 보고 과거에 붙을 리 만무하다고 했다. 그러나 그 아들이 우수한 성적으로 과거에 급제하자, 현보의 동료들이 "광통교 선사가 언짢다면 좋은 법이니까."라고 하였다.

93. 영천군(榮川郡): 경북 영주군의 옛 지명.

94. 운림원의 옛일에 대한 감동을 적다.[追敍雲林園旧事感]: 고황제(高皇帝)가 지은 원제는 '운림원 사략을 읽고 예전 유람하던 때를 서술하다. 총 1천자.[讀雲林園事略, 追敍昔遊 凡一千字.]'

95. 고황제(高皇帝): 명나라 초대 황제 주원장(朱元璋). 재위 1368~1398년. 자는 국서(國瑞). 고황제(高皇帝)는 시호(諡號)이다. 묘호(廟號)는 태조(太祖).

96. 『전목재집(錢穆齋集)』: 명나라 말기의 시인인 전겸익(錢謙益, 1582~1664)의 문집. '목재(牧齋)'는 그의 호. 1610년 진사시에 입격한 뒤 승진을 거듭하여 예부상서가 되었으나, 1645년 청나라의 군대가 강남을 공략하였을 때 청군에게 항복하여 예부우시랑(禮部右侍郎)이 되었다. 그러나 곧 병을 핑계로 고향으로 돌아가 그곳에서 죽었다.

97. 화려한 모습을 빈 산에서 회상하네.[翠華想像空山裡]: 두보(杜甫)의 칠언율시 <옛 자취에 대해 읊다[詠懷古跡]> 다섯 수 가운데 네 번째 시의 구절.

첫 구절로 삼으니 시제에 꼭 맞아 우쭐했다.

다음 날 아침 시험장 안에 소식을 전하는 사람이 있어 이르기를 첫 구에 '취화(翠華)' 자를 쓴 사람이 장원이라고 했다. 종장일(終場日)[98]에 과연 여러 선비에게 십사구(句)에 비점(批點)을 친 답안지를 돌려 보이니, 시험장 안에서 우러러보지 않는 이가 없었다.

돌아오는 길에 곧은 시내에 다다랐는데 물이 범람하여 두 젊은이가 먼저 건너려다 말이 넘어지면서 몸과 복태(卜馱)[99]가 함께 빠져 버렸다. 뒤에 있던 동행이 황망히 말에서 내려 힘을 다하여 구제하여 간신히 잡아 끌어냈다.

나는 다행히 잘 건넜으나 그냥 지나칠 수 없어서 말에서 내려 그 곁에 앉아 그를 위로했다. 노비와 주인이 힘을 합쳐 젖은 옷을 짜내고 모래밭에 펼쳐 마르기를 기다렸다. 사는 곳을 물어보니 동경(東京, 경주) 사람이라고 했다. 형제가 나란히 말을 타고 가다 함께 빠져 옷이 젖은 것은 아깝지 않으나 선인(先人)의 원고가 많이 젖어 심히 통탄스럽다고 했다. 대대로 선비 집안인지라 그런 것이리라. 물에 빠진 것을 내가 위로하는 뜻에 감사하면서 서로 혀를 차고 있다가 문득 그 형을 돌아보고 말했다.

"우리가 제출한 시권(試券)이 어린아이 것이라 할 만해서 방(榜)을 기다릴 희망도 없는 데다가 여기서 죽을 뻔한 변을 당했군요. 만약 김 아무개의 시처럼 과장(科場)에서 드날렸다면 이 일도 고생이라 할 것은 없겠지요."

형이 웃고 손가락을 튀기며 말했다.

"과연 그렇다면 열 번 빠진다 해도 살아나기만 하면 염려할 것이 없겠지."

아! 한 장의 방(榜)이 생사와 무슨 관계가 있겠는가. 유생이 과거를 중시하는 것이 일변 여기에까지 이르는 것이다.

철파촌 집의 상서로움[鐵寓奇祥]

<25앞> 내가 갑진년(1724, 50세) 팔월에 철파촌(鐵坡村)[100]의 집을 사서 이사했는

98. 종장일(終場日): 며칠에 걸쳐 보는 과거 시험의 마지막 시험 날.
99. 복태(卜馱): 짐바리. 말이나 소로 실어 나르는 짐.
100. 철파촌(鐵坡村): 경북 의성군 의성읍 철파리.

그림 2.1 철파촌 입구의 느티나무

수령이 300년 넘었다 하니, 김경천도 이 나무를 보지 않았을까.

데 마구간이 없어 뜰 앞의 늙은 살구나무를 베어 땅에 박아 기둥을 만들었다. 을사년(1725, 51세)이 지나고 병오년(1726, 52세) 삼월이 되자 그 기둥에서 땅으로부터 한 자[尺]쯤 되는 높이의 거죽 둘레에 새로운 싹이 돋아나 점점 자랐다. 기둥이 박힌 곳을 파내 보니 모두 썩었는데 한 조각 껍질에만 생기가 있고 싹이 돋아 신기했다. 무성하게 자라 가지가 생겼고 열흘이 안 되어 꽃술이 맺히고 꽃이 생겼다. 그 열매가 보고 싶어서 평소에 애지중지했는데, 노비 아이가 무지하여 그 곁에 땔나무 더미를 부리다가 약한 가지를 건드려 부러뜨렸다. 비록 제대로 익는 것을 보지는 못했으나 썩은 그루터기가 삼 년 만에 가지를 내고 꽃을 피웠으니, 이 이치 밖의 일을 두고 사람들이 모두 주인의 과거(科擧)에 대한 상서(祥瑞)라고 말하기에, 간략히 기록해서 장래의 조짐을 증험해 보려는 것일 뿐이다.

병오년 과거의 꿈[丙午科夢]

내가 누차 과거 시험을 봤지만 합격하지 못한 것은 단지 재주가 적어서만이 아니라 매번 다른 사람의 부림을 받아서 때맞춰 시권(試券)을 제출할 수 없었기 때문이다. 나이가 오십이 넘어서는 과거를 보지 않으리라 결심했다. 병오년(1726, 52세)의 과거 장소는 인동(仁同)[101]으로 정해졌다. 이때 휘(諱)가 우신(雨臣)인 관동(館洞)[102]의 이후(李侯)[103]께서 정사(政事)를 맡고 계셔서 내가 편애를 받았는데, 일찍이 권면하여 말씀하셨다.

"과거에 임한 노유(老儒)는 더욱 공부해야 하는 것이니 근래 공부한 것을 볼 수 있겠는가?"

내가 두 손을 맞잡고 말씀드렸다.

"사오 년 사이에 더 나아갈 희망이 없어 과구(科具)[104]라는 것을 모조리 처박아 두었으니 어찌 공부한 것이 있겠습니까?"

"그대의 원통한 상황은 내 이미 알고 있네. 만약 우리집 사람이 되었다고 한다면 <25뒤> 누가 감히 훼방하겠나?"

"이미 수십 년의 원통함이 쌓였으니 말씀을 하셔도 받들기가 어렵습니다."

후(侯)께서 거친 소리로 말씀하셨다.

"태수가 비록 힘이 없으나 선비 하나의 뜻을 돌리지 못하겠는가? 끝내 거절한다면 감옥에 가둘 차지(次知)[105]를 보내야 할 걸세."

엄한 위엄이 더해져 감히 한마디도 더할 수 없었으나 본심은 실로 흔들어 놓을 수 없었다. 이날 밤 꿈에 가묘(家廟) 앞에 높은 장막이 쳐지고 악기들이 벌여진 가운데

---

101. 인동(仁同): 현재 경북 구미시 · 칠곡군 지역에 있던 현.

102. 관동(館洞): 서울 종로구 명륜동 3가에 있던 마을.

103. 이우신(李雨臣, 1670~1744): 본관은 연안(延安)이며, 자는 백열(伯說), 호는 십탄(十灘)이다. 1710년(숙종 36)에 문음(門蔭)으로 사산감역관(四山監役官)이 되고, 정읍 · 인제 · 대구 · 함양 등지의 지방관을 지냈다. 정읍현감 때는 여씨향약(呂氏鄕約)을 실시하여 풍속을 순화하였으며, 인제현감 때는 3세(稅)를 감면하는 등 선정에 힘썼다. 1725년에 의성현감이 되어 흉년에 백성을 구제하고, 1727년에 부평부사로 승진되었다. 1728년 이인좌(李麟佐)의 난 후에는 벼슬에 뜻을 버리고 가평으로 내려갔다. 1731년 다시 사복시첨정(司僕寺僉正)이 되어 『마의방(馬醫方)』을 간행하고, 이를 잘 익힌 자를 마의(馬醫)로 임명하게 하여 이후 준례(準例)가 되었다. 1733년 원성현감(原城縣監)이 되어서는 백성들이 알기 쉽도록 향약 12조문을 국문으로 번역했다. 이조판서에 증직되었다.

104. 과구(科具): 과거를 볼 때 사용하는 도구.

105. 차지(次知): 주인을 대신해 처벌받는 하인.

형님께서 관복을 갖추고서 나를 계단 아래로 이끌어 말씀하셨다.

"역대 선조들께서 너를 오래도록 기다리고 계시니 우러러 뵙도록 하여라."

재배(再拜)하고 일어나 소목(昭穆)[106]을 우러러보니 네 분의 신위(神位) 앞에 각기 잔칫상이 차려져 있었다. 존안(尊顔)을 모두 알아볼 수 없었는데 오직 선고(先考)[107]께서 말석에 앉으셔서 기쁜 얼굴로 가르쳐 말씀하시기를, '탁자 위의 백옥(白玉) 화분을 네가 가져가라' 하셨다. 내가 무릎걸음으로 나아가 두 손으로 받들어 나오니 화분에 심어진 것은 당(唐) 고추 같았고 붉은 열매 예닐곱 개가 늘어져 있었다. 여쭤 보려던 차에 음악소리가 나서 놀라 일어나니 한바탕 꿈이었다. 어렴풋이 얻은 것이 있는 듯했으나 마음이 슬펐다.

다음 날 아침 종형(宗兄)[108] 덕삼(德三)께서 비를 맞고 와서 관아의 뜻으로 권유하기에, 내가 꿈 이야기를 하고 말했다.

"고추라는 것은 맛이 몹시 쓰니 이는 또한 쓴잔을 마실 조짐입니다."

형께서 말했다.

"이번 방(榜)에서 또 장원을 하겠구나."

"어인 말씀입니까?"

"그 풀이름으로 문자를 만들어 보면 즉 '고초(高抄)'이니, 고초란 것이 장원이 아니면 무엇이겠느냐?"

나 또한 그렇게 여겼으나 끝내 갈 의사가 없었다. 과거 날짜가 점점 다가오자 젊은이들이 내게 서책을 빌려 갔다.

어느 날 저녁 관가에서 명령을 거역한 죄로 집안의 노비를 잡아가 <26앞> 더욱 황공했다. 새벽에 대죄(待罪)하려 하고 있는데, 날이 밝자 급창(及唱)[109]이 복태(卜馱)[110]를 거느리고 와서 관지(官旨)[111]를 전하여 말하기를 '과구(科具)를 하나하나 챙겨 보내라. 이렇게 해도 가지 않으면 붙잡아 오너라' 하면서 체자(帖子)[112]를 보이니 종이값이 삼 관(貫), 인마(人馬)의 양식이 십오 두(斗), 필묵(筆墨)이 각 열 매,

---

106. 소목(昭穆): 사당(祠堂)에 조상의 신주(神主)를 모시는 차례. 왼쪽 줄이 소(昭), 오른쪽 줄이 목(穆)이 됨.
107. 선고(先考): 돌아가신 아버지.
108. 종형(宗兄): 동족(同族) 또는 동성(同姓) 중 같은 항렬에 자신보다 나이가 많은 남자.
109. 급창(及唱): 군아(軍衙)에 속하여 원의 명령을 받아 큰 소리로 전달하는 일을 맡아보던 사내종.
110. 복태(卜馱): 짐바리. 말이나 소로 실어 나르는 짐.
111. 관지(官旨): 관(官)의 명령. 혹은 관의 명령이 적힌 통지문.
112. 체자(帖子): 증서(證書).

말 끌 노비가 한 명, 타고 갈 말이 한 필이었다. 이 지경에 이르러서는 감히 다시 사양할 수가 없어 황감히 떠난다는 뜻을 전해 올렸다. 시험이 열리기 단 이틀 전에 군위(軍威)[113]에 있는 누이 집에 이르렀는데 그 앞의 강이 크게 범람해 거기서 머물며 생각하기를, 선령(先靈)께서 꿈속에서 주신 것이 이미 극히 상서롭고 현후(賢侯)께서 권하시는 뜻이 예사롭지 않으니 아마도 하늘께서 시키신 바인가 하였다.

해생[114]이 과거를 빼앗아 가다[亥生奪科][115]

후(侯)께서 일찍이 대구 달성(達城)의 판관(判官)을 맡으셨을 때 아끼시는 읍자(邑子)[116]인 서익화(徐益華)라는 자가 관아에 와서 머물러 그와 친분을 나누었다. 후께서 내게 말씀하셨다.

"그의 과시(科詩)가 제출할 만은 하지만 합격을 기약하기는 어려우니 내 얼굴을 보아 (자네의) 두 번째 시를 주는 것이 어떠한가?"

"과거를 보게 되면 마땅히 말씀대로 하겠습니다."

길을 떠나려는데 또한 간절한 부탁이 있으셨다. 일찍 떠나 병천(兵川)[117]에 도달했는데 물이 크게 불어나 과유(科儒)들이 빽빽이 모여 서서 감히 먼저 건너지를 못했다. 내가 말을 끄는 노비에게 말했다.

"네가 건널 수 있겠느냐?"

"이 말은 헤엄을 잘 쳐 큰 강이라도 건널 수 있습니다."

드디어 의관을 벗어 짐 실은 안장 위에 높게 걸고 홑옷을 입은 채 건너려고 하는데 <26뒤> 유식자(有識者)들이 많이 말리며 말했다.

"이 장로께선 빙하(憑河)[118]에 대한 경계를 읽지 못하셨는가?"

---

113. 군위(軍威): 현재의 경북 군위군.
114. 해생(亥生): 해년(亥年, 돼지해)에 태어난 이.
115. 이 이야기는 병오년 과거보다 먼저 있었던 일인데, 병오년 과거에 대한 이야기들 사이에 끼어들어 갔다.
116. 읍자(邑子): 읍내에 사는 유생을 이르던 말.
117. 병천(兵川): 경남 하동 지역.
118. 빙하(憑河): 포호빙하(暴虎憑河)에서 온 말. 맨손으로 범을 잡고 걸어서 강을 건넌다는 것으로, 무모한 용맹은 있으나 꾀가 없음을 이른다. 『시경(詩經)』 「소아(小雅)」 <소민(小旻)>에 "호랑이를 맨손으로 잡지 못하며 황하를 걸어서 건널 수 없음을, 사람들은 그 하나를 알고 다른 일은 알지 못하는도다.[不敢暴虎, 不敢憑河, 人知其一, 莫知其他.]"라고 했고, 『논어(論語)』 「술이(述而)」에 "포호빙하하여 죽어도 후회하지 않는

내가 웃으며 말했다.

"내가 건너지 않으면 누가 장원을 하겠소?"

듣는 이들 또한 웃었다.

기어이 물에 들어가니 발이 닿지 않는 곳이 거의 육십여 걸음이나 되었는데 빠지지 않을 수 있었던 것은 조금 헤엄을 칠 줄 알았기 때문이다. 먼저 바위에 올라가 반대편 물가에 있는 여러 선비를 돌아보며 말했다.

"이 물은 깊이를 헤아릴 수 없으니 조금 머물러 기다리시오."

십여 리쯤 가니 서생(徐生)이 이미 나와 길가에서 기다리고 있었다. 말을 나란히 하여 가면서 나에게 물었다.

"동접(同接) 중에 해생(亥生)이 있지 않습니까?"

"이번에 내가 가는 것을 동접들이 알지 못하니 함께 만날 필요가 없을 겁니다."

"그렇다면 잘 됐습니다. 내가 양생(楊生)에게 과거 점을 쳐 보니 말하기를, '문서(文書)가 발동(發動)하는 점괘이니 길조가 있을 듯하나, 옆의 효(爻)가 그것을 이기니 필히 해생에게 빼앗길 거요' 했습니다."

시험장에 들어가 좋은 시제(詩題)와 논(論)을 만나 글짓기를 빨리했는데, (서익화가) 자못 그렇지 않게 여겨 말했다.

"옛사람이 이르기를 다문박식(多聞博識)이라도 마땅히 여러 의논을 취해야 한다고 했습니다."

다른 데로 가고는 돌아오지 않아, 내가 초고를 쓰고 선사(繕寫)를 마친 다음 또 한 편을 지어 그가 구하는 바에 응하고자 했다. 문득 헌걸찬[119] 젊은이가 종이 꾸러미와 붓을 들고 와서 내게 물었다.

"오촌(五寸)께서 이 접(接)에 있다 들었는데 안 계시니 어떻게 된 겁니까?"

"내가 본지(本旨)를 잃었다고 다른 곳으로 가서는 돌아오지 않았소."

젊은이가 말했다.

"지으신 것을 봤으면 합니다."

명지(名紙)[120]를 보여 주니, 큰소리로 한 번 읽고 말했다.

자를 나는 같이하지 않을지니.[暴虎憑河, 死而無悔者, 吾不與也.]"라고 했다.

119. 헌걸찬: 원문 '헌거(軒渠)'가 본래는 '웃음 띤'이란 의미이나(『후한서(後漢書)』「방술전 · 소자훈(方術傳 · 蘇子訓)」) 여기서는 '헌걸찬'이란 뜻으로 쓰인 듯함.

120. 명지(名紙): 과거 시험에 답안지로 쓰는 종이. 시지(試紙).

“선생께서 이번 과거에서 또 장원을 하시겠군요. 내 생각도 이러했으나 동접(同接) 중에는 아니라고 여기는 자가 많았습니다. 이제 이 작품을 본즉 뜻이 부합하니, 이걸 좀 본떴으면 합니다.”

이윽고 붓을 들어 이십 구절을 쓰는데 의취(意趣)는 같으나 한 구절도 답습하지 않았다. 내가 그 재주의 민첩함에 감탄했다. 소년이 떠나가며 말했다. <27앞>

“저는 이등을 할 것입니다. 당숙(堂叔)께선 참으로 눈이 없으시군요.”

서생이 이윽고 한 편을 만들어 왔는데 시제(詩題)에서 아주 벗어나 있어, 내가 놀려 댔다.

“그 사당개(沙幢介)를 진상(進上)할 바에야 백지인 채로 가지고 가서 소첩(梳貼)[121]이나 입모(笠帽)[122]로 쓰는 게 좋겠소이다.”

그리고 초고(草稿)를 찢어 땅에 던지고 내가 지은 것을 주며 말했다.

“이것이 혹 될지 모르겠소.”

서생은 또한 살펴 알지 못하고 초고의 찢어진 곳을 풀로 배접(褙接)[123]하여 명지에 쓰면서 말했다.

“속담에 ‘어떤 구름이 비를 부를지 모른다’고 했소.”

나도 감히 자신할 수 없었지만 그래도 이렇게 말했다.

“내가 관아의 명령을 받들어 이렇게 이어서 작성했으니 훗날 경천(敬天)이 초고를 작성하지 않았다고 말하지는 마시오.”

글이 다 되어가기에 내방한 젊은이의 모습을 설명하며 내가 물어보니, 말했다.

“그는 당질(堂侄)인 서호(徐琥)입니다.”

“저도 벌써 이름을 들었는데 과연 헛되이 얻은 것이 아니로군요. 아까 형을 찾아왔다가 내가 지은 것을 보고 마음에 그럴듯하게 여겨 글[本篇]을 본떠서 갔는데, 재주가 민첩한 것이 아주 아낄 만합디다. 올해 몇 살입니까?”

“기해생(1719)입니다.”

내가 웃으며 말했다.

“양생의 점이 묘하다 할 만하군요. 해생이 과거를 빼앗아 간다는 게 이걸 이른 것

---

121. 소첩(梳貼): 기름에 결은 종이 제품으로 머리 손질에 필요한 빗·빗솔·빗치개 등을 넣어 두는 빗접으로 씀.
122. 입모(笠帽): 갈모. 비가 올 때 갓 위에 덮어쓰던 고깔과 비슷하게 생긴 물건.
123. 배접(褙接): 종이, 헝겊 또는 얇은 널조각 따위를 여러 겹 포개어 붙임.

이로군요.”

서생이 비로소 눈이 휘둥그레져서 명지에 붓을 던지며 말했다.

“내 일은 끝났습니다.”

내가 위로해 말했다.

“실로 어떤 구름이 비를 부를지 알 수 없고 오직 자기의 심력(心力)을 다하는 데 있는 것이니 깨끗이 베껴 서둘러 내시오.”

종장일(終場日)에 시관(試官)이 장원의 명지를 돌려 보인다고 하여, 서생이 가서 보고는 내게 돌아와서 말했다.

“과연 내가 지은 것이 아닙니다.”

생이 한참 노려보다가 말했다.

“접장(接長)[124]의 마음 씀이 안 좋구려, 안 좋아! 당초에 초고를 찢었을 때 조각조각 발겨 버렸으면 내가 사용하지 않았을 텐데 월시진척(越視秦瘠)[125]하여 그저 하도록 내버려 뒀으니, <27뒤> 접장의 마음 씀이 안 좋구려, 안 좋아!”

쯧쯧 혀 차기를 그치지 않았다. 방(榜)이 나오고 보니 서호 군이 과연 이 등 중의 한 사람이었다. 그 후로 서생은 오래도록 관아에 오지 않았으니, 현후(賢侯)의 책망이 두려웠던 것이다.

때맞춰 행운이 많다[時來幸多]

한 번 행함에 여덟 가지 행운이 있었다. 과유(科儒)가 과거를 보는 비용이 군포(軍布)[126] 수의 배는 되는데 나는 집에서 푼돈도 마련하는 노고 없이 관아에서 모두 넉넉히 마련해 주는 혜택이 있었으니 이것이 첫째 행운이다. 큰물이 넘쳤는데 나만 홀로 건넜으니 이 또한 행운이다.

시험 장소에 늦게 도착해 의탁할 곳이 없어 우연히 장천총(張千摠)[127] 댁에 들어

---

124. 접장(接長): 접의 우두머리.
125. 월시진척(越視秦瘠): 월나라가 진나라의 메마른 땅을 마음에 두지 아니한다는 뜻으로, 남의 어려운 일이나 근심 따위를 돌보지 않음을 이르는 말.
126. 군포(軍布): 군적(軍籍)에 있는 사람이 복역(服役)하는 대신 바치던 삼베와 무명.
127. 천총(千摠): 각 군영에 속한 정삼품 무관 벼슬. 훈련도감, 금위영, 어영청, 총융청, 진무영 따위에 두었음.

갔다. 짐짓 말을 좀 쉬게 한다고 방문한 친구에게 주인이 내 이름을 거론하며 물었다.

"손께서 이 사람을 아시오?"

"제가 이 사람의 도움[餘蕫]을 얻기 위해 왔습니다."

"그렇다면 나 또한 우리 아이에게 과거를 보게 할 생각인데, 손께서 소개를 할 수 있겠소이까?"

"어렵지 않습니다."

이윽고 한 젊은이가 들어오는 게 보였는데 낯이 자못 익었다. 반갑게 나에게 말했다.

"차지(次知)가 풀려나, 오셨습니까?"

내가 미처 대답하기 전에 주인이 말했다.

"그대가 이 손님을 아는가?"

"이분이 존장(尊丈)께서 애써 찾던 김장원(金壯元)이십니다."

주인이 크게 기뻐하며 편안히 쉬기를 청하고 대접하기를 후하게 해 주니, 이 또한 큰 행운이다.

다음 날 새벽 사관(四館)128에게 녹명(錄名)129을 청하니, 사관이 노하여 말했다.

"수염이 희끗희끗하니 과거가 어떤 것인지 알 만한데 왜 이처럼 번거롭게 구는가."

대답했다.

"수염이 희끗희끗하므로 문에 들어서며 <28앞> 녹명하는 절차를 알아 단자(單子)130를 들이는 것입니다."

사관이 놀라 말했다.

"이처럼 시간을 끌게 된 것은 차지를 가둔다고 출발을 독촉했기 때문인가?"

집리(執吏)131에게 명하여 말했다.

"장원의 녹명은 모름지기 자세해야만 한다."

그러고는 앞서 한 말의 실수를 사죄했으니, 이 또한 영광이다.

비를 맞으면서 시험장에 들어가니 뜰에 물이 차 무릎까지 잠겼다. 초가집이 하나 있어 처마 밑에 자리를 얻었는데, 한 젊은이가 문에 서 있다가 미소를 띠고 맞으며

---

128. 사관(四館): 과거에 관한 일을 맡아보던 네 관아. 교서관(校書館) · 성균관(成均館) · 승문원(承文院) · 예문관(藝文館)을 이름. 여기서는 해당 관아의 관리를 가리킴.

129. 녹명(錄名): 이름을 적음.

130. 단자(單子): 명단(名單).

131. 집리(執吏): 주임급의 서리(胥吏).

말했다.

"존장께서는 어디에 투숙하셨습니까?"

"어제저녁에 여기 당도했으니 어찌 투숙한 곳이 있겠소?"

"하필 처마 아래입니까? 이 방에 이미 자리를 펴 놓았으니 들어가 머무실 수 있습니다."

"그렇다면 매우 다행이오만, 그대는 접(接)이 없소?"

"저는 총각 때에 시험 보러 자주 와서 관(冠)을 쓴[132] 뒤에도 바꾸지 않고 기억해 두었다가 일찍 들어 이곳을 차지했습니다. 동접(同接)이 또한 좋은 곳을 얻어서 이제 버리고 가려다가 다행히 먼저 선배[先進]를 만나 드리는 겁니다."

가만히 보니 과연 군위(軍威) 박대구(朴大丘)의 손자였다. 서로 옛이야기를 하다가 헤어졌다. 진흙탕을 만난 끝에 좋은 거처를 얻었으니, 이 또한 큰 행운이다.

종장일(終場日)에 내가 지은 것을 시험장 안에 돌려 보이며 여덟 구절에 비점(批點)을 쳐서 '삼상(三上)'이라 크게 쓰니 여러 선비가 감탄하지 않음이 없었다. 삼장장원(三場壯元)[133]으로 일컬었으니, 이 또한 영광이다.

시험 치르기 전에 독한 학질에 걸려 양장일(兩場日)에 서너 번 앓았고 길을 재촉할 수가 없어 돌아와 매형 댁에 누워 있었다. 후께서 아전에게 명하여 먼저 돌아온 선비로부터 소식을 탐문했는데 마침 영해(寧海)[134] 선비가 지나가다가 아전들에게 축하하며 말했다.

"김 아무개가 또 장원을 했소."

즉시 들어가 고하니, 후께서 아전을 보내어 맞이하셨다. 그 사람이 비점(批點)을 받은 몇 개 구절을 외우니, 후께서 '기쁜 소식이로구나' 하셨다. <28뒤> 술과 음식을 대접하고 돌아가는 양식도 주었다 하니, 이는 영광이다.

방(榜)이 오자 장원에게 예전(禮錢)[135]을 주는 예에 따라서 대접하고 후께서 또한 관가로부터 다섯 섬의 곡식을 내려 주시니, 그 영광이 또한 어떠했겠는가.

---

132. 관을 쓴: 원문의 '돌변(突弁)'은 20세가 되어 관(冠)을 쓰는 것을 이름. 『시경(詩經)』「제풍(齊風)·보전(甫田)」에 "젊고 예쁘며, 머리 땋은 총각을, 얼마 후에 보니, 우뚝이 관을 썼네.[婉兮孌兮, 總角丱兮, 未幾見兮, 突而弁兮.]"라고 하였다.

133. 삼장장원(三場壯元): 과거의 초시(初試)·복시(覆試)·전시(殿試)에 거듭 장원으로 합격하는 일, 또는 그 사람.

134. 영해(寧海): 경북 영덕 지역의 옛 지명.

135. 예전(禮錢): 축의금.

혹여 이른바 '때가 되면 천지가 함께 돕는다'고 하니 이런 것인가. 내가 미천한 몸으로 사류(士類)에 낀 것도 큰 행운인데 다시 이처럼 한 번 행함에 여덟 번의 행운이 있었으니 어찌 당연히 얻을 것으로 여겨 잊어버리겠는가. 복이 지나쳐 화가 될까 두려워 낱낱이 기록하여 항상 보면서 마음속에 새겨 두려는 것이다.

학례강[136]에 관한 이야기[學禮講說]

시험날이 임박하여 『소학』과 『주자가례』를 강(講)하려 하는데, 남이 알까 두려워 날이 저문 때를 타 갔다. 듣자니 북도(北道)의 문관인 강관(講官)[137] 한(韓)씨는 성품이 매우 괴팍하여 많은 선비가 욕을 당했다고 하였다. 같은 관직에 있는 이는 곧 용궁(龍宮)[138]의 전좌랑(全佐郎)[139]인데 나와 좋은 교분을 맺고 있어 믿을 만했다. 강서(講書)하러 나아가니 한공(韓公)이 늦게 옴을 책망하고 내 옷과 띠[服帶]를 보더니 노기를 띠며 물었다.

"이 유생은 홀로 문밖에 붙인 방을 보지 못했는가? 강서하러 오는 자는 반드시 예복을 갖추어야 한다 했는데, 너는 어찌 감히 사복(私服)으로 공당(公堂)에 들어오는가?"

내가 말하였다.

"식견이 얕고 짧아 '예복(禮服)'의 '복' 자를 '복대(服帶)'의 '복'으로 잘못 보았습니다."

"식견이 이러한데 어찌 회시(會試)를 바라볼 수 있겠는가?"

별도로 다른 책을 찾아 석 줄 대문(大文)[140]을 내어 큰 소리로 읽게 했다. <29앞> 잘못 읽을까 걱정하여 구절을 상세히 읽을 때 한공(韓公)이 북창을 열고 서리를 불러 무슨 말을 하였다. 그 틈을 타 마지막 구를 읽었더니 한공이 비로소 고개를 돌리고 말하였다.

---

136. 학례강(學禮講): 소과 복시(覆試)의 예비 시험으로 『소학(小學)』과 『주자가례(朱子家禮)』를 임문고강(臨文考講, 책을 펴 놓고 답변함)하는 것.
137. 강관(講官): 학례강을 주관하는 관리.
138. 용궁(龍宮): 경북 예천 지역의 옛 지명.
139. 좌랑(佐郎): 육조(六曹)의 정6품 관직.
140. 대문(大文): 주해(註解)가 있는 책의 본문.

"대문(大文)이 긴데 읽는 소리는 짧으니 어찌 된 일인가?"

"다행히 익숙한 부분이라 얼음 위 박 밀 듯이 하였습니다. 아전과 속삭이시는 것이 이[虱]를 죽이는 듯한데, 듣고도 못 들은 체하시고 도리어 강생(講生)[141]을 책망하십니까?"

이에 안색을 바꾸고 말하였다.

"빨리 다시 읽게."

나는 옷깃을 여미고 대답하였다.

"조정에서 강관을 둔 것은 대개 어리석은 학생을 이끌어 도와주고 『소학』과 『주자가례』를 논설하게 하려는 뜻인데, 어찌 으르고 강제함이 이러하십니까?"

곧 큰 소리를 내질렀다.

"집이 어디인가?"

내가 즉시 대답하였다.

"경상도 의성의 김경천입니다. 이제 반드시 낙방할 조짐을 보게 되니 어찌 성명을 숨기겠습니까? 근래 강관은 단지 형세를 보고서, 한양의 지체 높은 집안일 것 같으면 비록 구두(句讀)를 떼지 못해도 반드시 통·략(通·略)[142]을 허락하고 시골의 한미한 선비일 것 같으면 음석(音釋)[143]을 극진히 하여도 조(粗)를 얻기도 실로 어렵다고 하던데, 과연 그렇군요."

이와 같이 문답하는 사이에, 전좌랑이 천천히 한공에게 말하였다.

"이 유생은 영남의 거벽(巨擘)으로 삼장(三場)[144]에서 연달아 장원하여 왔으니, 일반적인 강서 때처럼 잔소리할 것 없소."

이에 나를 돌아보고 말하였다.

"동갑[甲長]이 여러 차례의 과거에 원한을 품고 갑에게 당한 노여움을 을에게 옮기려는 겐가?"

한씨가 방목(榜目)을 가져다가 보고서 비로소 부드러운 안색으로 말하였다.

---

141. 강생(講生): 학례강을 치르는 유생.
142. 통·략(通·略): 강경(講經) 시험에서 매기는 성적. 통(通)·략(略)·조(粗)·불(不)로 매기며, '조(粗)' 등급 이상을 받아야 다음 시험에 응시할 수 있었음.
143. 음석(音釋): 강서(講書)와 해석.
144. 삼장(三場): 초시(初試)와 복시(覆試)를 각각 3일에 걸쳐 치르는 것. 초장(初場)·중장(中場)·종장(終場). 여기에서는 초시의 삼장을 가리킴.

"내가 희롱을 당함이 또한 많도다."

'조(粗)'를 쓰도록 허락하였다. 나 또한 웃음을 띠고 한공에게 말하였다.

"학생으로서 강관을 희롱하였으니 논죄할 만하나 곡진한 용서를 얻었으니 진실로 다행입니다. 관사(官司)가 서로 바르게 하는 것은 책에 기록되어 있습니다. 이제 청이 있는데 <29뒤> 다시 용서해 주시겠습니까?"

"무슨 말인가?"

"국상이 아직 끝나지 않은 때에 사민(士民)은 소박한 것을 쓰지 않을 수 없는데 선생께서 쥐고 있는 연죽(烟竹, 담뱃대)은 금은으로 장식하고 화려한 채색으로 물들였으니 시골 유생의 복대를 질책하기 어려울 듯합니다."

한공이 벌컥 성을 내며 안색이 변하여 청지기를 불러 뽑아버리라고 했다.

"시인(詩人)은 실로 습기(習氣)[145]가 많아 모난 성격이 너무 드러나는군."

신은(新恩)[146]으로서 알성(謁聖)[147]하러 나갔다가 향교(香橋)[148] 동쪽에서 만나게 되었다. 신래(新來)[149]를 크게 부르고 여러 가지로 희롱함이 셀 수 없었다. 하인에게 명하여 연죽을 가져오게 해서 보여 주니, 과연 소박한 담뱃대였다. 내가 웃으며 말하였다.

"신래가 또 고할 것이 있습니다. 선생께서 소박해야 할 때 홀로 화려하고 화려해야 할 때 홀로 소박하시니, 충성이 남보다 뛰어남이 홀로 삼 년을 더할[150] 뿐이겠습니까?"

공 또한 크게 웃으며 말하였다.

"그날 고친 것이 지금까지 여전히 남아 있어서 또 희롱당하니 또한 훗날 잊지 않을 이야깃거리로 삼을 수 있겠네."

나로서는 실로 도리를 잃었는데 그는 기뻐하거나 성냄이 이처럼 무상하였다.

---

145. 습기(習氣): 습관, 버릇.
146. 신은(新恩): 과거에 새로 합격한 사람.
147. 알성(謁聖): 성균관 문묘(文廟)의 공자 신위에 참배하는 것. 과거에 새로 합격한 이들에게 참배토록 하였음.
148. 향교(香橋): 성균관 동쪽에 놓였던 다리.
149. 신래(新來): 과거에 새로 합격한 사람.
150. 홀로 삼 년을 더할: 『맹자』 「등문공(滕文公)」에, "공자께서 돌아가시자 3년이 지난 후 문인들이 짐을 챙겨 돌아갔는데 … (중략) … 자공(子貢)은 돌아와 마당에 집을 짓고서 홀로 3년을 거처한 후 돌아갔다.[昔者孔子沒, 三年之外, 門人治任將歸, … (중략) … 子貢反, 築室於場, 獨居三年然後歸.]"고 한 데서 나온 말이다.

회시에서 시권을 제출한 이야기[會試納券說]

시험장에 들어가기 전, 안면이 있는 고관[搢紳先生]께서 말씀하셨다.

"듣자니 그대가 이번 과거에서 막힐 게 없다 하니 손바닥에 침 뱉듯[151] 쉽게 얻을 수 있겠으나 늘 고상함에 힘쓰는 병폐가 있으니 글제의 뜻을 잃지 말게. 구법(句法)을 평순(平順)하게 하여 홍황(洪荒)[152] 이전에 답안지를 제출하게."

들어가 좋은 글제를 만나면 높은 점수를 받은 적이 많았는데, 이번에 밝은 훈계를 받들어 화려함을 깎아내고 한결같이 평순하게 하여 글을 쉽게 엮을 수 있었다. 선사(繕寫)를 마쳤는데, 많은 선비가 글제를 바꿔 달라고 요청하였다. 나는 걱정하지 않았으니, 이전에 지은 것이 만족스럽지 못했지만 또한 <30앞> 공명지(空名紙)[153]가 있었기 때문이다. 두세 명이 이미 글제를 썼다고 다투어서 글제 바꾸는 일은 이루어지지 않았다. 앉아서 기다리다가 삼 천(天)[154]과 사 천이 글을 제출하는 것을 보고서 드디어 글을 가지고 나아가는데 안동의 문장가 김경온(金景溫) 씨가 나를 가로막으며 말하였다.

"나는 이미 오 천(天)에 제출했는데 글자를 이어 취하지는 않을 듯하니 그대는 조금 기다리시오."

나는 그러하다 여겨 물러났다. 지자(地字) 제출하는 때에 또 갔더니 제출한 이들은 모두 서울의 이름 있는 집안의 자제이거나 각 도의 뛰어난 인재들이었다. 나는 다시 물러나 현자(玄字) 제출하는 때가 되어 가서 보니, 일 현(玄)은 청완군자(青緩君子)요, 이 현은 장원으로 기대되는 자라 하였다. 또 물러나고자, 답안지를 거두어 봉한 것을 뜯어냈다. 두 관리가 나를 가리키며 기롱하였다.

"저 유생은 무슨 생각인지, 일 천(天)이 제출한 때부터 지금까지 답안지를 가지고 나왔다 물러난 것이 여러 차례인데 또 제출하지 않으니 매우 괴이하군."

내가 웃으며 말하였다.

---

151. 손바닥에 침 뱉듯: 『후한서(後漢書)』 <공손찬전(公孫瓚傳)>에 "공손찬이 '처음에 천하를 평정하려 군대를 일으켰을 때 나는 손바닥에 침 뱉듯 쉽게 결정하였다'라고 하였다.[瓚曰: 始天下兵起, 我謂唾手可決.]"라는 구절이 있다.
152. 홍황(洪荒): 과거 시험 답안지를 제출하는 순서대로 10장씩 묶어[作軸] 천자문의 글자 순서로 표시하는데 그 중 '홍(洪)', '황(荒)'의 순서를 말함.
153. 공명지(空名紙): 과거를 볼 때 글을 지어 올리기 위해 예비로 가지고 간 시험지.
154. 삼천(三天): 천축(天軸)의 세 번째 답안지.

"답안지를 제출하면 거두어 가고, 거두어 가면 봉한 것을 뜯는 것이 직무일 텐데, 어찌 유생의 진퇴를 의아해합니까? 본래 동접(同接)이 제출하기를 기다렸다가 함께 돌아가려 한 것입니다."

두 관리가 또 불러 무슨 말을 하는 듯하였다. 네다섯 걸음 물러나는데 어떤 이가 등 뒤에서 답안지를 빼앗아 가 두 관리에게 제출하였다. 두 관리가 나지막한 소리로 읽자, 내가 나아가 말하였다.

"이번 과거에서는 답안지를 뺏는 관리가 새로 생겼습니까?"

웃으며 답하였다.

"우리도 시를 하는 사람으로서 다행히 사마시(司馬試)[155]에 합격하여 이 자리를 맡을 수 있었소. 제출한 답안지를 두루 살펴보았는데 이 시의 평순(平順)함 같은 것은 없었소. 이번 과거는 터럭 뽑듯 아주 쉬울[摘髭][156] 터이니 강제로 가져감을 허물하지 마시오."

동접이 있는 곳으로 돌아와 마음속으로 말하였다.

'이 현이 장원을 한다면 이어서 뽑을 리가 없다. 이 <30뒤> 또한 운명이니 어찌 인력으로 하겠는가?'

동접 중에 동향 젊은이 박생(朴生)과 조생(趙生)이 사서(四書)로 초시(初試)를 치렀다. 그들은 오로지 산운(山雲) 지역의 거수(巨手)[157]를 믿고 왔는데 그의 글이 조금 늦어져서, 한가한 손에게 부탁하고 싶었지만 배신[背棄]이 될 것 같아서 감히 말하지 못하였다. 내 뜻에는 또한 한 사람의 일을 대신 감당하여 그 힘을 펼치고 싶었으나 스스로 나서지는 않았다. 다만 내 일만 하고 나오게 되니 혹 미진한 한이 없지 않으나 이전 과거들에서 다른 사람 일에 골몰한 것에 비하면 또한 한가한 세상이라 할 만했다. 출방(出榜)[158]에 이르러, 과연 이 현(玄)이 장원이 되고 삼 현인 내가 또한 뽑히게 되었으니 이 또한 운명인가? 시권(試券)을 찾아서 보니 여섯 곳에 점이 찍혀 있고 네 곳에 지워 버린 흔적이 있었다. 마음속에 괴이하게 여겼는데 출방하는

155. 사마시(司馬試): 소과(小科). 생원과 진사를 뽑는 시험.

156. 터럭 뽑듯 아주 쉬울[摘髭]: 한유(韓愈)의 고시 <최립지에게 보내다[寄崔二十六立之]> "해마다 과거 급제를 하되 턱밑의 수염을 뽑듯 하누나.[連年收科第, 若摘頷底髭.]"라는 구절에서 나온 말이다. 『한창려집(韓昌黎集)』 권5.

157. 거수(巨手): 여기서는 과거 답안지를 대신 작성해 주는 사람을 가리킴.

158. 출방(出榜): 과거 급제자를 발표하는 일. 창방(唱榜).

아전이 와서 말하기를,

"차례대로 호명할 때 존휘(尊諱)가 나오자, 두 시험장의 시관들이 그 시권을 가져오라 명하여 다 같이 보며, '이는 과연 승학(陞學)[159]에서 연달아 장원한 자요'라고 하고는 관리에게 여러 곳을 지워 버리라 명하였습니다."

라고 하였다.

생이 다하도록 이름이 일컬어지지 않음을 싫어한다[160]더니, 과연 그렇다. 아, 변변치 않은 작은 재주에도 이러한데 하물며 이보다 더한 것에 있어서랴!

꿈에서 꽃과 서책[黃券]을 낚은 이야기[夢釣花券說]

시권(試券)을 제출하던 날, 꿈에 한 관리가 붉은 도포를 입고 왕패(王牌)[161]를 들고 와서 인견(引見)하겠다는 명이 내려졌다고 하였다. 나는 청포(青袍)[162]를 입고 검은 두건[烏巾]을 쓰고 따라갔다. <31앞> 몇 개의 중문(重門)을 통과하니 한 환관이 나를 이끌고 연못가로 가 왕명을 기다리게 했다. 때는 바야흐로 꽃이 한창 피어나는 때였다. 나는 환관에게 청하였다.

"한 송이 얻을 수 있겠소?"

"이미 이곳에 왔으니 가질 수 있습니다."

이에 가장 가까이 있는 가지 하나를 당겨서 보니 두 개의 작은 꽃봉오리가 아직 피어나지 않았는데 서로 연결되어 올라와 있었다. 즉시 왼쪽 소매에 넣으니 붉은빛이 밖으로 비쳐 오른쪽 소매로 가렸다. 깨어나 생각하였다.

'소과(小科)를 '채련(採蓮)'[163]이라 하니 이 꿈이 너무 직설적이라 믿을 만한 것이

---

159. 승학(陞學): 승보학제(陞補學製)의 준말. 성균관 대사성(大司成)과 사학겸관(四學兼官) 등이 사부학당(四部學堂) 유생들의 학업 수준을 시부(詩賦)의 제술(製述)이나 사서(四書) · 소학(小學) 등을 배강(背講)하여 측정한 뒤 학재(學齋)를 올리는 것. 또는 그 시험. 이에 합격하면 소과 복시(覆試)에 응시할 자격이 주어졌으며, 성균관에 기재(寄齋)하도록 특전을 주기도 하였다.

160. 생이 다하도록 이름이 일컬어지지 않음을 싫어한다: 『논어(論語)』「위영공(衛靈公)」에 "군자는 죽을 때까지 이름이 일컬어지지 못함을 싫어한다.[君子疾沒世而名不稱焉]"는 구절이 있다.

161. 왕패(王牌): 임금이 특별한 일을 하명할 때 어압(御押)을 두고 대보(大寶)를 찍어서 내려 주던 패. 이 패를 소지한 자는 그 일을 수행하는 데 특권을 행사할 수 있었음.

162. 청포(青袍): 사품 · 오품 · 육품의 벼슬아치가 공복(公服)으로 입던 푸른 도포.

163. 채련(採蓮): 연꽃을 딴다는 뜻으로, 여기서는 진사시(進士試)에 합격함을 가리킴. 소과(생원 · 진사과)에 합격

못 되는 듯하다. 이미 불러 보겠다고 하였는데 등대하지 못하였으니 또한 믿을 만한 것이 못 된다.'

다음 날 꿈에 또 명을 받들어 지난번 장소에 이르렀더니, 한 환관이 궁중에서 나와 낚싯대를 주며 말하였다.

"물고기를 낚으라는 명이 있으십니다."

나는 공경히 받아 들고 미끼를 달아 던졌다. 잠시 후 물결이 미세하게 이는 것을 보고 낚싯대를 들어 올렸다. 미끼를 삼킨 것은 물고기가 아니라 작은 서책[黃券]이었다. 즉시 소매로 닦아 보니 제목이 '신어(新語)'였다. 환관이 말하기를,

"이미 하사하신다는 명이 있으셨으니 가져가도 됩니다."

라고 하였다. 깨어나 생각하였다.

'뒷날 대대(大對)[164]의 책문(策文)[165]은 '신어(新語)'로 글의 첫머리를 하는 것이 좋을 듯하구나. 작은 일이 다행히 이뤄진다면, 실로 직설적인 꿈이라 하여 불신할 수는 없다.'

그 후 대책(對策)에서 매번 신어의 꿈을 생각하였으나 끼워 넣을 곳이 없었다. 결국은 과거 공부를 포기하였으니, 또한 좋은 꿈이라고 반드시 믿을 수 있는 것은 아니다.

장도를 빌려준 이야기[見借粧刀說]

초장(初場) 하루 전에 상상(上庠)[166] 조하망(曺夏望) 씨를 뵈러 갔다. 그의 힘을 빌려 좋은 품질의 시지(試紙)를 사 왔다. 상상(上庠)이 말하였다.

"종이를 자를 때는 반드시 복 있는 사람을 택해야 하오. <31뒤> 내가 진사시(進士試)에서 장원하였으니 그대를 위하여 직접 잘라 주겠소."

즉시 책장(冊匠)[167]을 불러와 몸소 그 일을 하였다. 내가 일을 도우려 하자 상상

한 사람의 이름을 적은 명부를 연방(蓮榜)이라 해서 생긴 말임.

164. 대대(大對): 임금의 물음에 답하는 것.

165. 책문(策文): 과거 과목 중 하나로, 당대 정치와 관련된 질문에 답하는 글. 대책(對策).

166. 상상(上庠): 소과(小科)에 합격한 사람. 생원과 진사.

167. 책장(冊匠): 책 만드는 것을 업으로 하는 사람.

이 뿌리치며 말하였다.

"여러 번 실패한 늙은 유생은 관여할 수 없소."

내가 웃으며 말하였다.

"그렇다면 시험장에 들어가 글을 제출할 때도 복 있는 손을 빌려야 합니까?"

자리에 앉은 이들이 모두 웃었다. 잠시 후, 응문아(應門兒)[168]가 들어와 내게 말하였다.

"어떤 손님이 뵙기를 원합니다."

곧 들어오게 하니 흥해(興海)[169]에서 초시(初試)에 합격한 유생 정천일(鄭千一)이었다. 내가 말하였다.

"멀리서 찾아오시니 감동할 만합니다. 시구(試具)는 마련하셨습니까?"

"종이를 자르려는데 잘 드는 칼이 없어 존장(尊長)의 장도(粧刀)를 빌리러 왔습니다."

상상(上庠)이 나를 보며 말하였다.

"이제 이 사람이 쓰고 있는데 어찌 빌려줄 수 있겠소?"

정생(鄭生)이 말하였다.

"보아하니 지금 칼이 상자 안에 있는데 쓰지 않으니 잠시 빌려주심이 어떠하십니까?"

내가 즉시 꺼내어 주며 말하였다.

"시험장에 들어갈 때 책 속에 끼워 두면 요긴하게 쓸 수 있소."

생이 기뻐하며 갔다. 상상(上庠)이 나를 꾸짖었다.

"반촌(泮村)[170]에 어찌 쓸 만한 칼이 없겠소? 반드시 멀리서 와서 빌려 간 것은 다른 조짐이 있기 때문이오. 내가 주지 않겠다는 뜻을 보였는데 결국 꺼내어 준 것은 어째서요?"

"친구인 데다 멀리서 와서 애써 구하고, 또 내가 쓰지 않으니 거절할 말이 없었기 때문입니다."

시험장에 들어가 찾으니 어지러운 가운데 둔 곳을 잊어버렸다고 했다. 다음 날,

---

168. 응문아(應門兒): 문 앞에서 손님을 응대하는 아이.

169. 흥해(興海): 경북 포항시 흥해읍.

170. 반촌(泮村): 성균관을 중심으로 한 근처 동네.

반촌에 일이 있어 주인을 찾으니 이미 떠나 버렸다. 같은 곳에 묵었던 손님에게 물었더니, 말하였다.

"나는 동경(東京, 경주) 사람으로 종장(終場)[171]을 기다리고 있는 사람이오. 불행히 정씨와 같은 곳에 묵다가 그의 적심(賊心)[172]을 보았소. 모두 털어놓으리다. 그제 아침에 정씨가 꿈을 말하였는데, '시험 도구를 가지고 예조(禮曹)에 갔는데 문밖에 한 줄기 긴 무지개가 김모의 장도(粧刀)에서 일어나더니 멀리 대궐의 뜰에 가 꽂히고 광채가 찬란하였소. 만약 그 칼을 빌려 <32앞> 시험지를 자른다면 마땅히 상서로움이 있을 것이오'라고 하였소. 그러고서 찾으러 가더니 과연 빌려 왔소. 내가 '본주인이 이미 썼으니 영험함은 없을 것 같다'고 했더니, '마침 보니, 그가 종이를 자를 때 책장의 큰 칼을 사용하였고 이 칼은 상자에서 나오지 않았으니, 내게 행운이 되지 않겠소?'라고 하였소. 일이 끝난 후 열 겹으로 싸 감추어 두고 새벽에 떠났소. 내가 '빌린 칼은 왜 돌려주지 않소?'라고 했더니, '지나는 길에 완벽(完璧)[173]하겠다'고 하면서 동문으로 나가 버렸소. 그 사람의 적심은 이미 말할 게 없소. 존장(尊長) 또한 친구를 가려 사귀는 데 면밀하지 못한 책임을 면하기 어렵겠소."

나는 비로소 그가 좋지 않은 사람임을 알았다. 다행히 나는 합격하였고 그는 끝내 굴욕을 당했다. 무신년(1728, 54세) 감시(監試, 소과)는 의성(義城)에서 치러졌는데, 정생이 대엿새 머물렀으나 교묘히 피하여 만나지 않고 갔다. 과거 때마다 그 칼을 쓰려고 했는데 결국 한 번도 효험을 보지 못했으니, 이른바 상서(祥瑞)는 진실로 공교한 힘으로 붙잡을 수 있는 것이 아니다.

창방[174]에 관한 여러 이야기[唱榜諸說]

창방일(唱榜日)이 국상이 끝난 후로 미뤄졌다. 이백 명의 생원·진사들은 각각 성복

---

171. 종장(終場): 초시(初試)와 복시(覆試)를 각각 3일에 걸쳐 치르는데 마지막 날을 종장이라 함.

172. 적심(賊心): 도둑질하려는 마음.

173. 완벽(完璧): 흠 없는 구슬. 여기서는 온전하게 돌려준다는 의미로 쓰였다. 전국시대 조(趙)나라 혜문왕(惠文王)에게 천하의 보물인 화씨벽(和氏璧)이 있었는데 진(秦)나라 소왕(昭王)이 15개 성과 바꾸자고 하였다. 조나라 인상여(藺相如)가 화씨벽을 가지고 진나라에 갔다가 성을 주겠다는 진나라의 약속이 미덥지 못하자 화씨벽을 온전히 보전해서 조나라로 돌아갔다. 『사기(史記)』「염파인상여열전(廉頗藺相如列傳)」.

174. 창방(唱榜): 방목(榜目)에 적힌 합격자를 발표함.

(盛服)을 갖추고 큰길에 일제히 모였고, 거느린 재인(才人)들 또한 꽃으로 장식한 패랭이를 쓰고 비단옷을 입었다. 세도가나 호족(豪族)은 삼현(三絃)[175]으로 전도(前導)하고 장원이 나오기를 기다렸다. 그밖에 자제(子弟)들의 사은(謝恩)[176]을 위해 온 조정의 벼슬아치들이 아침에 나오는데 평교(平轎)[177]에 앉기도 하고 초헌(軺軒)[178]을 타기도 하였다. 각각 거느린 서리(胥吏)와 추종(騶從)들은 모두 화려하게 꾸미는 데 힘써, 은으로 장식한 안장을 얹은 준마들이 <32뒤> 앞뒤로 북적거리고 붉은 옷, 푸른 도포를 입은 이들이 위아래에서 서로 엇갈려 빛났다. 장소를 따라 이름을 불러 신래(新來)를 진퇴(進退)하게 하고, 잡희(雜戲)를 갖춰 베풀어 떠들썩한 웃음소리가 높이 울렸다. 좌우의 누대에서는 주렴을 말아 올리고 구경하는 부녀자들의 진주와 비취가 눈부시게 빛나니 봄 산에 갖가지 꽃들이 만발한 것 같았다. 끊임없는 향풍에 너울거리는 휘장은 위아래로 나부끼며 얼굴에 스치고, 여러 신선이 하늘에 조회하러 난새와 봉황을 타고 가는 듯하였다. 세상의 화려하고 즐거운 일은 이보다 더한 것이 없었다. 돈화문(敦化門)[179] 아래 이르러 나란히 들어가 각각 쉴 곳으로 돌아갔다.

나와 이상사(李上舍)[180]는 금천교(錦川橋)[181]에 자리를 잡았는데, 다리 위 오가는 동년(同年)[182]들이 모두 젊은 청춘이었다. 이상사(李上舍)가 내게 말하였다.

"우리처럼 쉰 살[知命]을 넘겨 비로소 작은 일을 이룸은 또한 불쌍하지 않은가?"

문득 금호문(金虎門)[183] 밖을 보니 수염과 머리가 새하얀 동년이 그루터기에 기대 홀로 서 있었다. 서로 말하였다.

"저이의 나이와 모습을 보니 마음을 너그러이 해도 되겠네. 가서 보지 않겠나?"

함께 가서 인사하고 이야기를 나누었다. 늙음을 위로하고 나이를 물으니, 그 사람

---

175. 삼현(三絃): 삼현육각(三絃六角). 향피리(2명), 대금, 해금, 장구, 북. 경우에 따라서 악기의 종류나 인원을 달리하기도 함.
176. 사은(謝恩): 관직을 제수받거나 휴가 · 출사의 명을 받은 이들이 공복을 갖추어 왕에게 숙배(肅拜)하고 은혜에 대해 감사를 드리는 일.
177. 평교(平轎): 앞뒤에 2명씩 4명이 메는 가마.
178. 초헌(軺軒): 종2품 이상의 벼슬아치가 타던 수레. 앉는 데는 의자와 비슷하며, 밑에 외바퀴가 달려 있고 두 개의 긴 채가 달려 있어 앞뒤에서 사람이 잡아끌고 밀게 되어 있음.
179. 돈화문(敦化門): 창덕궁(昌德宮)의 정문.
180. 상사(上舍): 생원 및 진사를 이르는 말. 소과(小科)에 합격한 사람.
181. 금천교(錦川橋): 창덕궁의 돈화문과 진선문(進善門) 사이 물길[禁川] 위에 설치된 다리.
182. 동년(同年): 같은 해에 같은 과거 시험에 함께 합격한 사람.
183. 금호문(金虎門): 창덕궁 돈화문의 서쪽에 있던 문. 대신들이 창덕궁을 출입할 때 주로 이 문으로 드나들었음.

이 웃으며 말하였다.

"형들께서 제 나이를 묻는 것은 흰 수염과 머리 때문이겠지요. 네다섯 해 전 약을 잘못 복용하여 이처럼 금하기 어려운 망령된 머리털을 두게 되었으나 태어난 해는 정묘년(1687)입니다."

이상사(李上舍)가 듣고서 매우 멋쩍어 허둥지둥 서둘러 돌아갔다. 내가 웃으며 그 사람에게 말하였다.

"저기 먼저 간 동년은 계축생(1673)이라오."

그러고 나서 좇아가 다리가에 이르렀다. 상사(上舍)가 성내며 말하였다.

"그 사람이 흉악한 몽둥이를 사용하여 내 나이를 묻던가? 그대가 질문을 받아서 대답하지 않을 수 없었다면, 어찌 그대 나이를 말하지 않고 <33앞> 내 나이만을 말하였는가? 이는 무슨 속셈인가?"

내가 말하였다.

"이미 함께 가서 멋쩍은 일을 당했으니 진퇴(進退)를 마땅히 함께해야 하는데 나 혼자 그 욕을 받게 한 것은 자기만 면하려는 속셈인 게지. 하물며 말이 내 입에서 나오는데 하필 스스로 내 나이를 말하겠는가?"

상사(上舍)는 혀를 차며 못됐다고 여러 번 말했다.

여러 아전이 각각 신은(新恩)을 이끌고 들어와 인정문(仁政門)[184] 아래 이르러 방(榜) 순서대로 서게 하였다. 동서 양 협문(挾門)을 열고 생원은 동쪽으로, 진사는 서쪽으로 들어갔다. 정문 안에 천악(天樂)[185]을 배설하였는데, 문 끝에 서서 아홉 계단 위를 바라보니 동서 양쪽에 각각 관원이 서 있었다. 한 사람은 향탁(香卓)을 설치하고 방목(榜目)을 불러주며 자줏빛 옷을 입은 아이에게 큰 소리로 이름을 부르도록 하였다. 맑은 소리가 멀리까지 퍼져 하늘에서 내려오는 듯하였다. 먼저 부친이 거명되고 이어 자기 이름이 불리면서 음악이 시작되면 합격자가 차례로 들어가니, 이것이 이른바 '창방(唱榜)'이었다. 여러 줄로 차례로 서서 인의(引儀)[186]가 '배흥(拜興)'[187]을 외치면 사배례(四拜禮)를 행하고 모든 유생이 무릎을 꿇고 앉았다. 멀리 전내(殿內)에서 황첨패지(黃籤牌紙)[188]를 들고 나오면 예관(禮官)이 앞에 이를 때마다 차례

184. 인정문(仁政門): 창덕궁의 중심 건물인 인정전(仁政殿)의 정문.
185. 천악(天樂): 천상의 음악이라는 뜻인데, 궁중 음악을 가리킴.
186. 인의(引儀): 국가 의례(儀禮)를 관장하던 통례원(通禮院)의 종6품 관직.
187. 배흥(拜興): 절하고 일어서도록 외치는 소리.

로 받아 옷깃에 꽂았다. 양장인(兩場人)[189]은 별도로 앞 대오에서 나와 꽂고 자리로 돌아왔으니 매우 영귀하였다. 드디어 선온(宣醞)[190]하는데 장은대(長銀臺)[191]로 다섯 규배(葵杯)[192]를 나열하여 내오면 차례가 된 다섯 사람이 일어나 공경히 받으니 위에서 아래까지 시각이 자못 오래 걸렸다. 이상사(李上舍)의 자리가 마침 등 뒤라 낮은 소리로 나를 놀리며 말하였다.

"그대 자리가 매우 높고 향안(鄕案)이 이와 같아서 말버릇이 매우 험하군."

내가 즉시 응답하였다.

"이는 국안(國案)일세. 천도가 지극히 공평하여 재주에 따라 자리를 허락하니 국안과 향안의 고하가 몹시 다르지. <33뒤> 향안의 저속한 말로 국안의 높은 사람을 침범할 수 없네."

각각 살짝 웃고는 감히 길게 이야기하지 못하였다. 잔 받기를 마친 후 또 사배례(四拜禮)를 행하고 나왔다. 문밖에서 기다렸다가 함께 돌아왔다. 이상사(李上舍)가 말하였다.

"조금 전 국안에 대한 이야기는 좋다고 할 만한데 나를 계축생이라 지적한 것은 또한 싸움을 일으킬 만하지."

그렇게 잘 놀리는 것은 실로 두터운 정분에서 나온 것이다.

강가 신선 이야기[江上神仙說]

사흘 유가(遊街)[193]를 마치고 고향으로 가려는데, 신래(新來)를 부르는 일이 있을까 염려하여 거느린 이들을 먼저 강가로 보내고, 흰옷에 검은 삿갓을 쓰고 홀로 말을 타고 나가니 또한 한가로운 행색이었다. 거리로 나가자 시골 유생 다섯 명이 나란히 말을 타고 가는데 매우 초췌해 보였다. 내가 그 뒤를 따라가자, 그중 노인이 고삐를

---

188. 황첨패지(黃籤牌紙): 누런 종이에 쓴 합격증.
189. 양장인(兩場人): 과거의 초시(初試)와 복시(覆試)에 합격한 사람을 이르는 듯함.
190. 선온(宣醞): 임금이 신하에게 술을 하사함.
191. 장은대(長銀臺): 은으로 장식한 쟁반인 듯함.
192. 규배(葵杯): 접시꽃 모양의 술잔.
193. 유가(遊街): 과거에 합격한 사람이 광대를 데리고 풍악을 잡히면서 거리를 돌며 좌주(座主)와 선배, 친척을 찾아보는 일. 보통 사흘 동안 하였음.

잡고 길을 양보하며 말하였다.

"말이 건실한데 뒤에서 천천히 오는 것은 어째서요?"

"저 또한 멀리 가는 사람이니 빨리 몰 필요가 없습니다. 감히 묻자온대, 장로(長老)께서는 어느 곳으로 가십니까?"

"우리는 호남 사람인데 향시(鄕試, 초시)에 합격하여 왔다가 모두 낙방하고, 서울에서 볼일이 있어 이제 되돌아가는 길이오. 형께서 홀로 말을 탔고 짐이 없는 것을 보니 멀리 가는 사람이 아닌 듯하오."

"저는 영남 사람인데 회시(會試)를 보러 왔다가 또한 늦출 일이 있어 이제서야 가는 길입니다. 얼마 안 되는 짐은 앞서 간 이에게 이미 부쳤습니다."

노인이 말하였다.

"한을 품음도 같고 길을 나선 것도 같은데 서로 만났으니, 이른바 '한 번의 만남에도 운수가 있다'는 것이 혹 이것 <34앞> 이겠지요?"

드디어 나란히 말을 타고 갔다. 이에 물었다.

"형의 모습을 보니 젊지 않은데, 향시에 몇 번 합격하였다가 이제 또 쓸쓸히 돌아가시오?"

"천 리 길을 헛걸음한 것이 벌써 다섯 번입니다."

"형은 여러 차례의 낙방을 한탄하지 마시오. 나는 임진생(1652)인데, 크고 작은 초시(初試)에서 합격한 것이 열세 번이나 되오. 이번 양장(兩場)에서도 모두 실패하였으니 한강[灞]을 건너는[194] 눈물을 어찌 흘리지 않을 수 있겠소? 이후로는 내정(內庭)[195]에서 만 번 과거가 있다 해도 맹세컨대 다시 보러 가지 않을 거요."

서로 회포를 나누며 갔다. 점차 강가에 다가가자 재인(才人)들이 뱃전에 서서 피리를 불고 반인(泮人)[196]이 선루(船樓)[197]에 자리를 베풀고 내려와 맞이하였다. 앞서 가던 사람들이 말하였다.

"저 배는 필시 신은(新恩)을 기다리는 걸 거요. 영남 대형께서 그 사람이 아닌지요?"

---

194. 한강[灞]을 건너는: 과거에 낙방하여 귀향함. 당나라 수도 장안(長安) 동쪽에 있는 파수(灞水)에 다리가 있는데 과거에 낙방했을 때 이 다리를 건넜다고 한다. 한유(韓愈)가 일찍이 박학굉사과(博學宏詞科)에 합격하였으나 직책에 임명되지 않아 결국 고향으로 돌아갔는데, 이 일을 회상하며 쓴 시 <현재유감(縣齋有感)>에 "서책을 품고 도성을 떠나서, 눈물을 머금고 청파를 건넜네.[懷書出皇都, 銜淚渡淸灞.]"라는 구절이 있다.

195. 내정(內庭): 궁궐 안.

196. 반인(泮人): 성균관 일대 반촌(泮村)에 거주하던, 성균관에 딸린 천민.

197. 선루(船樓): 배 위의 다락집.

노인이 즉시 일행을 이끌고 모래언덕으로 물러나 앉았다. 내가 앞에 나아가 사죄하였다.

"처음에 아뢰려 하지 않은 것은 아니나 여러 형께서 억울한 마음이 있기에 감히 스스로 다르다 하지 못하여 입을 다문 것이 이에 이르렀으니, 바라건대 탓하지 말아 주십시오. 함께 배에 올라 미진한 회포를 나눔이 어떠하겠습니까?"

노인이 웃으며 손을 저었다.

"우리는 티끌 속의 미천한 이들이요, 대형은 강가 신선이시오."

돌아서서 그 무리에게 말하였다.

"영남의 박(朴)은 실로 꽃이 없다던데 과연 그렇구만."

일제히 배에 올라 강을 건넜다. 노인이 웃으며 말하였다.

"진시황(秦始皇)과 한무제(漢武帝)는 신선을 찾으려 어찌 멀리 봉래산(蓬萊山)까지 갔는가?[198] 우리가 보기에 저 사람도 곧 신선일세."

아, 만년의 작은 일[小事][199]을 사람들이 부러워함이 이러한데, 하물며 과거 급제[折桂][200]의 영광이랴!

관 주인에 관한 이야기[館主人說]

<34뒤> 정해년(1707, 33세) 가을 초에 향시(鄕試)에 합격했을 때 관촌(館村)에 주인이 없었는데, 최두생(崔斗生)이라는 자가 나를 맞이하여 정성스럽게 접대하였다. 병오년(1726, 52세) 가을에 사마시(司馬試)[201]에 합격하였는데, 두생(斗生)은 늙어서 다닐 수 없었고 그의 자식도 없어 사위 김시적(金時迪)을 대신 보냈다. 그의 사람됨은 재물을 가볍게 여기고 여색을 밝혔다.

창방일(唱榜日)에 그 집에서 도문례(到門禮)[202]를 베풀었는데 그때 정승 송(宋)

198. 진시황(秦始皇) ~ 봉래산(蓬萊山)까지 갔는가: 진 시황과 한 무제는 장생불사를 원해 신선이 산다는 삼신산(봉래산, 방장산, 영주산)에 방사들을 보내 불로초를 구해 오게 하였다.

199. 작은 일[小事]: 소과 합격을 가리킴.

200. 과거 급제[折桂]: 원문 '折桂'는 계수나무를 꺾었다는 뜻으로, 진(晉)나라 극선(郤詵)이 과거에서 장원하고서 "계수나무 숲의 가지 하나를 꺾고, 곤륜산의 옥돌 한 조각을 쥐었다."라고 한 데서 나온 말이다. 『진서(晉書)』「극선열전(郤詵列傳)」.

201. 사마시(司馬試): 생원과 진사를 뽑는 소과(小科).

대감께서 호조참판(戶曹參判)으로 있어 전포(錢布)[203]를 보내 주셨고 다른 친구들은 술과 떡, 버선, 붉은 보자기[紅袱]를 보내기도 하여 쓰임에 보탰다. 사흘 유가(遊街) 때, 상중하에서 보내준 영궤전(榮饋錢)[204]이 거의 스무 관(貫)이라 두루 잘 갖출 수 있었다. 청송(青松)[205] 송(宋)영공께서 수원(水原)의 모산(牟山)에 머무시면서 정성 어린 편지로 방문하라 하셔서, 그 후의에 감격하여 찾아갔다. 이웃의 도사(都事)[206] 유간(柳幹)이 동갑으로 친분이 있어서 와서 신래(新來)를 외치며 기쁨을 더하였다. 저녁 식사 때 시적(時迪)이 사발을 가지고 와 고하였다.

"소인이 비록 천하나 사발에 밥을 담은 적이 없습니다."

조급하고 망령됨이 이와 같으나 어찌할 수 없었다.

수원백(水原伯) 조정만(趙正萬) 공에게 아들 명규(命圭)가 있었는데, 동갑으로 맞이하여 매우 정성스레 접대하였고 양식 비용을 넉넉히 베풀어 주었다. 본부(本府, 수원) 호장(戶長)[207]의 아들 김진추(金振秋)는 심참판(沈參判)의 문하생으로 일찍이 친분이 있어 그의 집으로 맞이하였는데 잔치를 베풀어 정성스레 대접하였고 돈 열 관(貫)을 노자로 주었다. 서울에서 얻은 것과 수원부 상하에서 보내온 것이 모두 사십여 관(貫)이었다. 진곡참(眞谷站)[208]에 이르렀을 때, 시적(時迪)이 서울 사람을 데리고 와 말하였다.

"이 사람은 소인의 종제(從弟)입니다. 이제 서울로 돌아가려 하니, 전후에 얻은 돈을 꼭 싣고 갈 필요가 없어 먼저 집으로 보내고자 합니다."

"재인(才人)과 상의하여 처리하라."

다음 날, 진리(鎭里) 대교(大橋)에 이르러 관아 노복이 목동(木同)[209]을 싣고 와 <35앞> 우리 행차를 보고 모래판에 짐을 내려놓고 절하며 축하하였다.

"뒤에 오는 많은 사람이 상사(上舍)께서 진리(鎭里)에서 머무르신다는 것을 듣고

---

202. 도문례(到門禮): 과거에 합격하여 홍패(紅牌)를 받아서 집에 돌아와 벌이는 잔치.
203. 전포(錢布): 화폐로 쓰던 천.
204. 영궤전(榮饋錢): 축하 선물로 보내는 돈.
205. 청송(青松): 경북 청송군.
206. 도사(都事): 중앙과 지방 관청에서 제반 사무를 담당한 관직.
207. 호장(戶長): 각 고을 서리(胥吏)의 으뜸.
208. 진곡참(眞谷站): '진곡'은 미상. '참(站)'은 변방의 긴급한 군사 정보, 외국 사신 영접, 공공 물자의 운송 등 공적 임무로 왕래하는 관리나 사신에게 역마와 숙박을 제공하기 위해 설치된 기관.
209. 목동(木同): 목(木)은 무명, 1동(同)은 50필.

큰 잔치를 베풀기로 의논하여 영광을 보러 모였습니다. 이제 길을 나서셨으니 잠시 행차를 멈추시어 뭇사람의 기대에 맞춰 주십시오."

이에 말에서 내려 머물러 기다렸더니 과연 짐을 실은 육십여 마리의 말이 연이어 왔다. 모두 지난봄에 물린[退來] 전세(田稅) · 대동(大同) · 신공(身貢)210과 각 관아에 바친 군포(軍布)였다. 모두 모래판에 내려놓고 통째로 찐 돼지 두 마리와 새로 거른 술 동이를 사 와서 재인들의 여러 놀음을 구경하였다. 색리(色吏) 일곱 명이 각각 돈을 내고 마부들이 사오 전(錢)씩 내어 거의 쉰 냥 가까이 되기에, 노자가 넉넉하겠다고 생각하였다. 단월(丹月)211에 이르자, 거느린 재인 중 박시재(朴時在) · 최태경(崔太京)은 모두 충주(忠州)에 살았는데, 두 사람의 처는 큰 무당으로 공축(工祝)212과 어린 여자[少娥] 십여 명을 데리고 밤을 타 왔다. 화려하게 치장하고 등불을 잡고서는 죽 늘어서 절하며 하례하였다. 삼현(三絃)을 울리고 잘 차린 음식상을 내왔는데 진수성찬에 특이한 맛이 있어 낯빛이 바뀔 만했다. 시적(時迪)이 갑자기 미인이 많이 온 것을 보고 정신이 혼탕해져서 내게 청하였다.

"이들은 밤을 타 멀리서 왔으니 후하게 보답하지 않을 수 없습니다."

재인들도 말하였다.

"전에 얻은 것은 이미 주인의 물건이 되었고 어제 얻은 것은 모두 뜻밖의 일이니 세군(細君)213께 보내는 것이 어떠하겠습니까?"

"너희 말이 괜찮구나."

안보참(安保站)214에 이르러서는 고개를 넘을 때 쓸 술과 음식[逾嶺酒饌]이 있다고 하더니 행장이 비었다고 하자, 재인들이 시적(時迪)에게 성내며 말하였다.

"남은 열 관(貫)은 어디다 썼는가?"

시적(時迪)이 냉소하며 말하였다.

"나는 열 관 돈을 좀의 똥처럼 본다. 두 미녀의 하룻밤 즐거움을 보상하는 데는 오히려 부족하다. 고개를 넘을 때 필요한 술과 음식을 위해서는 <35뒤> 내 밥그릇

---

210. 신공(身貢): 노비가 신역(身役)을 치르는 대신 바치는 구실.

211. 단월(丹月): 충북 충주시 단월동.

212. 공축(工祝): 신령을 부르는 일을 담당한 남자 무당.

213. 세군(細君): 제후의 부인을 높여 부르는 말이었으나, 나중에는 자기 아내 또는 남의 부인을 가리키는 말로 쓰였음.

214. 안보참(安保站): 충북 충주시 수안보면 안보리에 있었던 안부역(安富驛).

을 팔겠다."

이처럼 망령되니 어찌할 수 없었다. 그릇을 파는 것은 허락하지 않아 굶주림을 참고 재를 넘었다. 용추(龍湫)[215] 가까이 갔을 때 교귀정(交龜亭)[216] 위를 보니 한 무사가 웃음을 머금고 절하며 맞이하였다.

"소자가 어렸을 때 선생님께 글을 배웠습니다. 해가 오래되어 관을 쓴 후에도 잊지 않았습니다. 소자는 전시좌(錢蓍佐)인데, 선정감관(繕亭監官)[217]이 되어 이곳에 머물며 기다렸습니다. 영예로운 행차가 오늘 일찍 이곳에 이른다기에 소인의 재물로 잔치를 베풀었습니다. 바라건대 용추에 잠시 머물러 제자의 정성을 펼 수 있게 해주십시오."

이에 여러 동접(同接)과 즐거운 잔치를 열고 전생(錢生)에게 감사하며 말하였다.

"그대는 한 글자의 은혜[一字之恩]를 잊지 않은 사람이라 할 수 있겠군. 다만 노자가 텅 비었는데 혹 빚을 낼 방법이 있겠나?"

"걱정하지 마십시오. 문경(聞慶)의 성청(星廳)[218]과 승순(承巡)의 영방(營房)[219]에 편지를 보내 양식과 노자를 운반케 할 터이니, 초곡(草谷)[220]에서 며칠 기다리십시오."

(그곳에) 이르자 과연 한 아전이 단자(單子)를 바쳤는데 세 곡식이 모두 한 섬이었고 돈이 다섯 관(貫)이었다. 시적(時迪)에게 수습케 하자 시적이 응답하고 가더니 오래도록 돌아와 보고하지 않았다. 노비를 보내 잡아 오게 하니 유녀(遊女)와 이야기를 나누고 있다고 했다. 말을 타고 가자 비로소 따라왔는데 이미 한 관을 써 버렸다. 문에 이른 후 공적·사적으로 보내온 영궤전과 의화(衣貨),[221] 무명필[木疋]이 그 수를 알 수 없었다. 대개 시절이 평화롭고 그해 풍년이 들어 사람들이 재주를 아끼지 않은 까닭이요, 더구나 우리 무리에서 과거 합격자가 드물게 나왔기 때문이다.

며칠 되지 않아 시적이 나이 어린 요사스런 기녀를 얻었는데 밤낮으로 그에 빠져 인사를 살피지 않았다. 그때 영장(營將)[222]이 고을에 들었는데 그 기녀를 일찍이 눈

215. 용추(龍湫): 문경새재의 제1관문인 주흘관(主屹關)과 제2관문인 조곡관(鳥谷關)의 중간 지점에 있는 폭포.
216. 교귀정(交龜亭): 문경새재에 있는, 경상감사의 인수인계가 이루어지던 곳에 세워진 정자.
217. 선정감관(繕亭監官): 정자를 관리 감독하던 관직.
218. 성청(星廳): 향리들이 모여서 사무를 보는 곳. 질청(秩廳)·연청(掾廳)이라고도 하였음.
219. 영방(營房): 영리(營吏)의 집무처.
220. 초곡(草谷): 문경새재에서 주흘관(主屹關)이 있는 지역.
221. 의화(衣貨): 화폐처럼 사용될 만한 옷감인 듯하다.

여겨보았던 터라 들어가 모시게 했다. 밤이 깊은 후 노복이 와서 말하기를 관인(館人)이 칼을 갈아 소리를 지르고 들어갔다고 했다. 관가에서 <36앞> 급히 질손(侄孫) 등에게 명하여 찾아내게 했더니, 과연 객사 침실 밖에 웅크리고 앉아 틈을 엿보고 있었다. 충분히 알아듣게끔 타일러 끌고 돌아와 겨우 망측한 화를 면하였다.

지월(至月, 11월) 스무날부터 납월(臘月, 12월) 보름 이후까지 인근의 공당(公堂, 관아)과 친구, 여러 집을 두루 찾아뵙고, 얻은 돈 오백여 냥과 무명 백여 필, 그에 버금가는 의화(衣貨)는 관인(館人)이 전례대로 절반을 가져갔는데, 출발할 때는 겨우 한 짐만 남았다고 했다. 듣고 보니 매우 괴이하고 놀라워 그의 거처를 몰래 찾아갔다. 기부(妓夫)들이 모두 말하기를 아끼는 기녀를 위해 여덟 칸 기와집과 열 말 수확할 목화밭, 부릴 만한 여종 한 명을 사 주었고 그 나머지 머리 장식과 침구, 의복, 음식에 쓴 비용은 그 수를 알 수 없다 했다. 돌아가는 날이 되자 집에 돌아갈 면목이 없어 안[自內]에서 싸 준 십승포(十升布)[223] 두 단(端)을 그의 아내에게 보내게 했다. 어떤 사람이 와서 전하기를 십 리 밖 길가에서 관인(館人)과 젊은 기녀가 마주하여 울고 있다 했다. 급히 사람을 보내 잡아오게 했다. 잠시 후 그 기녀가 보자기를 끼고 오는 것을 보았는데, 곧 임천(臨川)[224] 집에서 준 세면(細綿)[225]을 싼 보따리였다. 내가 취하여 두었다가 뒤에 올 동년(同年)의 관인(館人)에게 주어 시적(時迪)의 집에 보내 그 뜻을 전달케 했다.

돌이켜 생각하니 그놈이 망령될 뿐만 아니라 내가 그렇게 만든 것이기도 했다. 일찍이 신은(新恩)을 보면 영궤(榮饋)가 많아져 혹 염지(染指)[226]함도 있고 모욕을 많이 당하기도 하였다. 그 때문에 데리고 떠날 때 다음과 같이 말하였다.

"우리 집이 가난하고 친척이 매우 적어, 너희들이 가더라도 분명 얻을 게 없을 것이다. 조금이라도 불평한 기색이 있다면 애초에 가지 않는 것이 낫다."

그랬더니 모두 꿇어 엎드려 납초(納招)[227]하기를,

"비록 일 문(文)[228]의 돈도 얻지 못할지라도 원망하지 않겠습니다."

---

222. 영장(營將): 오군영(五軍營)과 지방의 각 진영(鎭營)에 둔 최고 관직.
223. 십승포(十升布): 십 승으로 짠 베. 일 승(一升)은 날실 80올[縷]. 승수가 많을수록 피륙이 곱고 품질이 좋음.
224. 임천(臨川): 경북 영천 지역의 옛 지명.
225. 세면(細綿): 가는 새[升]로 짠 무명. 여기서는 십승포를 가리키는 듯함.
226. 염지(染指): 손가락을 솥 속에 넣어 국물의 맛을 본다는 뜻으로, 남의 물건을 몰래 가져감.
227. 납초(納招): 대개 죄를 진술한다는 뜻인데, 여기서는 다짐한다는 뜻으로 쓰였음.
228. 문(文): 화폐 단위. 100문은 1냥(兩). 1관 = 10냥 = 100전 = 1,000문.

라고 해서, <36뒤>

"그렇다면 설령 소득이 있어도 내가 간여치 않겠다."

라고 했다. 그래서 소득이 이처럼 많았는데 단속할 생각 없이 모두 그 손에 맡겨 허다한 재물을 도랑에 버리게 한 것이다. 훗날의 경계로 삼을 만하여 전말을 간략히 기록해 둔다.

무신년(1728) 난리[戊申亂離][229]

이 또한 과거 길에 만난 일이므로 '과거' 항목에 기록한다.

무신년(1728, 54세) 별시(別試)[230]에 우연히 논(論)·책(策)[231] 양장(兩場)에서 합격하였다. 삼월 초열흘에 회시(會試)를 보러 갔는데, 사촌(沙村)[232]의 원장(院長) 김이서(金履瑞) 씨와 동반하여 갔다. 비안(比安)[233]에 이르러 칠곡(漆谷)[234]의 이주일(李柱一)을 만나 함께 갔다. 열나흘날에 석원점(石院店)[235]에서 점심을 먹었는데 옛 주인과 자못 친분이 있었다. 나를 후미진 곳으로 데려가 귀에 대고 말하였다.

"큰 난리가 일어났는데 어찌 서울로 가십니까?"

내가 놀라 그 상황에 대해 묻자, 말하기를,

"안성(安城)·소사(素沙)[236] 등지에 적병이 모여 있습니다. 우리 아이가 우연히 지나다가 잡혀 밤을 타 도망쳐 왔는데, 그들이 모의하기를, 오늘 밤 병사를 나누어 병영(兵營)을 치고 여러 군을 점령할 거라 하더군요."

라고 하였다. 마음에 매우 괴이하여 동행들에게 말하고자 하였으나 급히 돌아가다가는 뒤에 오는 무리를 만나게 되면 뭐라 말하기 궁색하여, 앞으로 가서 변란을 살피

229. 무신년(1728) 난리[戊申亂離]: 이인좌(李麟佐)의 난.

230. 별시(別試): 정규 시험(식년시) 외 비정기적으로 시행된 과거 시험.

231. 논(論)·책(策): 논(論)은 논설문의 일종으로 사리를 판단하여 시비를 밝히는 것이며 책(策)은 당대 여러 문제에 대해 책략을 답하는 것.

232. 사촌(沙村): 경북 의성군 점곡면 사촌리.

233. 비안(比安): 경북 의성군 비안면.

234. 칠곡(漆谷): 경북 칠곡군.

235. 석원점(石院店): 석원은 현재의 충북 음성군 금왕읍 무극리에 있었던 원. 충주목에서 서쪽으로 85리 되는 곳으로, 충북 음성군과 경기도 이천의 경계 지역에 있었음.

236. 소사(素沙): 충남 천안시, 경기도 평택시, 안성시 경계에 있는 지역.

는 것만 못하다 여겨 이에 입을 다물고 갔다. 동행들이 놀리며 말하였다.

“무슨 좋은 맛[滋味]이 있기에 혼자 삼켰는가?”

“이 맛은 매우 써서 남에게 나눠 줄 수 없네.”

예닐곱 리쯤 갔을 때 북쪽에서 오는 사람들을 보았는데 달리지 않는 이가 없었다. 급히 가서[密鞭] 물었으나 대답하지 않았다. 노비들에게 한 놈을 잡으라 하여 물었더니,

“저 역시 모릅니다. 진리(鎭里)[237] <37앞> 주점에서 난리가 났다 하여 산골로 도망쳐 가는 겁니다.”

라고 하였다. 나는 동행들에게 이야기하였다.

“아까 주인의 말도 이와 같았네. 이제 나아갈 수 없으니 잠시 죽산(竹山)[238]으로 들어가 옛 주인에게 물어보면 알 수 있을 걸세.”

갑자기 천지가 어두워지더니 나무를 뽑을 만한 바람이 불고 동이를 엎을 만한 비가 동시에 내려, 급히 유삼(油衫)[239]을 걸치고 입모(笠帽)를 써 몸 전체를 덮었다. 잠깐 사이에 유삼과 입모가 찢어지고 노비와 말 또한 나아갈 수 없었다. 어렵사리 주점 앞에 도착하자 바람과 비가 조금 개었다. 문에서 사람을 불렀으나 응답하는 이가 없었다. 큰 소리로 부른 후에야 비로소 나와 맞이하여 안방으로 들였다.

“의외의 난리를 만나, 부엌에 집안의 물건들을 깊이 묻고 밤에 도망갈 계획입니다.”

동이에 술을 가득 채워 손님에게 권하며 또한 양식을 받지 않고 말하기를,

“이것을 두어서 어디다 쓰겠습니까?”

라고 하였다. 일행이 모두 말하였다.

“말을 먹여 즉시 출발하는 것만 못하다.”

내가 말하였다.

“지금 개천에 물이 넘쳐 밤에 가는 것은 매우 어렵네. 또 적병이 안성 등지에 포진해 있으니 돌아가는 길은 막혔을 것이네. 새벽을 기다렸다가 동쪽으로 달려가 죽령(竹嶺)[240]에서 집으로 돌아가는 것이 좋겠네.”

---

237. 진리(鎭里): 이인좌의 반군이 청주에서 목천 · 청안 · 진천을 거쳐 안성 · 죽산으로 향했다는 점을 미뤄볼 때, 충북 진천군에 있는 지역일 듯함.

238. 죽산(竹山): 경기도 안성 지역의 옛 지명. 남쪽의 목천 · 음성 · 진천과 북쪽의 양지 · 용인을 연결하는 군사 교통의 요지.

239. 유삼(油衫): 비나 눈을 막기 위하여 옷 위에 껴입는, 기름에 결은 옷.

주인과 종이 부엌에서 옷을 말렸다. 이경(二更, 21~23시) 무렵, 문득 함성이 나더니 한 고을의 사람들이 통곡하며 바삐 도망갔다. 동행이 모두 달려가려 하여 내가 소매 속에서 괘를 뽑아 보고는 말렸다.

"적은 막 이 고을을 함락시켰으니 밖을 뒤질 겨를이 없을 걸세. 또 동쪽으로 가는 것이 이롭다는 조짐이 있으니 점괘가 나온 대로 한결같이 따르세."

이러는 사이 주인은 이미 간 곳이 없었다. 사람과 말들은 일찍 배를 채우고 있다가 닭 울음소리를 듣고 동쪽으로 달려갔다. 하늘이 밝아질 무렵 어떤 사람이 길에 누워 신음하고 있었다.

"저는 충청 병영(兵營) 화사(畫師)의 종인(從人)입니다. 어제저녁 대적이 성을 함락하고 병사(兵使)와 영장(營將)을 도륙하기에, 밤을 새워 <37뒤> 바삐 달려 여기 이르렀습니다."

듣고서 매우 놀랐고 두려웠다. 앞에 한 마을을 지나는데 남녀가 통곡하며 달려갔다. 그들이 안고 업은 것은 모두 천연두를 앓는 아이들이었다. 김원장은 아직 천연두를 앓지 않아 스스로 반드시 죽을 것이라 여겼다. 내가 가지고 있던 새 유선(油扇, 기름 먹인 부채)으로 그의 입과 코를 단단히 막아 더러운 기운이 들어가지 않도록 방비했다. 남한산성 아래 이르러 함께 상의하였다.

"앞길은 이미 끊겼고 살아 돌아갈 희망이 없으니 산성에 함께 들어가 국사를 위해 죽는 것만 못하다."

이에 북쪽을 향해 갔다. 어떤 사람이 융복(戎服)을 입고 말을 달려오는데 전도(前導)하는 깃발에 '발병(發兵)' 두 자가 크게 쓰여 있었다. 내가 성에 들어갈 뜻을 자세히 말하니,

"성문은 이미 닫혔으니 외부인을 쉽게 들일 수 없다."

라고 하였다. 나는 즉시 말을 돌려 동쪽으로 달렸다. 이천(利川)[241]에 이르니 주점은 모두 비어 있었다. 전 주인은 늙은 아전으로 정분이 자못 깊어 곧바로 찾아갔는데 그 집 또한 비어 있었다. 김원장은 쓰러지듯 누워 신음하였고 얼굴에는 붉은 기운이 있었다. 죽을 끓이려 안채에 들어가 보니 문밖에 작은 신이 있었다. 열고 보니 아리따운 처자가 행장을 점검하고 있었다. 내가 문을 닫고 청하였다.

---

240. 죽령(竹嶺): 경북 영주시 풍기읍과 충북 단양군 대강면 사이에 있는 고개.
241. 이천(利川): 경기도 이천.

"나는 이 집의 옛 손인데 이 난리를 만나 달리 묵을 곳이 없소. 밥을 지어 괴로운 굶주림을 면하게 줄 수 있겠소?"

"부모님께서는 머물 곳을 정하고자 떠났고 저는 잠시 이곳에 머무르고 있습니다. 이미 옛 손이라고 말씀하셨고 이처럼 예로 대우해 주시니 감히 밥 짓기를 사양하겠습니까? 집에 버리고 간 쌀이 많이 있으니 양식은 받을 필요가 없습니다. 다만 사람 수가 얼마나 되는지 말씀해 주십시오."

나는 수를 말해 주고 나갔다.

김원장의 병세는 여전했다. 치료할 물자를 얻고자 바로 관아 외당으로 들어갔더니, 어떤 손님이 말하였다.

"수령은 이미 임금을 위해 달려갔소."

"옛정으로 찾아왔을 뿐만 아니라 <38앞> 동접 중에 천연두를 앓는 이가 있어 전복과 생닭을 얻고자 왔는데, 존(尊)께서 도모해 주시지 않겠습니까?"

그 사람이 책을 읽던 아이를 불러 안에 들어가 이 뜻을 자세히 고하게 했다. 전복 두 꿰미[串]를 가지고 오더니 노비에게 닭을 두 마리 잡도록 하고는 전복을 건네주며 말하였다.

"제 아버지와 평소 친분이 있다 하셨는데 정성을 표현할 게 없어서 유감입니다."

그 민첩함이 이와 같았다. 가지고 주점으로 돌아왔더니 밥을 지어 담 모퉁이에 내놓았는데 음식의 맛이 모두 좋아서 병자도 조금 먹었다. 즉시 병자를 말에 싣고 떠났다.

가는 곳마다 피난하는 사람들이 적의 칼이 일어난 곳을 알지 못해 동쪽에 있는 자는 서쪽으로 달아나고 서쪽에 사는 자는 동쪽으로 달려갔다. 오직 집을 떠나는 것이 살길이라 여겨 혹 부자간에 서로 보호하지 못하고, 처자가 뿔뿔이 흩어지고, 그중 아직 결혼하지 않은 여자는 뭇사람과 섞여 가는 것을 부끄러워하여 길가의 거친 덤불을 밟으며 가느라 발에 피가 흥건했다. 나이 들어서 가기 어려운 자는 길에 누워 우는데, 정경이 참혹하여 차마 똑바로 볼 수 없었다. 나라의 불운이 어찌 이에 이르렀는가? 백성들의 재앙을 또한 일일이 들기 어려울 정도였다.

날이 저물어 숙소에 들었다. 앞마을에서부터 온 거리가 백칠십여 리였다. 닭과 전복을 삶아 병자에게 권하여 땀을 흘리게 하였다. 다행히 조금 차도가 있었다. 다음 날 아침 일찍 가흥(可興)[242]에 이르러 옛 친구 김초관(金哨官) 집에 급히 들어가니,

김씨는 융복을 입고 채찍을 들고 나가려는 참이었다. (우리를) 맞이하여 방에 들어가 병사가 일어난 곳을 물으며 말하였다.

"나는 장수로서 진(鎭)으로 가라는 명을 받았네. 다만 생각건대 앞길이 요해처(要害處)라 군막을 설치하고 멀리서 온 이를 엄히 경계하니 무사히 다다르지 못할까 걱정이네."

내가 말하였다.

"이곳에 이르러 친구에게 의탁하려는데 어찌 차마 물에 빠진 것을 보고 구하지 않는가?"

김씨가 말하였다.

"동성(同姓)은 백대(百代)의 친척이니 어찌 <38뒤> 차마 버리고 가겠는가?"

밥을 다 먹고 드디어 말을 나란히 하여 갔다. 다섯 막사를 지나는 동안 약탈을 당하지 않음은 모두 그의 힘이었다. 금연(金淵)에 이르자 말하였다.

"이 바깥은 지키는 이가 없을 것이니 편안히 갈 수 있을 걸세."

이에 여러 가지로 감사하고 길을 나누어 갔다. 이곳에서부터는 막힌 곳이 없었다.

저물 무렵 수면촌(水面村)에 이르렀는데 주점 전체가 비어 있었다. 노비들에게 높은 곳에 올라가 살펴보게 하여, 불이 밝은 곳을 찾아 들어가니 부부가 부엌에서 불을 때고 있었다. 스스로 말하기를 자신은 속오군(束伍軍)[243]인데 날이 밝으면 진으로 갈 것이라 하였다. 다행히 밥을 짓고 말을 먹일 수 있었다. 아침 일찍 출발하여 안보(安保)[244]에 도착할 즈음에 두서너 상인들이 통곡하며 왔다. 물으니,

"가지고 있던 말들을 행군(行軍)에게 뺏겼습니다."

라고 하였다.

"우리도 이를 면하기 어려울 것이니 이 틈에 마땅한 계책을 세워야 한다."

이에 노비들에게 가르쳤다.

"약탈하려는 거조가 있으면 즉시 '이 행차는 인동(仁同) 양반인데 충주 진영에서 오는 길입니다'라고 하여라."

영장(營將)이 인동 사람이었기 때문이다. 소조령(小鳥嶺)[245]에 이르러 연풍(延

---

242. 가흥(可興): 충북 충주시 가금면 가흥리.

243. 속오군(束伍軍): 조선후기 양반, 중인, 천인으로 구성된 지방 군대.

244. 안보(安保): 충북 충주시 수안보면 안보리.

245. 소조령(小鳥嶺): 충북 괴산군 연풍면과 충주시 수안보면 경계에 위치하는 고개. 조령 서쪽에 위치한 작은 재

豊)[246]과 괴산(槐山)[247] 두 읍의 군사들이 대오를 이뤄 오고 있었다. 그중 사나운 군졸 두셋이 말 앞을 막아서며 말하였다.

"이 말은 전장에서 쓸 수 있겠다."

노비들이 가르쳐 준 대로 외치자 좌수(座首)가 그 군사를 꾸짖어 물리치며,

"인동 양반은 범할 수 없다."

라고 하여, 이로 인해 면할 수 있었다.

초곡(草谷)에 이르자 비로소 생사에 대한 근심이 없어졌다. 사람은 피곤하고 말은 지쳐 고생 끝에 집에 이르렀는데, 옷을 갈아입기 전에 권마성(勸馬聲)[248]이 들리더니, 성주(城主)[249]께서 안평창(安平倉)[250]에서 돌아와 내가 도착했다는 것을 듣고 아전을 보내셨다.

"난리 소식을 빨리 와서 전하라."

부득이하여 밤에 뵈러 들어갔다. 수령께서는 먼저 국란(國亂)을 조문(弔問)하고 살아 돌아온 것을 축하하며 이에 부탁하셨다.

"나는 관직에 있으니 마땅히 나라를 위해 죽어야 하나 <39앞> 식솔들을 미리 생각하지 않을 수 없네. 듣자니 동촌(東村) 성동(城洞)[251]은 산이 깊고 길이 험하여 예부터 공적·사적으로 피난하는 자들이 의탁하여 온전하였다 하니 그대 집의 내행(內行)과 우리 관아의 식솔들을 데리고 내일 아침 일찍 함께 출발하시게."

내가 정색하고 대답하였다.

"관아의 행차는 진실로 깊이 피할 수 있겠으나, 다만 생각건대, 흉악한 칼이 일어난 곳이 멀리 우로(右路)[252]에 있고 백 년 태평세월에 백성들은 전쟁을 알지 못합니다. 상하 남녀들이 두려워하는 가운데 관가로 눈을 향하고 있는데, 만약 내일 권속을

라는 뜻으로 붙여진 이름.

246. 연풍(延風): 충북 괴산군 연풍면.

247. 괴산(槐山): 충북 괴산군.

248. 권마성(勸馬聲): 고관이 행차할 때 가마꾼들이 가마를 메고 가며 외치는 소리.

249. 성주(城主): 조상 무덤이 있는 지역의 수령.

250. 안평창(安平倉): 경북 의성군 안평면에 있던 사창(社倉). 사창은 고을의 환곡(還穀)을 저장하는 창고.

251. 동촌(東村) 성동(城洞): 경북 의성군 옥산면 금학리에 있는 황산성(黃山城)을 가리킴. 『신증동국여지승람(新增東國輿地勝覽)』(1530년 간행)과 『경상도읍지(慶尙道邑誌)』(1832년경)에 "황산성은 현의 동쪽 40리에 있으며 속칭 성동(城洞)이라 한다.[黃山城在縣東四十里, 俗名城洞.]"는 기록이 있다. 『신증동국여지승람』에 고적으로 기록된 것으로 보아 훨씬 앞선 시기에 원래의 기능을 상실한 것으로 보인다.

252. 우로(右路): 경상 우도(右道)를 가리킴. 정희량(鄭希亮)이 3월 20일 안음현(安陰縣)에서 난을 일으켜 당일에 안음과 거창을 장악하고 22일에는 합천·함양 등 4개 군현을 장악했음.

옮기면 만민이 처자를 이끌고 일시에 달아나 숨을 테니 크고 작은 호령이 다시 시행되지 못할 것입니다. 이웃 읍에서 풍문을 듣고 또한 따라서 달아나 흩어지면 일이 정리된 후 책임이 돌아올 것입니다. 적이 가득 퍼져 큰 화가 가까이에 이르면 사십 리 땅이니 묘시(卯時, 오전 6시경)에 출발하여 진시(辰時, 오전 8시경)에 도착할 것인데, 어찌 먼 바깥소식으로 가벼이 먼저 움직여 식자들의 조롱거리가 되겠습니까?"

수령께서 오랫동안 깊이 생각하고서 말씀하셨다.

"그대 말이 매우 이치에 닿네. 모든 일을 미리 계획해야 하네."

장지(壯紙)[253] 반 폭을 내어 크게 명령을 써 나를 산성진(山城鎭)의 우두머리로 임명하셨다. 부교(副校) 십여 명을 뽑고 별포수(別砲手) 이백 명을 거느리고, 고을에서 인부를 뽑아 쌀 백 석, 조 오십 석, 콩 오십 석을 나르게 하였다. 다음 날 동시에 출발하기로 하니, 이 지경에까지 이르자 감히 다시 사양치 못하였다. 결국 별무사(別武士) 김세황(金世煌) 등 십여 명, 색리(色吏)[254] 오신홍(烏信興) 등 세 사람과 함께 이른바 신고모곡(新古毛谷)[255]에 가서 넓고 견고한 민가를 골라 먼저 아내(衙內)[256]가 머무를 곳을 정하였다. 험한 곳에 있는 민가를 골라 곡식을 저장하고 이백 명의 포수를 지휘하여 네 대오로 나누어 지키게 하고 요충지를 살펴 작은 보루를 쌓을 계획을 세웠다. <39뒤> 십여 일 후 흉적들이 소탕되었다는[257] 보고를 듣고 거두어 돌아가라는 전령을 받았다.

나이 오십이 넘어 난리를 만나 성이 함락되었으나 죽음을 면하였고 길이 막혔으나 살아났다. 귀로 듣고 눈으로 본 것이 또한 기록할 만한 것이 많았는데, 글은 짧고 붓은 서툴러 이처럼 엉성하게나마 엮었으니 혹 훗날 보고 느낄 수 있을 것이다.

253. 장지(壯紙): 두껍고 질기며 질이 좋은 종이. 주로 공문서에 사용함.

254. 색리(色吏): 향리의 한 부류. 조선후기에는 일반적으로 말단 향리를 색리라고 했음.

255. 신고모곡(新古毛谷): 경북 의성군 옥산면 금학리에 있는 '새고무실' 마을을 가리키는 듯함. 이 마을 동쪽 골짜기에 황산성(黃山城)이 있었음.

256. 아내(衙內): 지방 관아의 안채에 거주하는, 수령의 가족을 이르는 듯함.

257. 흉적들이 소탕되었다는: 경상우도의 반군은 3월 28일 함양으로 들어가 지리산을 넘어 전라도로 가고자 했으나 길이 봉쇄되었다. 그동안 관군이 와서 3월 30일이 성주목사 이보혁(李普赫)이 합천을 탈환하고, 4월 2일에 선산부사 박필건(朴弼建) 등이 함양에서 거창으로 돌아온 반군을 격파했다.

까치둥지의 기이한 징조[鵲巢奇徵]

이것은 다른 집안일이지만 과거와 관계있고
내가 직접 본 것이므로 여기에 적는다.

내가 임자년(1732, 58세) 봄에 정시(庭試)[258]에 응시하여 개장(開場)[259] 하루 전날 이곡(履谷)의 송후(宋侯) 댁에 갔더니, 후께서는 이때 황주(黃州)[260] 수령으로 나가셨고, 장자 창명(昌明) 씨와 둘째 아들 교명(敎明) 씨가 과구(科具)[261]를 차리면서 서로 득실을 논하고 있었다. 교명 씨의 아들[弱胤]이 들어와 알리기를,

"까치가 남쪽 계단에 있는 매실나무에 둥지를 틀었습니다."

라고 하였다. 내가 문쪽에 앉아 있다가 문을 열어 보니 과연 까치 두 마리가 나뭇가지[査]를 물고 와서 매실나무 끝에 둥지를 트는 데 곁가지가 없어 나뭇가지가 번번이 떨어졌다. 말 먹이는 아이가 지푸라기를 집어 와서 가지에 이어 주고 급수비(汲水婢)[262]도 도와주니, 두 마리 까치가 번갈아 오고 가며 어깨에 앉기도 하고 수염을 스치기도 하면서 잠깐 사이에 둥지 모양이 갖춰졌다. 내가 그 형에게 축하하며 말했다.

"재주를 지니고 오랫동안 움츠리고 있더니 신령스런 날짐승이 기쁨을 알리는군요."

둘째가 말했다.

"우리 형은 조만간 합격할 재주가 있지만 나처럼 재주 없는 사람이 급제하면 참으로 좋지요."

서로 웃으며 헤어졌다. 시험장에 들어가 먼저 까치 둥지에 대해 물으니, '이미 해질 녘에 기둥 없는 것을 보고 왔다'고 했다.

과연 이때 방(榜)에 둘째가 높은 점수로 합격하니 사람들이 말하기를, '대과(大科)는 천명(天命)을 기다려야 한다'고 하는데 신령스런 까치가 왕명(王命)을 받들어 기쁜 징조를 알린 것이라면 십일 전에 조짐을 미리 보여야 하거늘, <40앞> 개장 하루 전을 기다리는 것은 무슨 까닭인가?

---

258. 정시(庭試): 3년마다 정기적으로 시행하는 식년시(式年試) 외에 임시로 시행하던 여러 별시 중의 하나. 세자 책봉 및 세자 · 왕후 · 왕태후의 병환 쾌유와 같은 왕실의 경사나 중국 황제의 즉위 등을 계기로 실시되기 시작했고, 문무과로 구분하여 실시함.
259. 개장(開場): 과장(科場)에서 과거를 보기 시작함.
260. 황주(黃州): 황해도 황주군.
261. 과구(科具): 과거를 볼 때 사용하는 도구.
262. 급수비(汲水婢): 물을 긷고 잡역을 하던 관비.

이때는 둥지를 지을 때도 아니었을뿐더러, 근방의 높은 나무가 아니라 작은 나무 끝에 지은 것은 또 어떤 뜻이런가? 하물며 온 집안의 상하가 기쁨의 까치라고 이르면서 집 짓는 것을 도와주고 아껴 보호했으니 마땅히 둥지를 완성해서 새끼를 길러야 하거늘 하필 방이 날 때에 즉시 날아가 버렸으니, 천명이 유독 둥지 짓는 날만 문득 이렇게 된 것은 알 수가 없도다. 이왕 천명을 말했는데, 그렇다면 그것을 받은 이는 마땅히 큰 벼슬을 이루고 긴 수명을 누려야 할 텐데 관직이 승지(承旨)[263]에 이르고 나이가 이순(耳順, 60세)이 안 되어 죽었으니 천명이라 하는 것이 이에 그치고 말 뿐인가. 이 이치를 궁리해 보고 싶지만 길을 찾을 수 없는지라 전말을 간략히 써서 천명을 아는 이를 기다리노라.

친히 식당[264]에 대해 물으신 이야기[親問食堂說]

전강(殿講)[265] 또한 과거와 관계된 것이므로 시간의 선후에 따라 여기에 적는다.

내가 병진년(1736, 62세) 봄에 반재(泮齋)[266]에 묵으면서 구월 정시(庭試)를 기다렸다. 초사흘에 돌아가며 전강(殿講)을 한다는 명이 내려 하루 전날은 여러 유생과 신문(新門)[267] 안의 궐 아래에서 묵었다. 날이 밝자 광위문(廣違門)[268] 밖에 식당을 세웠다. 대사성(大司成)[269]을 따라서 여러 개의 문을 지나 북쪽을 향하여 꿇어앉으니[270] 사석(師席)[271]에서 주의를 주어 말했다.

---

263. 승지(承旨): 승정원(承政院)에 딸려 왕명(王命)의 출납(出納)을 맡아 보던 벼슬.

264. 식당(食堂): 성균관 안에 있던, 선비들이 식사하는 방.

265. 전강(殿講): 성균관의 유생 가운데서 학식이 많은 사람을 모아 어전(御前)에서 삼경(三經)이나 오경(五經)에 대해 찌를 뽑아서 외우게 한 시험이다. 뒤에 응시 대상이 확대되어 경유(京儒) · 향유(鄉儒)를 막론하고 시험 당시에 성균관과 4학에 수학하고 있는 자는 모두 응시할 수 있도록 하였다. 성적이 우수한 자는 과거 응시에 특전을 주었다.

266. 반재(泮齋): 성균관에서 유생들의 기숙사로 쓰던 건물.

267. 신문(新門): 한양 도성(都城)의 서쪽 대문인 돈의문(敦義門)을 이름. 본래 도성의 서쪽 대문으로 서전문(西箭門)이 있던 것을 약간 아래쪽에 새로 지은 것이기 때문에 '새문', '신문(新門)'이라고도 함.

268. 광위문(廣違門): 광달문(廣達門)의 오기인 듯함. 광달문은 경희궁(慶熙宮) 내의 문. 정조 즉위년(1776)에 광달문을 합문(閤門, 제사 음식을 물리기 전에 잠시 닫아 두는 문)으로 삼도록 했음.

269. 대사성(大司成): 성균관의 으뜸 벼슬. 정3품.

270. 대사성(大司成)을 따라서 ~ 북쪽을 향하여 꿇어앉으니: 여기서 김경천이 전강(殿講)을 하기 위해 들어간 궁궐은 경희궁(慶熙宮)임.

271. 사석(師席): 선생의 자리, 혹은 선생을 이름.

"이 중에는 진강(進講)[272]을 경험해 보지 못한 유생이 많으니 모름지기 각자 공경하고 두려워하는 마음을 다하여 조금이라도 체모를 잃어 부끄러움을 받지 말도록 하라."

내가 초야의 미천한 몸으로 이미 대단히 엄한 곳에 들어왔고, 또 황공한 말씀을 받은 걸 생각하니 마음이 한 줌도 되지 못했다. 얼떨떨한 채 <40뒤> 어찌해야 할 바를 몰랐다. 다시 여러 문을 들어가니 경계가 더욱 심해졌다. 드디어 영춘문(迎春門)[273] 아래에 이르니 여러 환관이 좌우에 늘어서서 한결같은 소리로 간절히 부탁하기를,

"여기를 들어가면 대정(大庭)[274]입니다. 반드시 의건(衣巾)을 정돈하고 걸음걸이를 살펴서 예의를 잃지 않도록 하십시오."
하였다. 그 말을 들으니 더욱 걱정이 돼서 혼이 몸에 붙어 있지 않았다.

대내(大內)[275]에 들어가 멀리 어좌(御座)[276]를 바라보자 지금까지 두려웠던 마음이 문득 친근한 정으로 바뀌어 버릇없는 자식이 자애로운 아버지를 보는 것과 같았으니, 이른바 '타고난 천성[秉彝之天]'이라는 것을 이에서 볼 수 있으며, 군신과 부자가 본래 둘이 아니라는 것을 증험할 수 있었다. 사배례(四拜禮)를 하고 땅에 엎드려 있었는데 문득 들으니, 주상(主上)[277]께서 전교(傳敎)[278]하셨다.

"군신 간의 의리는 부자와 같은데 어찌 오랫동안 엎드려 있겠느냐? 각자 고개를 들어 내 얼굴을 보도록 하라."

윤음(綸音)[279]이 한 번 내려지매 기쁜 마음이 가득했으니 이백(李白)이 말한 '용안이 한 번 웃으니 사해가 봄이로다.[龍顔一解四海春]'[280]가 이것인가. 뜻을 좇아 우러러 주상전하를 바라보니 망룡포(蟒龍袍)[281]를 입으시고 익선관(翊善冠)[282]을 쓰셨

---

272. 진강(進講): 임금 앞에서 글을 강론(講論)함.
273. 영춘문(迎春門): 궁궐의 동쪽 문.
274. 대정(大庭): 대전(大殿)의 앞뜰.
275. 대내(大內): 대전의 안. 임금이 거처하는 곳.
276. 어좌(御座): 임금이 앉는 자리.
277. 주상: 영조(英祖, 1694~1776)를 가리키고, 재위 기간은 1724~1776년임.
278. 전교(傳敎): 임금이 명령을 내림. 또는 그 명령.
279. 윤음(綸音): 임금의 말씀.
280. 용안이 한번 ~ 사해가 봄이로다.[龍顔一解四海春]: 당나라 이백(李白)의 고시(古詩) <멀리 가는 종제 남평 태수에게 주다[贈從弟南平太守之遙二首]>의 한 구절.
281. 망룡포(蟒龍袍): 임금이 입던 용무늬가 있는 정복(正服). 망포(蟒袍), 용포(龍袍), 곤룡포(袞龍袍).
282. 익선관(翊善冠): 조선시대 왕이 곤룡포를 착용할 때 쓰던 관(冠). 문무관의 사모(紗帽) 날개가 평평한 것과 달리 익선관 뒤에 부착된 날개는 위를 향하고 있어 왕의 지존(至尊)을 의미함.

으며 탁상에 단정히 앉으셨으니 높이가 삼 척 정도였다.

탁자 앞 좌우에는 노니는 용이 머리를 치켜든 형상을 조각해 놓았고 진홍색 비단 휘장을 늘어뜨렸으며, 휘장 아래 좌우에는 한주관(翰注官)[283] 두 명이 서로 마주보며 가까이 모시고 있었다. 육조판서(六曹判書)가 동서로 나뉘어 꿇어앉았고, 은대(銀臺)[284]의 자리가 그 뒤였으며, 옥서(玉署)[285]의 자리가 그 뒤였다. 삼공(三公)[286]이 북면(北面)하여 꿇어앉고 양손으로 땅을 짚었는데, 오모(烏帽)[287]와 흑포(黑袍)에 백학(白鶴) 흉배(胸背)[288]를 띠었으며 금은(金銀) 각대(角帶)[289]를 그 위에 둘렀다. 군문대장(軍門大將) 네 명이 호랑이 수염을 붙인 단립(丹笠)[290]을 쓰고 남색 비단의 융복(戎服)[291]을 입고서 활과 칼을 각기 허리에 차고 동서로 나뉘어 섰다.

종실(宗室) 두 명이 각기 <41앞> 황금 언월도(偃月刀)[292]를 차고 어탑(御榻)[293]의 동서(東西)에 나누어 섰으며 건물 모퉁이에는 각각 홍색 탁자를 놓고 그 위에 금향로를 두었다. 주향관(注香官)[294]이 손에 향 가루를 쥐어 탄불에 흩뿌리자 향 연기가 무성하게 일어나 추녀와 섬돌의 푸른 연꽃을 덮으니, 이른바 '다섯 빛깔의 구름이 빛을 드리워 자청전(紫淸殿)을 비추네[五雲垂輝耀紫淸][295]'가 이것인가. 전각의 동쪽에는 작은 화각(畵閣)[296]이 있어 그 속에 자명종을 두었다. 조각해 넣은 작은 동자(童子)가 있어 북을 쳐서 울리고 손에는 시패(時牌)[297]를 들고 나오니, 두소릉(杜小陵)[298]이 이른바 '낮에 고각에서 알리는 시간을 듣기 어렵고[晝漏稀聞高閣報]'[299]가

---

283. 한주관(翰注官): 예문관(藝文館) 검열(檢閱, 별칭 翰林)과 승정원(承政院) 주서(注書)를 아울러 이르던 말.
284. 은대(銀臺): 승정원(承政院)의 별칭. 왕명의 출납을 맡아보던 관아.
285. 옥서(玉署): 홍문관(弘文館)의 별칭. 궁중의 도서, 문서 따위를 관리하고 임금의 자문에 응하는 일을 맡아보던 관아.
286. 삼공(三公): 영의정, 좌의정, 우의정.
287. 오모(烏帽): 검은 빛깔의 모자.
288. 흉배(胸背): 문무관(文武官)이 입는 관복의 가슴과 등에 학이나 범을 수놓아 붙이던 사각형의 표장(表章).
289. 각대(角帶): 벼슬아치가 예복에 두르는 띠를 통틀어 이르던 말.
290. 단립(丹笠): 주립(朱笠). 융복을 입을 때 쓰던 붉은색의 갓.
291. 융복(戎服): 철릭과 주립(朱笠)으로 된 군복.
292. 언월도(偃月刀): 초승달 모양으로 생긴 큰 칼.
293. 어탑(御榻): 임금이 앉는 상탑(牀榻), 용탑.
294. 주향관(注香官): 향을 피우는 일을 맡은 관리.
295. 다섯 빛깔의 ~ 자청전을 비추네[五雲垂輝耀紫淸]: 이백의 시 <의춘원에서 시종하며 조칙을 받들어서 용지의 버드나무가 막 푸르러지매 새로 꾀꼬리 지저귀는 소리를 들은 것에 대해 지은 노래[侍從宜春苑奉詔賦龍池柳色初靑聽新鶯百囀歌]>의 한 구절. '휘(輝)'는 '휘(暉)'의 오자.
296. 화각(畵閣): 단청을 한 누각.
297. 시패(時牌): 시각을 적은 목찰(木札).

이것이다.

주시관(奏時官)[300]이 큰 글씨로 열두 시(時)의 명칭을 적어서 종 곁에 앉아 있다가 패(牌)를 보는 즉시 어막(御幕)[301] 기둥의 푸른 대나무에 붙여 시각을 알리고 물러나자, 사면의 익랑(翼廊)[302]에 십사 폭(幅) 삼 승(升)[303]의 새 장막을 드리워 내외를 가렸다. 그 둘레는 수백여 보(步)가 되는데 허다한 궁녀가 나와서 여러 선비를 보느라 각기 눈이 닿는 곳에 칼로 구멍을 뚫으니, 이 또한 국력을 소비하는 일단이다.

전강(殿講)이 시작되자 주서(注書)[304]가 손에 한 권의 책을 받들고 건물 모퉁이에서 나와 큰 소리로 이름을 불렀다. 유생들이 대답하고 일어나서 아홉 계단을 오른 뒤 툇마루에 올라 동쪽을 향해 곡배(曲拜)[305]를 하고서 비로소 정청(正廳)에 올랐다. 장소가 비좁고 앉을 자리가 협소해서 들어설 곳이 분명치가 않아 선비들이 예절을 잃는 경우가 많았다.

나 또한 차례가 되어 올라가서 정당(正堂)[306]에 이르니 송우규(宋右揆)[307]와 조은대(曺銀臺)[308]가 내가 이르는 것을 보고 조금 자리를 나누어 겨우 지나갈 길을 만들어 주었다. 틈을 얻어 나아가 경연(經筵)에 꿇어앉으니 용상(龍床)[309]과 불과 반 아름의 거리였다. 동, 서, 남쪽에 자리를 잡으니 매우 좁아서 다리를 펼 수가 없었다.

잠시 후에 보니, 옥수(玉手)[310]로 황권(黃卷)[311]을 펼쳐 강(講)할 대문(大文)의 경서(經書)를 점찍어 보이시고 즉시 손가락으로 그곳을 짚어 <41뒤> 삼공(三公)과

---

298. 두소릉(杜小陵): 두보(杜甫). '소릉(小陵)'은 그의 호.
299. 낮에 고각에서 ~ 듣기 어렵고[晝漏稀聞高閣報]: 두보(杜甫)의 <자신전퇴조구호(紫宸殿退朝口號)>에 "낮에 고각에서 알리는 시간을 듣기 어렵고, 천자의 얼굴에 이는 기쁨을 가까운 신하들은 아네.[晝漏稀聞高閣報, 天顔有喜近臣知.]"라고 하였다.
300. 주시관(奏時官): 시각을 알리는 일을 맡은 관리.
301. 어막(御幕): 임금이 계신 곳의 장막.
302. 익랑(翼廊): 대문의 좌우 양편에 이어서 지은 행랑.
303. 승(升): 새. 직물의 날실 80올.
304. 주서(注書): 승정원(承政院)의 정7품(正七品) 벼슬. 사초(史草) 쓰는 일을 맡음.
305. 곡배(曲拜): 임금을 뵙고 절을 함. 임금은 남쪽을 향하여 앉고, 절하는 사람은 임금을 마주 보지 아니하고 동쪽이나 서쪽을 향하여 절을 함.
306. 정당(正堂): 정전(正殿). 왕이 나와서 조회(朝會)를 하던 궁전.
307. 우규(右揆): 우의정(右議政)을 달리 이르는 말.
308. 은대(銀臺): 승정원(承政院)의 별칭. 여기서는 승정원의 벼슬아치를 가리킴.
309. 용상(龍床): 용평상(龍平床). 임금이 정무를 볼 때 앉던 평상.
310. 옥수(玉手): 임금의 손.
311. 황권(黃卷): 서책(書冊)을 가리키는 말. 좀이 스는 것을 방지하기 위해 책에 자황(雌黃)을 바른 데에서 연유한 말.

육조판서(六曹判書)에게 두루 보여 주어 본괘(本卦)를 찾도록 하셨다. 이후 대문을 베껴서 강생(講生)[312]의 앞에 두니, 소과(小過)[313]의 단사(彖辭)[314]로 이른바 '나는 새의 모습과 같다.[如飛鳥之象焉]'[315]라는 여섯 글자였다. 스스로 헤아려 보니 음과 뜻은 아뢸 수 있으나 앞부분이 막막하여 다시 생각해 보려 할 즈음에 주서(注書)가 나직이 말하기를, '지존 앞에서 오래 지체할 수 없다'고 했다. 그런데 주상께서 특별히 말씀하셨다.

"지방의 유생이 이곳에 들어오면 마음이 흔들리기가 매우 쉬우니 독촉하지 말고 잘 생각해 보도록 허용하여라."

황공함을 이기지 못해 고개를 들고 읽어 내려가자, 주상께서 칭찬하시니, 호조판서(戶曹判書)가 몸을 일으켜 대답했다.

"자음(字音)의 고저(高低)가 어그러짐이 없습니다."

즉시 풀이를 아뢰니, 주상께서 또 칭찬하셨다. 예조판서가 또한 주상의 말씀을 따랐다. 앞부분 네다섯 글자를 들면 급제할 수 있을 텐데 종시 막연하여 붓을 들어 '불(不)' 자를 쓰려 하니, 주상께서 말씀하셨다.

"일단 천천히 하고 다시 생각해 보라."

엎드려 말씀드렸다.

"못 하겠사옵니다."

기어이 '불(不)' 자를 쓰고 물러나려 하니, 주상께서 말씀하셨다.

"너는 어느 고을에 사느냐?"

옥음(玉音)[316]이 낮아서 즉시 대답을 못하자, 조승지(曺承旨)가 말했다.

"경상도 의성(義城)의 유생입니다."

우의정이 이어서 말했다.

"이 유생은 글을 잘한다는 명성이 있습니다."

---

312. 강생(講生): 전강(殿講)을 치르는 유생.

313. 소과(小過): 『주역(周易)』 64괘의 하나인 '뇌산소과(雷山小過)'를 이름. 위는 우레[雷]이고 아래는 산(山)임. 음이 양에 비해 약간 많다는 의미에서 '조금 지나치다'라는 뜻의 '소과(小過)'를 괘 이름으로 하였음.

314. 단사(彖辭): 『주역(周易)』의 한 괘(卦)의 뜻을 총론(總論)하여 길흉을 판단한 말. 주(周)나라 문왕(文王)이 지었다고 함.

315. 나는 새의 모습과 같다.[如飛鳥之象焉]: 『주역집해(周易集解)』에서 소과(小過)에 대해 송충(宋衷)이 이르기를, "두 양(陽)이 안에 있고, 상하에 각각 음(陰)이 있으니, 나는 새가 날개를 치는 모습과 같다.[二陽在內, 上下各陰, 有似飛鳥舒翮之象.]"라고 하였다.

316. 옥음(玉音): 임금의 음성.

주상께서 말씀하셨다.

“날이 이미 저물었고 반궁(泮宮, 성균관)이 조금 떨어져 있는데 식당으로 갈 수 있겠느냐?”

엎드려 말씀드렸다.

“속히 가면 되옵니다.”

다음 날 이어서 강(講)하라는 전교를 내리셨다. 드디어 무리를 따라나가서 광달문(廣達門) 앞에 다다르니, 한 아전이 우의정 대감의 명을 전하고 문 서쪽의 작은 누각으로 나를 데려갔다. 재상은 샛길을 따라 먼저 나갔던 것이다. 내가 다다르자 즉시 맞이하였는데, 조승지 영감이 계단에 오르기도 전에 놀리어 말했다.

“앞부분이 막막하면 어째서 나직이 ＜등왕각서(滕王閣序)＞[317]를 외어 보지 않았는가? 성상(聖上)께서 이미 칭찬하시고 재상들이 한소리로 응했으니 ＜42앞＞ 누가 감히 말을 하겠나. 어사화(御賜花)[318]와 상일산(上日傘)[319]이 또한 좋지 않은가?”

“영감께서 저의 처지에 대해 익히 아시듯이 제가 경연에 오른 것만 해도 분수를 넘었다고 할 만한데 어찌 식비(飾非)[320]로 영광을 취해서 재앙을 부르겠습니까?”

대감이 말하기를,

“이 말이 매우 귀하니 앞으로 급제를 하겠구먼.”

이라고 했다. 웃으며 말하는 사이에 대사성이 찾아와서 나에게 축하하며 말했다.

“김상사(金上舍)가 일개 서생으로 주상[王上]께 대해 어떠한 특별한 운수가 있어서 사는 곳을 물으시고 또 식당에 갈 수 있는지를 물으셨는가. 이 같은 은혜는 오랫동안 경연을 시중든 사람이라도 참으로 입기 어려운 것이므로 이 일이 사라져 전해지지 않게 할 수 없네.”

이윽고 나가서 여러 유생과 더불어 문밖에서 사석(師席)을 기다렸다가 나란히 성균관으로 돌아오니 늦게 식당을 마련했다. 여러 선비가 서로 말했다.

“성상(聖上)께서는 늦게 식당을 차리는 규칙을 모르시고 괜히 김상사를 위해 염려하시더군.”

다음 날 일찍 대사성이 들어와서 여러 선비에게 시험을 보이며 전(箋)[321]을 출제

---

317. ＜등왕각서(騰王閣序)＞: 당나라 왕발(王勃: 649~676)이 지은 사륙변려문(四六騈儷文).

318. 어사화(御賜花): 문무과(文武科)에 급제한 사람에게 임금이 하사하던 종이꽃.

319. 상일산(上日傘): 임금이 하사한 일산(日傘)인 듯함.

320. 식비(飾非): 교묘한 말과 수단으로 잘못을 얼버무리는 일.

하였는데 '본조(本朝) 태학(太學, 성균관)의 선비 김경천이 전강일(殿講日)에 주상께서 식당에 갈 수 있느냐 없느냐를 친히 물으신 일에 감사했던 것에 비겨서 쓰라'는 문제였다. 재주 있는 자가 많이 응했는데 내가 다행히 삼상(三上)으로 으뜸을 차지했다.

보잘것없는 내가 매우 미천한 존재로서 외람되이 아주 드문 큰 은혜를 입고도 조그만 보답도 하지 못한 채 헛되이 초목과 함께 썩게 되었으니 지하에서라도 눈을 감을 수 있겠는가. 마음에 새기고 눈에 보존하고자 감히 그 전말을 대략 기록하노라.

발가락을 다친 용의 꿈[病指龍夢]

이 일 역시 다른 집안 이야기이나 과거와 관계있고
몸소 보고 들은 것이므로 여기에 적는다.

<42뒤> 구월 초하루에 양주(楊州) 진사(進士) 김성주(金聖注)가 이른 새벽에 성균관에 들어와서 내게 과거 점괘를 보여 주기에 내가 말했다.

"이 점괘는 족히 믿을 수가 없소."

"왜 그렇소?"

"내일 그대가 필히 급제한다 하더라도 과거가 없으니 어찌하겠소? 가만히 그대의 뜻을 헤아려 보니 필시 초하룻날에 식당(食堂)에 온 것은 정시(庭試)를 위한 도구로 삼고자 추위를 무릅쓰고 일찍 온 것이구려."

"나도 과거가 없는 것을 알지만 노모께서 길몽을 얻으셔서 들어가라고 재촉하시고 형님이 이 괘를 얻어서 식당까지 왔을 뿐이오."

식당이 끝나자 수복(首僕)이 나아와 말했다.

"비석내(碑石內)를 본즉 세 분 관리가 말을 타고 오고 계시니 필시 이는 주상의 뜻을 전하는 것입니다. 의복을 벗지 말고 기다리십시오."

잠시 후에 보니 내시와 승지(承旨), 주서(注書)가 명륜당(明倫堂)322 위에 이르러 성균관 유생들에게 전교(傳敎)를 들으라고 청하였다. (유생들이) 차례로 서자 말하

---

321. 전(箋): 한문 문체의 하나. '전(牋)' 자와 통용하여 쓴다. 전은 '나타내다[表]'라는 뜻으로, 자기의 의사를 남에게 표현하는 것임. 문과(文科) 전시(殿試)의 한 과목이기도 했음.
322. 명륜당(明倫堂): 성균관 안에 설치되어, 유학을 강의하던 곳.

기를,

"주상께서 식당 도기(到記)[323]를 거두어들이라 하시오."

라고 했다.

유생들이 말했다.

"전강(殿講)을 마련하시려는 겁니까? 제술(製述)[324]에 대한 전교가 따로 있으셨습니까?"

"천의(天意)[325]를 알 수 없소."

즉시 달려 돌아갔다. 오후가 되니 과연 초사흘에 전강을 연다는 명이 내렸다. 김상사(金上舍)가 또 과거 점을 가지고 와서 보이기에 내가 말했다.

"이번 전강은 당신을 위해서 마련하시는 거로군요."

과연 그날 『주역』을 강(講)하고 순통(純通)[326]을 얻었다. 그의 형인 상사(上舍)가 기쁜 소식을 듣고 왔기에 내가 당상(堂上)[327]의 길몽이 어떠하냐고 물었더니 말했다.

"자친(慈親)[328]의 꿈에 황룡이 집에서 몸이 반쯤 나왔는데, 비늘이 빛나고 다섯 빛깔의 상서로운 구름이 처마 아래로 이어졌답니다. 용이 오르려고 왼쪽 발을 들었다가 그만두기를 여러 차례 하기에 자친께서 계단을 내려와 보시니 왼쪽 발가락에 상처가 났답니다. 서둘러 신고 있던 짚신을 주니 비로소 구름을 밟고 뇌우(雷雨)를 타고 가더랍니다. 필시 과거에 응시하면 상서로울 것이라 여겨 <43앞> 급히 동생을 불러 식당에 가라고 했습니다. 떠날 때에 꿈속 용이 신던 왼쪽 신을 주며 신게 했더니 동생이 말하기를, '며칠 전에 왼쪽 발가락에 상처가 나서 작은 신발을 억지로 신을 수 없다'고 하더랍니다. 놀랍고 이상스러워 버선을 벗겨 보니 용 발가락의 상처와 똑같았답니다. 그래서 그 짚신을 동생에게 주며 과거가 있으면 시험장에 들어갈

---

323. 도기(到記): 성균관 유생의 출석 여부를 보기 위하여 식당에 들어간 수를 적던 장부. 조석(朝夕) 두 끼를 1점으로 하고 50점이 되면 봄·가을의 과거를 보게 했음.

324. 제술(製述): 시문(詩文)이나 글을 지음.

325. 천의(天意): 임금의 뜻.

326. 순통(純通): 강경(講經) 시험을 볼 때, 대체로 순(純)·통(通)·조(粗)·략(略)·불(不)의 다섯 등급 혹은 순통(純通)·순조(純粗)·순략(純略)·불통(不通)의 네 등급으로 성적을 내었는데, 순통(純通)은 이 가운데 성적이 우수한 자를 말함. 전강 등에서 순통에 해당하는 자에게는 지필묵(紙筆墨)을 내려주거나 직부전시(直赴殿試) 등의 특전을 주었음.

327. 당상(堂上): 조부모나 부모가 거처하는 곳 또는 집의 일부분을 비유적으로 이르는 말. 여기서는 상사(上舍)의 모친을 이름.

328. 자친(慈親): 남에게 자기 어머니를 이르는 말.

때에 반드시 이것을 신으라고 했는데, 과연 천만뜻밖에 이런 경사가 있습니다."

이른바 꿈의 징조가 이처럼 신기하게 적중하는 것이 어찌 천명이 아니겠는가. 그러나 길몽을 얻었다고 해도 성균관에 들어가기를 재촉한 것은 사람의 일이니, 이른바 '사람의 도리를 다하고 천명을 기다린다'는 것이 실로 적확한 말이다.

손와만록 자서(自序) 사장(詞章) 제3

사장(詞章)은 병이나 꿈 가운데 얻은 것을 특별히 들어, 생판으로 엮은 것이 예닐곱 편이다. 한편으로는 기이한 일에 대한 기록으로 삼고 한편으로는 경계(警戒)로 삼는다.

꿈에 악양루를 오른 이야기[夢登岳陽樓說]

내가 병자년(1756, 82세) 가을에 지곡서재(芝谷書齋)에서 묵고 있었는데 꿈에 홍안백발(白髮)에 기상이 빼어나고 맑은 한 노옹(老翁)이 내게 읍하며 말했다.

"그대가 시 짓기를 좋아하는데 궁벽한 곳에서 살아 강산의 도움을 얻지 못한다고 들었소. 그대와 함께 악양루(岳陽樓)[1]에 올라 장쾌한 유람을 시로 짓게 하여 보고자 하는데, 기꺼이 나를 따라 놀겠소?"

내가 두 손을 맞잡고 대답했다.

"이곳과 악주(岳州)[2]의 거리가 수륙(水陸)으로 만여 리이므로 서너 달이 지나야 도달할 것입니다." <43뒤>

"내게 명마[追風逸蹄]가 있어, 한 번 박차면 도달할 수 있소."

---

1. 악양루(岳陽樓): 중국 호남성(湖南省) 악주성(岳州城)에 있는 누각.
2. 악주(岳州): 중국 호남성(湖南省) 북쪽에 있는 항구 도시. 악양(岳陽)의 옛 이름.

노옹이 소매에서 주먹만한 돌을 꺼냈는데 모양이 말과 같았다. 계속 보고 있자니 점점 자라 안장을 갖춘 준마가 되었다. (노옹이) 나에게 먼저 오르기를 권하였다. (말이) 별안간 뛰어올라 바람을 타고 구름을 스쳐 순식간에 천 리를 가니 어리둥절하여 사물을 분별할 수 없었다. 이윽고 말이 땅을 밟는 소리가 들려 비로소 눈을 뜨니, 이미 누각 아래였다. 신옹(神翁)이 난간에 기대어 맞으며 웃으면서 말했다.

"악양루가 먼가?"

이윽고 계단을 밟아 올라 신이한 도움에 절하여 사례했다. 바람 드는 추녀 아래 달 모양의 문을 보니 활짝 열려서 시원하고, 사면의 서까래에 화려한 현판이 높게 걸렸는데, 신옹이 한 현판을 가리켜 말했다.

"이것은 곧 두소릉(杜小陵)[3]이 지은 것이지."

이윽고 낭랑하게 한 편을 읊으니 '동남으로 터지고, 건곤이 떠 있다.[東南之坼, 乾坤之浮.]'[4]는 것이 다 표현되었지만 군산(君山)[5]의 빼어난 경치를 다 담지는 못했다. 노인이 차운(次韻)[6]하라 명하여, 곧 첫 구를 읊었다.

"악와(渥洼)[7]의 말을 몰아, 악양루에 올랐도다.[長驅渥洼馬, 來上岳州樓.]"

노인이 말했다.

"반드시 그 운을 따른다면 답습한다는 혐의가 없지 않다."

이어 바꾸어서 '추(秋)·유(遊)·수(愁)' 세 글자를 부르기에 내가 즉시 지어서 읊었다.

錦樹吳山色　　비단 같은 나무들은 오(吳) 땅의 산색이요
銀波楚水秋　　은빛 물결은 초(楚) 땅의 가을 물빛이라
詩翁留傑句　　시옹(詩翁)[8]이 걸출한 구절을 남기니
韻士辨淸遊　　운사(韻士)[9]가 맑은 노닒에 힘쓰네

3. 두소릉(杜小陵): 두보(杜甫). '소릉(小陵)'은 그의 호.
4. 동남으로 터지고, 건곤이 떠 있다.[東南之坼, 乾坤之浮.]: 두보(杜甫)의 오언율시 <등악양루(登岳陽樓)> 중 '오나라 초나라가 동남으로 열리고, 하늘과 땅이 밤낮으로 떠 있다.[吳楚東南坼, 乾坤日夜浮.]'에서 가져온 구절.
5. 군산(君山): 악양루와 마주한 동정호(洞庭湖) 가운데에 있는 작은 섬.
6. 차운(次韻): 남이 지은 시의 운자(韻字)를 따서 시를 지음.
7. 악와(渥洼): 악와(渥洼)는 시내의 이름으로, 한 무제 때 이 시내에서 신마(神馬)가 나왔다고 함. 『사기(史記)』 「악서(樂書)」.
8. 시옹(詩翁): 늙은 시인을 높여 이르는 말.
9. 운사(韻士): 운치가 있는 사람. 시인.

更酹黃花酒　　다시 황화주(黃花酒)[10]를 부어
聊銷帝子愁　　애오라지 황제의 시름[11]을 녹이네

노인이 무릎을 치며 말했다.

"그대의 재주는 충분히 태학(太學)의 선비를 할 만하구려."

서로 더불어서 마음껏 유람하고 천하의 장관을 모조리 감상하려 했다. 눈을 돌리는 사이에 퍼뜩 놀라 일어나니 한갓 꿈이었다. 즉시 등을 켜라 하고 옮겨 적으니 어투는 여전히 졸렬하지만 율격은 어긋나지 않았다.

어리석은 마음에 기대하기를 급제에 대한 바람이 없지 않았는데 재주가 신선과 같지 않아 나이가 오십이 지나도록 겨우 소과(小科)만 얻고 몸은 성균관에 올라 나라의 녹봉을 많이 허비했으니, 신옹이 '태학의 선비' 운운한 것은 역시 아득한 가운데 일러준 것인가.

시 때문에 화를 당한 이야기[謾吟構禍說]

<44앞> 내가 계사년(1713, 39세) 가을에 위천(渭川)[12]에 있었는데, 담복(禫服)[13]을 아직 벗기 전이었다. 한 친구가 소아(小衙)의 뜻으로 청하기를, 과시(科詩)를 지으러 가는 데 나와 동접(同接)이 되고 싶다 하였다. 내가 다음과 같이 말하였다.

"아직 길제(吉祭)[14]를 치르지 않았으니 또한 상인(喪人)이네. 어찌 감히 당당히 관부(官府)에 들어가 시구를 읊겠나? 나를 위해 잘 말해 주게."

---

10. 황화주(黃花酒): 음력 9월 9일을 중양절(重陽節) 혹은 중구절(重九節)이라 하며, 이때 높은 곳에 올라 국화주를 마시는 풍습이 있음. 황화주는 이 국화주를 일컫는 이름임.
11. 황제의 시름: 망제(望帝)의 고사를 말하는 듯하다. 촉(蜀)나라 황제인 망제는 이름이 두우(杜宇)로, 평소 신임했던 별령(鼈靈)에게 배신을 당해 국외로 추방된다. 그는 그만 화병을 얻어 죽었으며, 두견새가 되어 밤마다 '불여귀(不如歸)'를 부르짖으며 목구멍에서 피가 나도록 울고 또 울었다고 한다. 이 두견새를 원조(怨鳥), 두우(杜宇), 귀촉도(歸蜀途), 망제혼(望帝魂)이라고도 한다.
12. 위천(渭川): 경북 군위군, 의성군, 상주시 등을 흐르는 하천.
13. 담복(禫服): 상중(喪中)인 사람이 담제(禫祭)부터 길제(吉祭)까지 입는 옷. 담제는 대상(大祥) 후 3개월째(초상 후 27개월이 되는 달)의 정일(丁日) 또는 해일(亥日)에 지냄.
14. 길제(吉祭): 담제 다음 달에 지내는 제사로, 정일(丁日)이나 해일(亥日)로 날을 잡아 지냄. 그러나 담제를 음력 2·5·8·11월에 지내면 그달에 길제를 지내고, 길제 후 상복을 벗고 평상복을 입을 수 있었음.

그 후에 소식이 없었다. (소아가) 매우 유감스러워했는데 나는 알지 못했던 것이다.

동짓달 초에 눈보라가 크게 일었다. 밤에 온돌에 누워 스스로 미천한 처지를 돌아보건대 실로 다행한 일이 많은지라 절구 한 수를 지어 쪽지에 썼다.

樹抄風聲惡　　나무 끝 바람소리 사납고
窓間雪點輕　　창틈에 눈송이 가벼운데
身安綿被煖　　몸 편히 솜이불 따뜻하니
猶可詑吾生　　내 삶을 자랑할 만하도다

여러 번 읊고서 서안 위에 두었다. 다음 날 이른 아침에 마침 한 아이가 왔는데 나이는 열대여섯 살 정도 되고 언사(言辭)가 총명하여 시골 태생은 아닌 것 같았다. 내가 물었다.

"너는 어떤 아이인데 어디에서 이곳에 왔느냐?"

아이가 말하였다.

"서울에서부터 떠돌다가 왔는데 의탁할 곳이 없습니다."

나는 이미 그 사람됨을 아끼고 또 돌아갈 곳이 없음을 불쌍히 여겨 함께 묵으며 아침저녁을 함께하자고 하였다. 그 아이가 서책을 펼쳐 보다가 때때로 묻는 것을 보고 그 아이가 글을 이해하고 있음을 알 수 있었다. 오시(午時, 11~13시)가 되기 전 내가 들어간 틈을 타 말없이 가 버렸는데 서안 위 쪽지가 없어졌다. 생각하기에 그 아이가 한 짓이라 여겼으나 또한 염두에 두지 않았다.

며칠 후, 관차(官差)[15]가 잡으러 왔기에 두려워하며 들어갔다. 관아 문에 이르기 전 십여 명의 나졸 무리가 연이어 재촉하더니 도착하자마자 즉시 옥에 가두었다. 새로 만든 큰 칼을 씌우고 수결한 두 개 종잇조각으로 거흔(鉅痕)[16]을 봉하고, 달리 죄를 묻는 말도 없이 <44뒤> 옥에 가두라는 급한 명령이 내려졌다. 칼의 구멍은 매우 좁아 숨을 쉴 수가 없어 만약 하룻밤을 지낸다면 목숨을 보전하기 어려울 듯했다. 잠시 후 옥쇄장(獄鎖匠)이 열쇠[鉅]를 가지고 와 칼을 풀어 주려 했다. 내가 두

15. 관차(官差): 관아의 심부름꾼.
16. 거흔(鉅痕): 미상. 차꼬를 채워 맞물리는 곳인 듯함.

려워하며 말하였다.

"들통 나면 나와 함께 죽을 걸세."

그 사람이 은밀히 일러 주었다.

"책방(冊房)의 분부를 들었습니다."

고을 수령의 서제(庶弟)가 시에 능하여, 일면식은 없으나 매번 시편(詩篇)을 자주 주고받아 정분이 자못 깊었다. 특별히 내 곤란한 지경을 불쌍히 여겨서 몰래 부탁한 것이었다. (내가) 말하였다.

"그렇다면 혹 벗겨도 되겠지만 수결한 종이는 어떻게 얻을 수 있겠는가?"

"그것은 매우 쉽습니다."

과연 여러 서리와 통인들이 쓸데없는 문서[等閒文書]들과 소지에 으레 판결한 것[例題所志]을 잘라 수결해서 가지고 오니, 반나절이 못 되어 백여 개나 되었다. 몸은 이미 칼을 벗었고 옥중을 두루 보니, 양반으로서 칼을 쓴 자가 오십여 명이었다. 얻은 것을 계산해 보니 그 수를 충당할 수 있었다. 이에 각각 두 개씩 주고 모두 칼을 벗었다. 옥쇄장이 얻은 것도 많았다. 친구가 와서 말하기를, 관아 노비가 날마다 옥을 살피러 왔는데 중도에 헛되이 돌아갔다고 하였다. 이 또한 부탁을 받았기 때문이다. 옥에 갇힌 지 여드레째에 비로소 죄를 논하는 자리가 있었다. 이에 다시 전처럼 칼을 쓰고 관가 뜰에 들어가 꿇었다. 동시에 논죄를 받는 이가 십여 명이었다. 모두 삼십여 도(度)의 장형(杖刑)을 받았는데 혹은 풀려나기도 하고 혹은 다시 갇히기도 하였다. 마지막에 이르러 소리를 높여 물었다.

"너는 미천한 사람으로서 사대부처럼 상(喪)을 치르면서 담복 중에 시 짓기를 천한 재주라고 하여 관가의 부름에 응하지 않았다. 과연 그 말 같으면 '나무 끝 바람 소리 사납고[樹抄風聲惡]'는 시가 아니라 하겠느냐?"

내가 엎드려 대답하였다.

"처음에 오라는 명령을 소아(小衙)께서 <45앞> 직접 내리셨으면 분의(分義)를 보아 어찌 감히 거역하였겠습니까? 소개한 사람과 서로 친분이 있는 까닭에 사사로운 정으로 말한 것이었습니다. 또 구월에 담제(禫祭)가 있었고 시를 지은 것은 동짓달 눈보라가 치던 밤이었으니 상중에 시를 지었다는 말씀은 원통하지 않겠습니까?"

"내가 그 시의 뜻을 세세히 살펴보니, '나무 끝 바람 소리 사납고[樹抄風聲惡]'라는 것은 내 정사가 나쁘다는 것을 지적한 것이고, '창틈에 눈송이 가벼운데[窓間雪

點輕]'라는 것은 내 아이가 가벼이 행동함을 나무란 것이다. 네가 어찌 감히 이리하느냐?"

(내가) 대답하였다.

"이는 우연히 경치에 대해 쓴 것입니다. 어찌 감히 관가를 비판하겠습니까? 만약 무심한 것을 뜻이 있는 것이라 한다면 옛날 <변방의 노래[塞下曲]>에서 이른바 '그늘진 산에 사나운 눈 날리고, 넓은 사막에 모진 바람 부네.[陰山飛虐雪, 大漠起獰風.]'라는 구절은 또한 무엇을 비판한 것입니까?"

그러자 또 더욱 성내어 말하였다.

"이 미친한 놈을 죽이는 게 뭐 어려우랴?"

나는 비로소 반드시 죽을 것임을 알고 머리 들어 대답하였다.

"대체 이 시구는 누가 바쳤기에 이처럼 옥안(獄案)을 꾸미는 것입니까? 어제 시를 훔쳐간 자는, 들으니 관아 노비라던데 가져간 방법이 명백하지 않습니다. 몸은 비록 미천하나 선비 무리에 끼었으며, 한목숨이 끊어짐은 진실로 아까울 것이 없겠으나 수령께서 선을 쌓고 인을 행하여 대대로 덕을 쌓은 명가로서 죄 없이 선비를 죽였다는 평판을 면치 못할까 걱정입니다. 유식자들이 안타까이 여기지 않겠습니까?"

후(侯)께서 비로소 목소리를 낮추고 형리(刑吏)에게 물으셨다.

"저놈이 본래 실성한 놈이냐?"

형리는 나를 구하고자 그 뜻을 따라 말하였다.

"근래 상을 연달아 만나 진실로 실성한 거조가 많습니다."

내가 꾸짖었다.

"너는 일찍이 내게 배웠는데 내가 어떻게 너에게 실성을 가르쳤기에 이렇듯 실성했다고 답하느냐? 과연 실성하였다면 <45뒤> 죽고 사는 때를 당하여 어찌 바른말로 답할 수 있겠느냐?"

후께서 오랫동안 똑바로 바라보더니 말씀하셨다.

"네가 비록 실성하지 않았다고 자처하나 내가 보기엔 크게 실성한 것이다. 관아에서 어찌 깊이 질책하겠느냐? 그만 물러가라."

아, 처음에 시를 지을 때는 실로 본래 뜻이 없었으나 대변하는 말들은 조목조목 밝힘에 조금도 아부하는 뜻이 없었기에 어질게 용서하는 은택을 입었다. 사대부의 관용은 평범함을 훨씬 뛰어넘는다. 이날 보고 들은 자들은 모두 죽을 지경에서 목숨을 구했다고 여겼다. 따라서 그 전말을 간략히 기록하여 스스로 경계한다.

별장(別章)[17] 때문에 논책 당하다[別章被論]

을사년(1725, 51세)에 사간(司諫)[18] 조덕린(趙德隣, 1658~1737)[19] 씨가 사직 상소에 당대의 폐단에 대해 극렬히 논했다가 대간의 탄핵을 받고 주상의 견책을 입어 북쪽 끝으로 내쳐지게 되었다. 남쪽의 많은 사대부가 길고 짧은 시편들을 지어 그의 가는 길을 전송하고 영화롭게 했다. 나는 본래 그와 정분이 없었고 평소 시론(時論)에 어두웠으나 그가 멀리 귀양감을 슬퍼하여 이에 절구 한 수를 그저 읊조렸다.

長夜沈沈窮髮如	어둑어둑한 긴 밤에 궁발(窮髮)[20]로 나아가니
監臨上帝勅心存	굽어보는 상제의 신칙하는 마음이 있어
故教烈日精忠照	뜨거운 해로 하여금 충성을 비추게 하니
破[21]寒門萬古昏	한미한 집 만고의 어둠을 깨뜨리네

비록 글로 써 주지는 못했으나, 외워 전하는 친구[士友]들이 많았다.

하루는 소아(小衙)께서 부르시기에 들어가 안부[勝常]를 여쭈었으나 응답하지 않고 불평한 기색을 드러냈다. 그 까닭을 알지 못해 당황하였으나 감히 다시 묻지 못하였다. (소아께서) 갑자기 물었다.

"그대는 지금의 성대한 때를 어떠한 때로 여기기에 조모(趙某)를 <46앞> 굴대부(屈大夫, 굴원)로 여기는가?"

"이 무슨 말씀이신지요?"

---

17. 별장(別章): 이별의 정을 나타낸 시문.
18. 사간(司諫): 사간원(司諫院)의 종3품 벼슬.
19. 조덕린(趙德隣): 1658~1737. 본관은 한양. 자는 택인(宅仁), 호는 창주(滄洲)·옥천(玉川). 1725년(영조 1년)에 당쟁의 폐해를 논하는 십조소(十條疏)라는 상소를 올렸다가 노론의 공격을 받아 유배되었고, 이후 고향 영양(英陽)에서 학문에 전념하였음. 저서로 『옥천집(玉川集)』이 전함.
20. 궁발(窮髮): 초목이 자라지 않는 북쪽 끝 변방. 『장자(莊子)』 「소요유(逍遙遊)」에, "궁발의 북쪽에 명해(冥海)가 있으니, 천지(天池)이다.[窮髮之北, 有冥海者, 天池也.]"라고 하였다.
21. 한 글자 없음.

“내가 듣기에 그대가 조모를 전송하는 별장(別章)에서 이러이러했다는데 어찌 말을 가리지 않아 당대를 어두운 땅으로 돌렸는가?”

나는 두 손을 맞잡고 대답하였다.

“보잘것없는 가문의 천한 저로서는 시론이 어떠한 것인지 모릅니다. 어려서부터 나이 들 때까지 서울의 선비들을 따라 노닐면서 정을 쏟고 교분을 맺었습니다. 다만 남이 하는 대로 따라했을 뿐 나아가고 물러남에 분수를 잃지 않고자 했습니다. 또한 어찌 피차간에 격절한 논의가 있었겠습니까? 이제 조사간(趙司諫)의 행차에 영남의 선비들이 모두 그의 곧은 절개를 일컫기에 우연히 지은 것이니 다만 눈먼 개가 짖은 것입니다. 소리는 비록 같은 도를 말하나 평소에 친분이 없었으니 또한 어찌 글을 써 보내 사람들의 의론을 불러일으켰겠습니까?”

잠시 후 명부(明府)[22]께서 안에서 나오다 내 소리를 듣고 바로 책실(冊室)로 들어오셨다. 소아께서 그 시구를 들어 죄를 고하였다. 수령께서 오랫동안 말이 없으시다가 말씀하셨다.

“저 스스로 조모를 읊은 것이니 어찌 시론에 관계되겠느냐? 시의 율격은 매우 좋으나 말의 뜻이 격렬하여 칭찬이 너무 지나치다. 나는 정분이 있어 혹 용서할 수 있으나 과격한 자들이 들으면 반드시 많이 비난할 것이다. 빨리 그 글을 태우는 것이 좋겠다.”

나는 거듭 사죄하며 소아께 대답한 말로 다시 이야기하였다. 수령께서 웃으시며 말씀하셨다.

“시인(詩人)이 실로 이러한 습성이 많은데 연소한 이들은 너그럽지 못하니 괴이하게 여기지 말기 바라네.”

아, 예부터 시로 인한 옥사에 연루되어 몸을 망친 자들이 많다. 진실로 어진 수령께서 아끼고 보살펴 주신 정의가 아니었다면 큰 죄를 면하지 못했을 것이다. 생각할 때마다 나도 모르게 떨곤 한다. 이에 간략히 기록하여 스스로 경계한다.

22. 명부(明府): 수령에 대한 존칭.

고란사[23] 이야기[皐蘭寺說]

<46뒤> 내가 임인년(1722, 48세) 봄에 이영공(李令公)께서 돌아가셔서 급히 달려갔다. 다시 가는 길에 공부(公賻)[24]를 가지고 이노(吏奴) 네다섯 명과 길을 가다가, 백제의 옛 도읍을 보고 싶어 유령(杻嶺)을 넘어 도천사(道泉寺)[25]에서 유숙하고 백마강을 건넜다. 부현(扶縣, 부여)에 이르러 소정방(蘇定方)이 세운 승전비를 보고 인마를 주점에 머무르게 한 후 두루마기[周衣]에 미투리를 신고 뒷산 기슭을 넘어 낙화암(落花岩)에 올랐다. 때는 늦봄이라 두견화가 바람에 떨어지고 강 수면은 쓸쓸하여 고금 흥망의 서글픔이 있었다. 그 옆에 고란사(皐蘭寺)가 있는데 여덟아홉 칸에 불과한 누추한 작은 사찰이었다. 의자왕(義慈王)이 지은 '고유란(皐有蘭)'[26]의 뜻을 취한 것이다. 문을 열고 들어가니, 노소(老少) 승려 일고여덟 명이 새끼를 삼기도 하고 신을 짜기도 하다가 흘낏 보고 움직이지 않았다. 책을 보고 있던 사람이 말하였다.

"아객(衙客)[27]이지 친자제는 아니오."

그러고는 또한 함께 말하지 않았다. 자리를 빌려 다리를 쉬며 보니, 아이가 사마천(司馬遷)의 『사기(史記)』 중 「노중련전(魯仲連傳)」을 읽는 것을 아객이 가르치고 있었다. '동방의 번신(藩臣) 인제(因齊)가 뒤따라와 베었다'는 데 이르러 아이가 아객에게 그 뜻을 물었더니, 대답하였다.

"동방의 제후들이 제왕(齊王)을 뒤따라와 베었다고 한 것이다."

그가 잘못 풀이한 것에 내가 웃자, 아객이 말하였다.

"별도로 다른 뜻이 있소?"

"여기 '인(因)' 자는 '인연(因緣)'의 인(因)이 아니오. 여사(余史)[28]에서 말하지 않았소? 위왕(威王) 인제(因齊)[29]가 즉위한 초기에 다스려지지 않았다고. 여기 '인제

23. 고란사(皐蘭寺): 충남 부여군 부여읍 부소산에 있는 절. 백제의 왕들을 위한 정자였다고도 하며, 삼천궁녀의 넋을 위로하기 위해 지은 절이라고도 함. 절 뒤에 고란초가 자생하여 고란사라 불리게 되었음.

24. 공부(公賻): 태수가 죽으면 관에서 내리는 부의(賻儀).

25. 도천사(道泉寺): 충남 부여군 은산면에 있던 절로, 의자왕의 아우인 도천군이 머물렀던 곳이라 하며, 지금은 터만 남아 있음.

26. 고유란(皐有蘭): 곡명. '언덕에 난초가 있다'는 뜻.

27. 아객(衙客): 수령을 찾아와 관아에 묵던 손님.

28. 여사(余史): 명나라 여진(余進)의 『십구사략통고(十九史略通攷)』. 원나라 증선지(曾先之)가 편찬한 『십팔사략(十八史略)』에 원사(元史)를 추가하여 편찬한 것.

(因齊)'는 제(齊)나라 왕의 이름이고 그 이름을 든 것은 특별히 천자(天子)의 존엄함을 보인 것이오."

아객이 비로소 무릎을 모으고 말하였다.

"진실로 그렇군요. <47앞> 밝으신 스승을 만나지 못했다면 끝내 본뜻을 잃을 뻔하였습니다."

여러 승려가 비로소 공경하는 뜻을 보였다. 내가 물었다.

"소정방의 조룡대(釣龍臺)[30]가 어디에 있소?"

노승이 이 절 아래 바위에 있다 하기에 (내가) 말하였다.

"소정방은 서남쪽에서 군대를 이끌고 와서 용이 배를 뒤집을까 두려워하여 백마를 미끼로 하여 낚은 후에 강을 건넜으니 조룡대는 응당 강 밖 서남쪽에 있어야 하는데 어찌 이곳에 있겠소? 또 이미 강을 건너 여기 이르렀다면 어찌 다시 낚시를 했겠소? 당신들이 너무 아는 게 없으니 다른 것을 어찌 물을 수 있겠소?"

아객이 말하였다.

"나 또한 의심하던 것인데 객의 말씀이 과연 옳습니다."

인하여 청하기를,

"식견이 이리 높으니 시를 지으실 수 있소?"

라고 하여, (내가) 말하였다.

"<양춘백설(陽春白雪)>은 읊지 못하나 <하리파인(下里巴人)>은 혹 수창할 수 있을 따름이오."[31]

"이 고을 수령이 시 짓기를 좋아하여 어려운 운에 칠언절구를 지으라 하는데, 예를 들면 '승(僧) · 능(能) · 증(曾)' 세 운이오. 일찍이 내게 화전(華牋)을 주며 말하기를, '그대가 오래도록 절에 있었으니 유람객 가운데 시를 잘하는 사람을 만나면 이 운을 따라 짓게 해 보시게. 내 가서 보리다' 하였소. 이제 그 사람을 만났으니 의마

---

29. 위왕(威王) 인제(因齊): 제(齊)나라 환공(桓公)의 아들.

30. 조룡대(釣龍臺): 소정방이 백제의 도성을 공격할 때 백마강의 용이 비바람을 일으켜 강을 건널 수 없게 되자 백마를 미끼로 하여 용을 낚았다는 곳.

31. <양춘백설(陽春白雪)>, <하리파인(下里巴人)>: <양춘백설>은 전국시대 초(楚)나라의 가곡으로, 남이 따라 부르기 어려운 고상한 노래를 가리킨다. <하리파인>은 민간의 통속적인 노래로 수준이 낮은 것을 가리킨다. 송옥(宋玉)의 <대초왕문(對楚王問)>에, "<하리파인>을 부르자 수천 명이 화답했고 … (중략) … <양춘백설>을 부르자 화답한 이가 수십 명에 불과했다.[客有歌于郢中者, 其始曰下里巴人, 國中屬而和者數千人, … (중략) … 其爲陽春白雪, 國中屬而和者, 不過數十人.]"고 한다.

지재(倚馬之才)[32]를 시험해 보기 바라오."

"시에 제목이 없을 수 없으니 지금 일로 써도 되겠소?"

"더욱 좋지요."

화전(華牋)을 앞에 놓고 붓을 적셔 내오기에, 내가 즉시 써 주었다.

皐蘭寺裡問居僧	고란사 안에서 승려에게 물으니
百濟興亡說未能	백제 흥망을 말하지 못하는구나
春暮巖頭花自落	늦봄 바위에 꽃이 절로 떨어지니
宮娥投水不云曾	궁녀의 투신, 옛일이라 말하지 마라

아객이 공경히 받고서 말하였다.

"이를 동각(東閣)[33]으로 보내야겠소."

한 승려에게 명하여 전하게 하였다. 그때 동행하던 사람들이 안장 얹은 말을 끌고 도포와 당혜(唐鞋)를 가지고 왔다. 아객이 자못 의아해하고 여러 승려는 두려워하는 빛을 띠었다. 말에 올라 골짜기 입구로 나가니 거듭 사과하며 몇 리까지 따라왔다. 사람이 <47뒤> 이 세상에 살면서 문자를 몰라서는 안 된다.

고갯마루 무덤에 시를 짓다[嶺塚題詩]

읍(邑)에 유명한 기생이 있었는데 고운 얼굴과 거문고 연주, 춤으로 사람들에게서 사랑을 받았다. 강희(康熙) 임신년(1692, 18세) 봄에 내가 소아(小衙)[34]에서 글을 읽을 때마다 기생이 늘 몰래 찾아왔는데 자못 정을 내비치며 점차 가까이하려는 뜻이 있었다. 내가 색(色)을 경계하라는 엄한 스승의 말로 사양하자, (기생이) 장석(丈席)[35]께 유세하여 허락을 받았다. 그래도 하동(河東)의 사자후(獅子吼)[36]를 들어 거

---

32. 의마지재(倚馬之才): 말에 기대서 기다리는 짧은 동안에 문장을 짓는 재주.
33. 동각(東閣): 동헌(東軒). 수령이 정무를 보는 곳.
34. 소아(小衙): 대개 수령의 아들을 지칭하는 말로 사용되었는데, 여기서는 장소를 지칭하는 말로 사용되었음.
35. 장석(丈席): 스승과 제자의 자리는 한 길 정도 거리를 두는 데서, '스승'을 가리키는 말. 『예기(禮記)』「곡례(曲禮)」.
36. 하동(河東)의 사자후(獅子吼): 송나라 진조(陳慥)의 아내 하동(河東) 유씨(柳氏)가 매우 표독스러워 친구들 앞에

절하였으나, 그녀의 뜻은 더욱 간절하였다. 객사 남쪽 뜰에서 우연히 만난 적이 있는데 병을 앓는 모습으로 눈물을 흘리며 말하였다.

"제 병이 이미 고질이 되었습니다. 주랑(周郎)[37]께서 한 번만 돌아봐 주시면 살 길을 찾을 수 있겠습니다."

나 또한 가엾게 여겨 섬돌 위 두견화 한 가지를 꺾어 신표 삼아 주었다. 5, 6일 후 길에서 만났을 때 품속에서 마르고 시든 꽃을 꺼내어 보여 주었는데, 그 정을 손에 쥘 듯 알 수 있었다. 어느 날 저녁 집에 돌아오니, 아내가 비웃으며 말하였다.

"장부의 풍정(風情)이 또한 너무 매몰차군요. 미인이 정을 돋우는데 응하지 않음은 무엇 때문입니까?"

그 소문[軟語][38]을 들은 것이었다. 이로 인해 며칠 밤 기쁨을 나누었다. 뒤에 아헌(衙軒)에 시침(侍寢)하느라고 내가 거절하였으나 그녀의 정은 더욱 간절하였다. 다음 해 봄, 고질병에 걸려 여러 달 동안 몸져누웠다. 한 번 보기를 청하였으나 성사되지 못했다. 결국 그 어머니의 간청으로 가서 살펴보았더니 이미 숨이 끊어질 듯한 지경에 이르렀다. 눈을 비비고 손을 잡고서 눈물을 흘리며 말하는데 모두 박정함에 대한 원망이었다. 그의 어머니를 돌아보고 말하였다.

"이제 <48앞> 저는 끝났습니다. 다만 이 낭군의 연가(連家)[39]가 화산(花山, 안동)에 많이 있으니 반드시 북쪽으로 갈 일이 많을 것입니다. 원컨대 저를 계란현(鷄卵峴)[40] 위에 묻어 주시어 외로운 혼이 지나가는 얼굴을 볼 수 있게 해 주십시오."

다음 달 사망하자 그 집에서 기녀의 말대로 해 주었다. 그 후 나는 아내의 상을 당했다.

몇 년 후 저물 무렵 그 고개를 지나가다가 길가에 외로이 있는 무덤을 보았다. 지난 일을 생각하니 차마 그냥 갈 수 없어 낮은 섬돌 위에서 서성이다가 절구 한 편을 지어 읊었다.

서 남편을 매도하여도 그는 옴쭉도 못하였다 한다. 이를 빗대어 소동파(蘇東坡)가 시에서 "문득 들려오는 앙칼진 사자후(獅子吼)에, 지팡이를 손에서 놓치고 망연자실한다네.[忽聞河東獅子吼, 拄杖落手心茫然.]"라고 하였다. 홍매(洪邁)의 『용재삼필(容齋三筆)』.

37. 주랑(周郎): 삼국시대 오(吳)나라의 주유(周瑜)를 가리키는 듯함. 음악에 조예가 깊어 '곡조에 잘못이 있으면 주랑이 돌아본다'는 말이 있었고, 이에 연주하는 여인들이 일부러 잘못 연주하기도 했다 함.

38. 소문[軟語]: 원문 '軟語'는 남녀 간의 애정 이야기를 가리키는 말인 듯함.

39. 연가(連家): 대대로 친하게 지내는 집안.

40. 계란현(鷄卵峴): 경북 의성군의 의성읍 업리와 단촌면 방하리 경계에 있는 산의 고개. 지형이 달걀처럼 생겨 붙여진 이름으로 '겨랏지', '두리봉', '재랏재'라고도 함.

數尺荒封嶺路岐	작고 황폐한 봉분 하나 고갯마루 갈림길에
行人立馬不勝悲	행인은 말을 세우고 슬픔을 가누지 못하네
居然一夢人間事	어느덧 한바탕 꿈이로구나, 세상 일들
最憶鵑花折贈時	가장 생각나는 건 두견화 꺾어 줄 때

여러 번 읊조리니 은연중에 만난 것만 같았다.

병술년(1706, 32세) 여름에 꿈을 꾸었다. 굽잇길을 가다가 산비탈에서 화려한 집이 회화나무와 버드나무 사이로 언뜻언뜻 보였다. 한 미인이 문에서 나와 맞이하며 말하였다.

"낭군을 오래 기다렸습니다. 어찌 늦게 오셨습니까?"

가까이 가서 보니 정을 주던 그 기녀였다. 나를 이끌고 여러 문을 들어가 대청에 이르렀다. 세간들을 훑어보니 화려하고 사치스러움이 극에 달했다. 문을 열고 들어가니, 아내가 소박하게 단장하고서 북쪽 벽 아래 서 있는 것이 보였다. 아내는 내게 인사하고 자리를 권하였는데 서로 자못 거리를 두었으며 슬픈 기색이 있고 기뻐하는 태도는 없었다. 그 기녀에게 명하여 술을 가져오라 하며 존객(尊客)을 대하듯 술을 따라 주었다. 처량한 언사로 물으면서 그 기녀를 눈짓하며 말하였다.

"낭군께서 일찍이 저 사람이 묻힌 곳을 지날 때 시구를 읊으셨는데 정(丁)자도 모르는 여자라 그 뜻을 이해하지 못했습니다. 우리가 서로 만난 때가 너무나도 멀지만 잊을 수 없었습니다. 만난 자리에서 그 뜻을 자세히 말씀해 주시면 훗날 정을 이야기하는 거리로 삼겠습니다."

내가 뜻과 음으로 세세히 설명하자 그 기녀는 눈물을 줄줄 흘리고 <48뒤> 아내 또한 길이 탄식했다. 옛 이별의 회포를 풀려 하는데 우는 아이가 발로 차 화들짝 놀라 일어났다. 만나서 수작하던 일이 졸음 겨운 눈에 선연했다.

아, 부부의 의(義)는 중대하고 정은 막대하다. 비록 정령으로 서로 모였으나 마땅히 친밀하고 또 친밀한 정이 있어야 하는데 자리를 멀리 마련하고서 손님처럼 상대한 것은 이 무슨 도리인가? 정을 주던 기녀가 한 방에 같이 머무르며 이끌고 들어가 가까이 대하고서 사별의 한을 말하지 않은 것은 또한 무슨 뜻인가? 하물며 거친 들판에 소박하게 묻힌 무덤이 크고 높은 집으로 변하였으니 저승과 이승의 거처에 다른 이치가 있는 것인가? 그 후 또한 꿈속에서 만난 일이 많았는데 보면 아내와 기녀는 매번 같이 있었으니, 혹 인간세상에서 다하지 못한 인연이 있어 지하에 머무르며 함께 섬기자는 약속을 한 것인가? 아니면 꿈속 일이라 허탄함으로 돌릴 것인가? 아직 모르겠다.

손와만록 자서(自序) 정분(情分) 제4

정분(情分)이란 것은 현후(賢侯)께서 아껴 준 정과 내가 은혜에 감동한 분수를 일에 따라 적어 잊지 않을 자료로 삼은 것이다. 그런데 관동(館洞)[1] 이후(李侯)와의 정분은 「병오과설(丙午科說)」 이하의 편들에 나열하고, 정동(貞洞)[2] 이후(李侯)와 이곡(履谷) 송후(宋侯)와의 정분은 <49앞> 「집을 옮겨 주신 덕에 감사하다[移家感德]」[3]와 「갑오년 과거 이야기[甲午科說]」에 실려 있기 때문에 되풀이하지 않는다.

심후와의 정분[沈侯情分]

겸하여 임후(林侯)와의 정분을 적는다.

후(侯)의 휘(諱)는 위(瑋)이며 신축년(1721, 47세)에 본읍(本邑)의 수령으로 오시어 나를 불러 기실(記室)[4]을 충당하게 하시니 여러 달 떠나 본 적이 없다. 몸이 비대하고 관격증(關格症)[5]이 있어 몸을 돌리려면 반드시 나를 필요로 하시었고, 나 또한

---

1. 관동(館洞): 서울 종로구 명륜동 3가에 있던 마을.
2. 정동(貞洞): 서울 중구에 있는 동.
3. 「집을 옮겨 주신 덕에 감사하다[移家感德]」: 본 책의 5장 「잡저(雜著)」에 있으며, 여기에는 제목이 '집을 옮겨 주시매 현후께 감사하다.[移家感賢侯]'로 되어 있다.
4. 기실(記室): 기록에 관한 사무를 맡아보던 직책.
5. 관격증(關格症): 음식이 급하게 체하여 먹지도 못하고 대소변도 못 보며 인사불성이 되는 병.

성심을 다해 모셨다. 벼슬을 내놓으실 때 벼루갑[硯匣]을 만들어 밑바닥에 큰 글씨로 '벼루갑을 주어서 훗날의 얼굴을 대신하노라.[贈以墨池匣, 用替他日面.]'라는 열 자를 써 주시어 내가 공경히 받아서 보물로 간직했다.

병진년(1736, 62세) 여름에 내가 성균관에 머물고 있었는데, 후께서 말을 보내 맞으셔서, 모두가 모였다. 작은 술상을 차린 뒤 나를 불러 사위 임상원(林象元)[6] 씨에게 맡기시며 말씀하셨다.

"김상사(金上舍)는 나의 기실로서 무릇 3년 동안 편지 답장을 대신 쓰는 노고를 겪었을 뿐만 아니라 지병을 구호(救護)하는 간절함이 컸네. 내가 이미 늙었으니 그대에게 맡겨 보답하고자 하네."

"이 사위가 혼인하면서부터 이미 친밀한 사람이 되었는데 간곡한 가르치심이 아니더라도 어찌 잊고 내버려 두겠습니까?"

"내가 아들이 없고 사위 중에 그대만 급제했으니 긴 소매[7]를 빌리고자 하는 것이네."

말씀이 매우 간절하여 나 역시 마음에 새겼다. 후께서 마침내 이해 구월에 병 없이 선화(仙化)[8]하셨다. 혼백이 이미 떠나갔는데 마지막 말씀을 이처럼 하신 것임을 비로소 알았다.

신유년(1741, 67세) 가을에 임랑(林郎)이 본도(本道)에서 시험을 주관하게 되어 내가 울주(蔚州)[9]에 있다가 왔다. 경차관(敬差官)[10]으로서 울주를 지나기를 기다렸다가 객사(客舍)에서 베개를 나란히 하고 율시와 절구를 여러 편 지으며 삶과 죽음에 대한 감회를 펼쳤다. <49뒤>

경오년(1750, 76세) 여름에 옥서(玉署)[11]로부터 본읍(本邑) 수령으로 와서 맡아

---

6. 임상원(林象元): 이 이름을 가진 인물 중에 1709년(己丑, 숙종 35)에 출생해 1733년(癸丑, 영조 9)에 식년시(式年試)에 합격해 진사가 되고, 1735년(乙卯, 영조 11)에 증광시(增廣試) 병과(丙科)에 합격한 인물이 있는데 동일인물일 가능성이 있음. 그의 아들 임한호(林漢浩)는 우의정, 판중추부사(判中樞府事)를 지냈으며, 서얼을 위한 인재 등용책을 건의했음.

7. 긴 소매: 원문은 '장수(長袖)'. 『한비자(韓非子)』 「오두(五蠹)」에 나오는 '장수선무(長袖善舞)', 즉 '소매가 길면 춤을 잘 추게 되고, 돈이 많으면 장사를 잘하게 된다'는 말에서 가져온 것으로, 여기서는 '유리한 처지'를 가리킨다.

8. 선화(仙化): 신선이 된다는 뜻으로, '늙어서 병이나 탈이 없이 곱게 죽음'을 일컫는 말.

9. 울주(蔚州): 지금의 울주군. 울산시 서부에 있음.

10. 경차관(敬差官): 지방에 임시로 보내던 벼슬.

11. 옥서(玉署): 홍문관(弘文館). 삼사(三司. 사헌부, 사간원, 홍문관) 가운데 하나로 궁중의 경서, 문서 따위를 관리하고 임금의 자문에 응하는 일을 맡아보던 관아.

들 준(濬)과 호(浩) 씨 형제를 맡겨 함께 공부하게 했다. 아우가 있었으니 휘(諱)가 중중(衆中)으로, 인명효우(仁明孝友)하고 속티를 벗어나서 지위가 높다고 자처하지 않고 반드시 정과 예를 다해 사람을 대했으며 문장은 여사(餘事)에 불과했다. 안팎의 정분이 혈육과 같아 의식(衣食)의 밑천과 조상께 드리는 제수(祭需)를 때에 따라 두루 베풀어 주셨으니, 산 사람이나 죽은 사람이나 감동함이 또 어떠했겠는가.

내가 열흘이나 이질(痢疾)을 앓았으나 나이가 팔십에 가까워 약물을 물리치고 쓰지 않으니 후께서 편지를 보내어 말씀하셨다.

"나는 성현의 책에서 노인은 약을 먹지 않는다는 가르침을 본 적이 없소."

마침내 약을 지어 보내시니 효과가 있었다. 또 연년익수단(延年益壽丹)[12] 두 제(劑)[13]를 지어 복용하게 하시니, 수염과 머리털이 예전보다 나아지고 보고 듣는 것이 밝아졌다.

선후(先侯, 沈璋)의 계윤(繼胤, 양자) 명복(命福)이 희귀한 병으로 의원을 찾다가 이곳에 이르러 선친이 동향(桐鄕)[14]에 남긴 옛 자취를 구하기에, 내가 연갑을 받들어 올리면서 후가 함께 보시도록 하니, 손으로 어루만지며 눈물을 닦았다. 구리 장식이 본구(本句)의 양쪽에 칠해져 있는데 각자 오언사운(五言四韻)을 지어 직접 썼다. 내가 또한 소기(小記)를 지어 대략을 서술해서 세 시를 적은 면을 덮어서 사롱(紗籠)의 고사(故事)[15]를 대신하고자 한다. 수령과 백성의 세 집안 자손들이 이것을 보면 백 세대 후라도 필히 느끼는 바가 있을 것이니 다시금 세대를 잇는 좋은 일이 이뤄질 것이다.

---

12. 연년익수단(延年益壽丹): 수명을 늘려 주는 단약이라는 뜻.
13. 제(劑): 탕약(湯藥) 스무 첩, 또는 그 정도의 양으로 지은 환약(丸藥)이나 고약(膏藥)의 분량을 나타내는 말.
14. 동향(桐鄕): 옛 수령의 선정을 잊지 못하고 있는 고을이라는 뜻. 한(漢)나라 주읍(朱邑)이 동향의 관리로 있을 때 선정을 베풀었는데, 그가 죽은 뒤 동향 백성들이 그의 묘 옆에 사당을 짓고 해마다 제사를 올렸다고 한다. 『한서(漢書)』「순리전(循吏傳) · 주읍(朱邑)」.
15. 사롱(紗籠)의 고사(故事): 사롱은 현판에 먼지가 앉지 않도록 덮는 것인데, 귀인과 명사가 지어 벽에 걸어 놓은 시문을 청사(青紗)로 덮어서 오래도록 보존하며 존경의 뜻을 보이는 것을 말한다. 당나라 왕파(王播)가 어려서 가난하여 양주(楊州) 혜소사(惠昭寺) 목란원(木蘭院)의 객으로 있었는데, 이십여 년 후 왕파가 그 절을 찾아갔더니, 지난날 자기가 지은 시를 푸른 비단으로 감싸 놓고 있었다. 그 시 뒤에 "이십 년 동안 먼지를 뒤집어쓰고 있다가, 오늘에야 푸른 사롱을 얻었구나.[二十年來塵撲面, 如今始得碧紗籠.]"라고 썼다. 『당척언(唐摭言)』「기자한고(起自寒苦)」.

윤후와의 정분[尹侯情分]

<50앞> 후(侯)의 휘(諱)는 득중(得重)으로 경신년(1740, 66세)에 본읍(本邑)의 수령이 되어 통쾌한 업적이 많았다.

신유년(1741, 67세) 가을에 우리 읍이 동당시(東堂試)[16] 시험 장소가 되어 내가 울주(蔚州)에서 와서 임공(林公, 林象元)을 기다리다가 마침 후께서 같이 있어 만났는데, 명성을 들었다고 하시며 정성을 쏟는 것이 구면 같았다. 내게 고향으로 돌아와서 입고 먹는 것을 함께하자고 권하셨다. 돌아가니, 두루 보살펴 주시는 뜻이 말씀하신 것보다 훨씬 더했다. 맏아들 기동(紀東) 또한 내게 정을 쏟고 마음을 기울여 서로 문장을 강론했다.

계해년(1743, 69세) 봄에 관아에 전염병이 돌아 내외가 밖으로 피했는데 큰아들에게 병이 옮아 증세가 매우 위태로워 어찌할 수 없는 지경이 되니, 후께서 내 손을 잡고 울며 말씀하셨다.

"작년에 막내가 여기서 죽고, 이제 또 장자가 구하기 어렵게 되니, 내가 어찌 살아서 거듭된 흉변을 보겠나? 자결을 하고 말 것인데 달리 따라온 자제가 없으니 부자(父子)의 치상(治喪)[17]과 크고 작은 관아의 일을 그대에게 맡기겠네."

나도 어찌할 바를 모른 채 말씀을 아뢰려고 하는데, 내방(內房)[18]에서 불러 전하는 말로 일렀다.

"아이의 병이 이미 깊었고 가장이 죽기로 맹세를 하니 인정이 이에 이르러 다시 어찌하겠습니까? 이에 존장께 간절히 비니 주야로 모시어 우리 남편을 살려내 주시오."

나 또한 다른 말을 할 여가가 없어 말씀에 응하고 후의 처소로 돌아와 보니 자결하려는 약물이 이미 손에 들려 있었다. 내가 급히 손을 붙들고 이치를 들어 달래어 말씀드렸다.

"'죽어 모른다'는 옛말도 있긴 합니다만 영남 땅에 가벼이 일신을 버리신다면 대대로 의탁해 온 신주(神主)를 장차 어느 누구에게 맡기겠습니까? 많은 사람이 우러르는 보살핌을 홀로 생각지 않으십니까? 자하(子夏)는 시력을 잃고도 몸을 보전했으

16. 동당시(東堂試): 문과(文科)의 별칭.
17. 치상(治喪): 초상을 치름.
18. 내방(內房): 안주인이 거처하는 방.

며,[19] 한자(韓子)는 통탄함을 참으며 목숨을 지켰으니, 부모의 사랑이 비록 중하더라도 어찌 모두 따라 죽겠습니까? <50뒤> 전염병에 걸린다고 해서 모두 다 죽는 것이 아니고 죽으려다가 소생하는 경우도 있으니 조금 기다려 보시기 바랍니다."

이윽고 병 수발하는 사람이 와서 아뢰기를, 아들이 땀을 내고 숨을 돌렸다고 했다. 후께서 쥐었던 물건을 던져 버리고 손을 들어 사례하셨다. 이후로 이 몸과 수령의 정분이 혈육과 같아졌다.

계해년(1743, 69세) 봄에 면천(沔川)[20]으로 옮겨 다스리셨는데 풍요롭게 물자를 보내 주시어, 가시고 난 이후의 궁핍함을 구제해 주셨다. 이해 여름에 내가 독한 전염병에 걸렸는데 후께서 풍문으로 들으시고 여드레나 걸리는 거리에 심부름꾼을 보내 음식을 갖추고서 찾아보게 하셨으니 두터운 정이 아니라면 어찌 이에 이를 수 있겠는가?

이해 가을에 별시(別試)가 있어 나와 맏아들 기동(紀東) 씨가 동접(同接)이 되도록 하셨다. 그래서 노둔한 말에 병든 몸을 싣고서 겨우 도달하여 서로 보고 매우 기뻐했다. 나는 과거에 합격하지 못하고 맏아들은 일등이 되었다. 돌아올 때 내방에서 옷감을 몇 단(端) 내려주시고, 후께서는 내가 탄 말이 쇠약한 것을 보시고 오십 관(貫)으로 발 빠른 말을 새로 사 주셨다. 내가 과분하여 사양했으나 그치지 않으셨다. 말을 타고 먼 길을 나서 보니 구름을 탄 듯했다.

후에 영천(永川)[21] 수령이 되시어 내가 중로(中路)에서 기다렸다가 내행(內行)[22]을 모시어 군(郡)으로 오니, 대접의 정성스러움이 현(縣)에 계실 때보다 못하지 않았다. 사대부가 다른 이를 아끼는 뜻이 이와 같다.

이후와의 정분[李侯情分]

후(侯)의 휘는 길보(吉輔)[23]로, 병인년(1746, 72세)에 이곳으로 부임했다. 기품 있는

19. 자하(子夏)는 시력을 ~ 몸을 보전했으며: 자하는 공자의 제자로, 자식을 잃고서 너무 슬퍼한 나머지 시력을 잃었다고 한다. 『예기(禮記)』「단궁(檀弓)」.
20. 면천(沔川): 충남 당진 지역의 옛 지명.
21. 영천(永川): 현재 경북 동남부에 있는 시.
22. 내행(內行): 여행길에 나선 부인네를 일컫는 말.

지조로 문덕(文德)의 정치를 행하시어 칭송이 경내(境內)에서 높을 뿐만 아니라 인근 읍에까지 파다했다. 나는 <51앞> 멀리 살아 교화[24]를 입지 못하는 것이 한이었는데, 정묘년(1747, 73세) 겨울에 지평(持平)[25] 조명채(曺命采)[26] 씨가 통신종사(通信從事)[27]가 되어 먼저 편지를 써서 본읍(本邑)에서 만나자고 했다. 내가 기한에 맞춰 가서 관헌에서 만나 인사하고 그 자리에서 후를 만났다. 후께서 말씀하셨다.

"내가 맞아 오고 싶은 지가 오래되었는데 이제 다행히 서로 만나게 되었구려."

정성 어린 뜻을 깊이 드러내며 고향으로 돌아오라고 굳이 청하며 집안사람을 데려올 밑천을 넉넉히 대 주셨다. 나 또한 고향이 그리웠던 터라 은혜로운 덕에 감동해 경객(京客)처럼 오랫동안 책실(冊室)에 거했다. 맏아들 성원(性源)은 영특하고 숙성해 밤낮 문장을 논했으며 마음이 잘 통했다. 이 때문에 후의 대접이 더욱 지극하고 의식(衣食)과 제수(祭需)가 농사를 대신할 만큼 풍족했다. 언젠가는 조용히 깨우쳐 말씀하셨다.

"내가 먼저 학교를 일으켜 선비들을 장려하고자 하는데 어떻게 하면 재주 있는 자제를 가려 뽑아 효과를 볼 수 있겠소?"

"후의 말씀이 훌륭하십니다. 가려 뽑고자 하신다면 마땅히 백일장을 세 번 열어 그중 연속해서 합격하는 이를 취하셔야 합니다. 학궁(學宮, 향교)에 모두 모여서 날마다 과제를 하게 하고 음식을 내려 준다면 심오한 학문을 일으키지는 못한다 하더라도 글 쓰는 법을 성취할 수는 있을 것입니다."

---

23. 이길보(李吉輔): 1700~1771. 본관은 연안(延安). 자는 계상(季祥). 1741년(영조 17)에 액례(掖隷) 등이 기생들과 어울려 술잔치를 벌이고 있는 것을 형리(刑吏)가 붙잡아 가려다가 매를 맞는 일이 발생해 당시 형조낭관(刑曹郎官)이었던 이길보가 의금부에 하옥되었다. 1754년(영조 30) 증광문과에 병과로 급제한 뒤 지평, 승지, 대사헌, 공조판서 등의 벼슬을 거쳤다. 1771년(영조 47)에 작고하자 국왕이 제문을 지어 보내고, 성복(成服)하는 날에 예관을 보내어 치제(致祭)하도록 했다.
24. 교화: 원문은 '청아지화(菁莪之化)'. 『시경(詩經)』「소아(小雅)」 <청청자아(菁菁者莪)>에서 왔다. "무성한 다북쑥이, 저 언덕에 자랐네. 군자를 만나 보니, 즐겁고도 예의 바르네.[菁菁者莪, 在彼中阿, 旣見君子, 樂且有儀.]" 이는 군자가 인재를 길러서 천하가 기뻐하고 즐거워함을 읊은 시이다.
25. 지평(持平): 사헌부(司憲府)에 딸린 정5품(正五品)의 벼슬. 정원은 2명.
26. 조명채(曺命采): 1700~1764. 조선후기의 문신. 본관은 창녕(昌寧). 자는 주경(疇卿), 호는 난재(蘭齋) 또는 난곡(蘭谷). 1736년 통덕랑(通德郎)으로 정시문과(庭試文科)에 병과(丙科)로 급제하고, 이후 이조참판 · 대사헌 등 중요 관직을 두루 거쳤다. 1748년 도쿠가와 요시무네(德川吉宗)가 연로하여 그의 아들 이에시게(家重)에게 전위(傳位)하고 통신사(通信使)를 요청하므로 이에시게의 습직(襲職)을 축하하기 위해 정사 홍계희(洪啓禧), 부사 남태기(南泰耆) 등과 함께 종사관(從事官)으로서 일본에 다녀왔다. 이때 일본에서의 견문을 일기체로 적은 『봉사일본시문견록(奉使日本時聞見錄)』을 남겼다. 1762년 사도세자(思悼世子) 옥사(獄事)와 관련하여 국문(鞫問)을 받았고, 2년 뒤 사망했다.
27. 통신종사(通信從事): 통신사행(通信使行)의 종사관(從事官).

"내 뜻도 그와 같은데 내 본성이 게으른 데다 공무 또한 수고로워 힘을 쏟을 수가 없으니 그대가 나를 위해 중심에 서서 주관해 주시오. 관비(官費)[28]는 괘념치 말고 선비를 기르는 데 풍족히 쓰고, 양장(兩場)[29]의 출제를 미리 헤아려서 효과가 금세 나타나는 밑천으로 삼도록 하시오."

마침내 세세한 가르침을 정성껏 받드니 선비 중에 감동하여 따르지 않는 이가 없었다. 후께서 반드시 며칠 간격으로 풍성한 음식을 마련하여 와서 대접하였는데, 정을 다해 이처럼 응대한 것이 십여 달이 되었다. 모두 <51뒤> 오륙십 명이 되었고, 음식을 대접하고[供億] 상을 준 것이 무려 천삼백 냥에 달했는데 후께서는 조금도 아까워하지 않으시고 도리어 공을 보잘것없는 내게 돌리셨다. 사군자(士君子)가 글로 교화하기를 좋아하고 자기를 내세우지 않는 뜻이 이와 같다. 이후로 돌보아 주심이 날마다 새로웠다.

매번 아전들이 물러나면 반드시 자리로 불러서 품은 바를 모두 털어놓고 토로하지 않는 뜻이 없었는데, 언젠가는 표정을 가다듬고 말씀하셨다.

그림 4.1 의성향교의 현재 모습

28. 관비(官費): 관청에서 내는 비용.
29. 양장(兩場): 과거의 초시(初試)와 복시(覆試).

"내가 그대를 대함이 박하지 않다고 할 만한데 그대가 유독 소원한 것은 어찌 된 일이오?"

내가 자리에서 물러나 대답했다.

"이 같은 말씀은 실로 뜻밖이니 청컨대 잘못을 일일이 들어 주십시오."

"그대가 농사짓지 않는 궁핍한 선비로 필시 생계를 꾸리는 어려움이 있을 텐데 일찍이 경계(庚癸)를 부르는[30] 한마디를 못 들었으니, 이것이 정분이 소원한 까닭이 아니겠소?"

내가 옷깃을 여미고 대답했다.

"옛말에 '욕심의 물결이 하늘을 덮고, 이익의 불꽃이 몸을 태운다'는 것은 특히 만족함을 모르고 또 구하는 것을 이릅니다. 저에게 후께서 전후에 은혜로이 베풀어 주신 것으로 집안 전체가 영화로움을 누릴뿐더러 또한 선대까지 미쳐서 항상 분수에 넘친다는 근심이 있는데, 감히 얻고자 힘쓰는 뜻을 두겠습니까?"

후께서 비로소 웃으며 말씀하셨다.

"나의 베풂이 어찌 이에 미치겠소? 그대의 말이 크게 지나치오."

무릇 수령과 백성의 분수를 깨고 동료 노인으로 나를 대접해 주시며, 매번 읍의 사람들과 있을 때 나를 김상사(金上舍)라고 부르셨다. '가죽 안에 녹지 않는 철이 있는데 좋아하여 그 악함을 모른다'는 것이 이런 것인가.

읍에 연계소(蓮桂所)가 있으니 대과와 소과에 합격한 이들이 모여서 계(稧)를 하는 곳이다. 후께서 그곳의 요청으로 그 계에 참여하게 되어 나에게 같이 가자고 하셨다. 봉급을 할애하여 비용을 도와주셨고, 이어 동청(東廳)에서 신구 합격자를 위한 잔치를 베푸셨다. 그리고 따로 책자를 만들어 각자 손수 성명·과차(科次)[31]·생년을 기록하였다. 또 <52앞> 기영회(耆英會)[32]의 고사(故事)를 따라 그림 병풍을 만들어 각자 나누어 주며 후손에게 보이도록 하셨다. 나의 미천한 몸을 돌아보니 영광이 한층 더했다.

---

30. 경계(庚癸)를 부르는: 경은 서쪽, 계는 북쪽으로, '경계'라는 것은 옛날 진중(陣中)에서 양식과 물이 없어졌다는 뜻으로 쓰인 암호이다. 후세에 와서 '경계를 부르다.[呼庚癸]'는 식량을 빌리는 말로 쓰였다. 『좌전(左傳)』「애공(哀公) 13년조」.

31. 과차(科次): 과거에 합격한 사람의 성적의 차례.

32. 기영회(耆英會): 나이 많고 학덕 있는 사람들의 모임. 송(宋)나라 문언박(文彦博)이 서도유수(西都留守)로 있을 때, 양반 중에서 늙고 명망 있는 사람 12명을 부필(富弼)의 집에 모아서 연회를 베푸니 이것을 낙양기영회(洛陽耆英會)라 했다. 『송사(宋史)』권313「문언박전(文彦博傳)」.

벼슬을 내놓으실 때에 장부에 남는 것으로 수년간의 살림 밑천을 베풀어 주셨다. 병산(屛山)[33]에서 작별하며 손을 잡고 눈물을 흘려 거의 목이 쉴 지경이었다. 생각건대 내가 미천한 몸으로 어떻게 이런 사귐을 얻었는가.

헤어지고 나서 벌써 사오 년이 지났는데 인편이 있으면 반드시 편지를 보내고, 편지가 오면 반드시 물건을 보내 주심이 있었으며, 항상 한결같았다. 사대부가 남을 구휼하는 뜻이 실로 죽고 난 이후라도 잊기가 어렵다. 우리 마을에서 대접받는 선비는 장려함이 보통보다 뛰어날 뿐만 아니라, 이른바 육영재(育英齋)[34]에서 이월한 토지의 곡식 양이 넉넉하여서 백 곡(斛)[35]을 채우니, 은혜롭게 남겨 주신 곡식이 가히 만고에 잊지 못할 은택이라고 하겠다.

송별하는 날에 비를 세우고 덕을 기리기로 입을 모아 물자와 인력을 모았으나 한 해, 두 해 지나면서 마침내 허언이 되었으니 유식자의 비난을 면하기 어렵게 되었다. 내가 이를 한탄하여 이 편의 끝에 쓰노라.

조후와의 정분[趙侯情分]

후의 휘는 재홍(載洪)[36]으로 경오년(1750, 76세) 겨울에 이곳에 부임하셨다. 마음가짐이 넓고 정사(政事)가 인자하며 그에 겸하여 남을 사랑하고 선비들에게 자신을 낮추었다. 매번 한가할 때면[務屛] 나를 불러 시를 논하셨는데 오래도록 싫증을 내지 않으셨다. 시를 지은 것이 있으면 반드시 교정해 주기를 요구하셨고 간혹 아뢰는 바가 있으면 듣자마자 수정하며 어리석은 의견이라도 물리치시는 법이 없었으니 시문에 대한 도량이 크심을 이로써 볼 수 있다.

계유년(1753, 79세) 여름에 고을의 노인 십여 명이 향청(鄕廳)[37]에 모여 이야기를 나누니 후께서 이를 들으시고 아전을 보내 맞이하여 소루(韶樓)[38]에서 잔치를 베푸

33. 병산(屛山): 안동시 풍천면.
34. 육영재(育英齋): 영재를 기르는 모임.
35. 곡(斛): 곡식의 분량을 헤아리는 데 쓰는 그릇의 하나.
36. 조재홍(趙載洪): 1713~?. 자는 취심(就深). 1741년(영조 17) 식년시(式年試)의 생원시(生員試)와 진사시(進士試)에 합격했고, 1754년(영조 30) 도과정시(道科庭試)에 합격했다. 의성현령(義城縣令), 참판(參判), 승정원 승지(承旨) 등을 역임했다.
37. 향청(鄕廳): 유향소(留鄕所). 지방 수령을 보좌하던 자문 기관.

셨다. <52뒤> 그리고 나에게 동참하도록 하셔서 내가 향회(鄕會)[39]라는 이유로 사양했으나 후께서 자리에서 굳이 청하시기를 그치지 않아 마침내 말석에 참여했다. 후께서 사운시(四韻詩)[40]를 내고 여러 노인에게 차운(次韻)하라 하시며 더불어 즐기시니, 모두가 절하여 사례하며 말했다.

“명부(明府)[41]께서 모임을 기약하지도 않으셨는데 특별히 노인을 위한 잔치를 여시니 죽지 않고 남은 목숨들이 은혜로운 덕을 마음껏 누리겠습니다.”

후께서 웃으며 말씀하셨다.

“이 향회가 노인을 위한 잔치일진대 어찌 연장자가 말석에 앉도록 할 수 있겠습니까?”

그것은 나를 위해 말씀하신 것이었다. 이윽고 그림 병풍을 만들어 그 편액에 참여한 이들의 성명을 쓰게 하셨는데 내가 맨 앞이 되도록 하고, 소기(小記)를 적어 향당(鄕黨)[42]에서 나이 많은 자를 높이는 뜻을 보이셨으니, 여기에 또한 경계하는 뜻이 있었다.

큰아들 항진(恒鎭)이 이때 열네 살이었는데 총명하고 단아했으며 나에게서 고문(古文)을 배우면서 일과의 독서를 하루도 거르지 않았다. 관노(官奴)가 아주 큰 글씨의 편액(扁額)과 풀을 가져와 벽에다 붙이니 곧 ‘만희서재(晩喜書齋)’ 넉 자였다. 이윽고 들어가 사례하며 ‘만희(晩喜)’[43]의 뜻을 여쭈니, 후께서 웃으며 말씀하셨다.

“아이가 늘 말하기를, ‘김상사(金上舍)께서는 『주역(周易)』을 읽을 때에 손님이 자리에 들어와도 살피지 않았습니다’ 하더군요. 그러니 ‘희역(喜易)’[44]이란 글자가 적합한 말이 아니겠소이까? 글씨가 비록 졸렬하나 나중에 얼굴을 대신할 구실은 될 겁니다.”

---

38. 소루(韶樓): 문소루(聞韶樓). 의성군 의성읍 원당리 구봉산에 있는 누각. 진주의 촉석루(矗石樓), 밀양의 영남루(嶺南樓), 안동의 영호루(映湖樓)와 함께 교남사대루(嶠南四大樓), 즉 영남지방의 사대 누각으로 불렸음. 고려시대 중엽에 건립된 것으로 추정되며, 본래 의성관아 뒤편에 자리해 있다가 한국전쟁 때 폭격으로 소실된 것을 구봉산의 현재 위치에 복원했음.
39. 향회(鄕會): 고을의 일을 의논하기 위한 고을 사람들의 모임.
40. 사운시(四韻詩): 네 구(句)의 끝에 운을 맞추어 지은 한시.
41. 명부(明府): 수령에 대한 경칭.
42. 향당(鄕黨): 자기가 태어났거나 사는 시골 마을. 또는 그 마을 사람들. 예전에는 500집이 ‘당’이 되고 1만 2,500집이 ‘향’이 되었음.
43. 만희(晩喜): 공자가 말년에 『주역(周易)』을 좋아하여[孔子晩而喜易] 자주 숙독했기 때문에 책을 맨 가죽끈이 세 번이나 끊어졌다 한다. 『사기(史記)』 「공자세가(孔子世家)」.
44. 희역(喜易): ‘晩喜’의 오기(誤記)인 듯함.

그 과찬하심이 이와 같았다.

갑술년(1754, 80세) 봄에 과거 시험에 대해 점쳐 둔괘(遯卦)[45]를 얻고는 나에게 보이시기에 내가 말씀드렸다.

"이것이 주회암(朱晦庵)[46]이 상소문을 태운 이유입니다.[47] 그러나 지금은 시절이 같지 않고 오관(午官)이 세상에 임해 상(相)을 얻으며, 과거 날짜가 을미(乙未)를 만나 생합(生合)[48]의 길격(吉格)이 있으니, 반드시 적자(摘髭)[49]의 기쁨이 있을 것입니다."

나의 말이 우연히 적중했다. 돌아온 뒤에 나에게 괘(卦) 아래에다 풀이를 써서 종신토록 보고 반성할 밑천으로 삼게 해 달라고 하셨다. 내가 본괘(本卦)의 효사(爻辭)[50] 가운데 '호둔(好遯) · 가둔(嘉遯) · 비둔(肥遯)'[51] 등의 말에 대해 부연하여 풀이했고, 끝에는 마의도사(麻衣道士)[52]의 '자서회(子書灰)' 세 글자 부적으로 표식을 삼아, 급류처럼 물러나라는 <53앞> 경계(警戒)를 다음과 같이 썼다.

"공자의 「계사전(繫辭傳)」[53]에서 말한 바 '종시 조심하면 큰 허물은 없을 것이다. [懼而終始, 其無大咎.]'[54]는 것이 이것입니다. 명부(明府)께서 세세 혁혁한 명가(名家)로서 공경(公卿)[55]의 중대한 자리를 쉽게 얻으실 겁니다만, 지난달 초에는 흰 눈

---

45. 둔괘(遯卦): 둔(遯)이란 피해서 물러나는 것이고, 괘의 형상은 아래에 있는 음(陰)의 세력이 일어나고, 위에 있는 양(陽)의 세력이 물러나는 것을 나타냄.

46. 주회암(朱晦庵): 주희(朱熹)의 호(號).

47. 이것이 주회암(朱晦庵)이 ~ 태운 이유입니다: 주희(朱熹)가 천자(天子)의 국사(國師)였을 때 권력을 쥔 한차주(韓侂冑)의 횡포를 규탄하는 상소문을 제출하려던 일이 있었다. 그것을 안 제자들이 스승을 걱정하며 말리니 점을 쳐서 결정하기로 했다. 이때 나온 괘가 둔괘(遯卦)였고, 이에 주희는 상소문을 태우고 은퇴했다.

48. 생합(生合): 합(合)에는 천간합(天干合)과 지지합(地支合)이 있다. 지지합은 생합(生合)과 극합(剋合)으로 분류된다. 생합은 인해합 목(寅亥合 木), 진유합 금(辰酉合 金), 오미합 화(午未合 火)의 세 가지이고, 극합은 자축합 토(子丑合 土), 묘술합 화(卯戌合 火), 사신합 수(巳申合 水)의 세 가지이다. 지지합에는 삼합(三合), 방합(方合), 육합(六合), 반합(半合)이 있다.

49. 적자(摘髭): 아주 쉽게 과거 급제한 것을 비유하는 말. 한유(韓愈)가 최립지(崔立之)에게 부친 시에서 "해마다 과거 급제를 하되 턱밑의 수염을 뽑듯 하누나.[連年收科第, 若摘頷底髭.]"라고 한 데서 온 말이다. 『한창려집(韓昌黎集)』 권5.

50. 효사(爻辭): 역(易)의 괘를 이룬 여섯 개의 획. 또는 이에 대한 설명.

51. 호둔(好遯) · 가둔(嘉遯) · 비둔(肥遯): 『주역』의 둔괘(遯卦)에서 합당하게 물러나는 형태로 세 가지를 든다. 호둔(好遯)은 때를 잘 알아서 스스로 물러나는 것이다. 가둔(嘉遯)은 주위의 칭찬을 받으면서 물러나는 것으로, 정상에 있을 때 또는 사람들에게 좀 아쉬운 마음이 들 때 물러나는 것이다. 비둔(肥遯)은 준비를 마친 후에 물러나는 것이다.

52. 마의도사(麻衣道士): 송나라가 일어서기 직전 그때까지 구전이나 비전(祕傳)으로 내려오던 여러 계통의 상법을 종합하여 '마의상법(麻衣相法)'을 창안한 인물.

53. 계사전(繫辭傳): 『주역』의 괘(卦)를 상세하게 설명한 주석. 공자(孔子)가 지었다는 설이 있음.

54. 종시 조심하면 ~ 없을 것이다.[懼而終始, 其無大咎.]: 『주역(周易)』 「계사하전(系辭下傳) · 11장」에 나오는 말.

썹의 대감(大監)[56]께서 황각(黃閣)[57]에 오르시고 이번 달에는 명부께서 또 과거에서 장원을 차지했으니, 이것이 비록 마땅히 얻을 것이라도 장주(莊周)가 말한 바 '많이 얻으면 조물주가 시기한다.[多取之則造物忌之]'는 것입니다. 바라건대 여러 직무를 물리치고 오는 복을 심으시기 바랍니다."

후께서 옷깃을 여미고 말씀하셨다.

"먼저 내 마음을 얻은 것[58]은 존장이니, 감히 등뼈에 새기지 않겠소이까."

이해 가을에 차례를 뛰어넘어 이조참의(吏曹參議)가 되셔서는 긴 편지를 보내 그리움을 쏟아 내시고, 끝에 말씀하셨다.

"둔괘(遯卦)에 대한 명확한 해석을 잠시도 잊지 않았으나 만난 시절이 마음을 따르기 어려운 바가 있소. 염치없이 눌러앉아 밝은 경계(警戒)를 온전히 던져 버린 것과 같이 되었으니 편지를 대해 실로 많이 부끄럽고 두렵소이다."

대인군자가 사람을 이유로 말을 버리지 않음이 이와 같다.

대저 관직에 계실 때에도 맞아들이고 보낼 때에 반드시 몸을 일으키셨다. 관직을 내놓는 날에는 극히 풍성하게 음식을 보내시고 편지에서 자기를 일컫는 곳에서는 자기 이름을 쓰면서 동류 노인을 대하는 것처럼 하셨다. 오래도록 공경함은 전에 여러 후와 비교하건대 실로 감당할 수 없는 예(禮)가 있어, 이 편의 끝에 기록하여 감히 잊지 않으려는 뜻을 부칠 뿐이다.

조후와의 정분[曺侯情分]

후(侯)의 휘(諱)는 하성(夏盛)이며,[59] 정유년(1717, 43세)에 의흥(義興)[60] 수령이 되

---

55. 공경(公卿): 삼공(三公)과 구경(九卿)을 아울러 이르는 말. 삼공은 영의정, 좌의정, 우의정을 이르고, 구경은 의정부 좌우참찬(議政府左右參贊), 육조 판서(六曹判書), 한성부 판윤(漢城府判尹)을 이름.
56. 흰 눈썹의 대감(大監): 수령의 부친을 가리키는 듯함.
57. 황각(黃閣): 조선시대 가장 높은 행정 관청인 의정부(議政府)를 달리 일컫던 말.
58. 먼저 내 마음을 얻은 것: 원문은 '先獲我心'. 『시경(詩經)』「국풍(國風)」 <녹의(綠衣)>의 "고인이 이미 나의 마음을 얻었음을 생각하니, 후세 사람이라고 어찌 나의 마음을 모르겠는가.[我思古人, 實獲我心, 寧知來世, 不獲今兮.]"에서 나온 말이다.
59. 조하성(曺夏盛): 1667~1719. 조부는 예조참판을 지낸 조한영(曺漢英, 1608~1670)이고, 부친은 금구현령을 지낸 조헌주(曺憲周)이며, 어머니는 이일상(李一相)의 딸이다. 5형제로, 그 차례는 조하중(曺夏重), 조하성, 조하망(曺夏望), 조하종(曺夏鍾), 조하정(曺夏挺)이다. 여러 관직을 거쳐 의흥현감(義興縣監)에 이르렀다. 경기도 여주

셔서, 백성을 사랑하고 선비에게 겸손하셨다. 일찍이 이곳을 겸하여 맡으셨는데, 현(縣)에 오셔서 만나 보기를 원하셨다. 돌아가셔서는 말을 보내어 맞이하곤 하셨다. <53뒤> 그 장남 명채(命采) · 막내 명규(命揆)와 함께 문필에 힘썼는데, 화전(華牋)[61] 한 폭에 팔분체(八分体)[62]로 절구(絶句) 한 수를 써서 보이며 말씀하셨다.

"아이들을 깨우치는 데 누가 그대와 같겠소? 아이들을 부탁하오. 함께 마주해 말을 풀어내어 훗날 괄목상대하게 되면 은혜가 하해(河海)처럼 깊으리니 다시 의논할 수 있겠소?"

그 과도한 칭찬이 이와 같았다. 이때부터 정성을 쏟음이 친척과 마찬가지였으며, 움직이면 서로 따라가 보름이라도 떨어진 적이 없었다.

무술년(1718, 44세) 여름에 후께서 이름 모를 질병에 걸리셨다. 점쟁이가 말하기를 관아의 귀신 탓이라 하여, 성청(星廳)[63]으로 피해 다섯 달이나 조리하였는데도 온갖 약이 효과가 없었다. 듣자 하니 성주(星州)[64] 지역에 최잠(崔岑)이라는 이가 있어 귀신을 잘 다스린다기에 관아로 맞아들여 재계(齋戒)하고 송경(誦經)[65]을 했으나 효과가 나타나지 않았다.

팔월 스무날이 지나 내가 꿈을 꾸었다. 꿈에, 후께서 융복(戎服)[66]을 갖추시고, 깃발이 늘어선 가운데 수많은 군마(軍馬)가 대문 밖에 진을 쳤다. 분판(粉板)[67]을 받든 한 장교가 행차하기를 청했다. 후께서 붓을 잡아 '구월 이십일' 다섯 자를 크게 쓰셨다. 꿈에서 깨어난 뒤 풀이했다.

"후의 목숨이 필시 이날 다하겠구나."

다행히 점차 차도가 있어 그날에 이르자 몸을 일으키고 먹고 마실 수 있으셨다. 내가 비로소 꿈이 망령됐음을 알았다.

시 대신면 송촌리에 그의 묘가 있다.

60. 의흥(義興): 현재 경북 군위군에 속한 면.
61. 화전(華牋): 화전지(華牋紙). 산수나 꽃, 새 등을 그려 인쇄한 종이로, 주로 시나 편지를 쓰는 데 사용됨.
62. 팔분체(八分体): 서체의 하나. 예서(隸書) 이분(二分)과 전서(篆書) 팔분(八分)을 섞어서 장식적인 효과를 낸 서체로, 한(漢)나라 채옹(蔡邕)이 만들었다고 함.
63. 성청(星廳): 향리들이 모여서 사무를 보는 곳. 질청(秩廳) · 연청(掾廳)이라고도 했음.
64. 성주(星州): 경북 남서쪽에 있는 군. 동쪽은 낙동강을 건너서 대구시 달성군과 경북 칠곡군, 북서쪽은 김천시, 남쪽은 고령군, 남서쪽은 가야산(伽倻山), 경남 합천군과 접함.
65. 송경(誦經): 점쟁이가 경문(經文)을 읽으며 기도함.
66. 융복(戎服): 철릭[天翼]과 주립(朱笠)으로 이루어진 군복.
67. 분판(粉板): 기름에 갠 분을 발라 결은 널판자. 아이들이 붓글씨를 익히는 데 썼음.

기해년(1719, 45세) 가을에 이전의 증세가 또 나타나 날로 심해지니 후께서 다시 일어나지 못할 것을 스스로 아시고 내 손을 잡고 울며 말씀하셨다.

"그대와 내가 골육지친(骨肉之親)[68]이 아닌데도 7개월에 걸친 중병(重病)을 한마음으로 구호하니 그 무거운 은혜를 어찌 갚으리오."

그러고는 화전(華牋)을 가져다 팔분체의 가는 글씨로 사언시(四言詩) 십여 구를 써서 그 정을 간곡히 서술하였다. 맏아들에게 그에 차운(次韻)하라 해서, 두 폭을 붙여 내게 주며 말씀하셨다.

"내가 죽고 난 후 <54앞> 반드시 이것으로 얼굴을 대하듯 해 주게."

나 또한 눈물을 흘리며 받았다. 이로부터 날이 갈수록 병이 중해졌다. 나는 어쩔 수 없음을 알았고, 장남이 나이가 어리고 상의할 사람이 없기에 수기(壽器)[69]를 미리 마련하고자 둘러대는 말로 고했다.

"듣자 하니 안동에 유명한 의원이 있다기에 몸소 가서 데려오려고 합니다."

후께서 억지로 끄덕이며 말씀하셨다.

"모름지기 속히 돌아와서 꼭 생전에 서로 보세."

이윽고 새벽을 틈타 말을 달려서 안동에 도달해 쓸 만한 널빤지를 구해 샀다. 새벽에 급히 돌아오는데 도중에 흉음(凶音)[70]을 듣게 되니, 과연 구월 이십일에 서거하신 것이었다. 아! 작년의 꿈이 금년에 맞았으니 어찌 그리 기이한가.

채찍질을 급히 하며 말을 달려 도달하니 날이 이미 저물었다. 이때 정동(貞洞)의 이판서(李判書) 대감(大監)[71]이 본읍(本邑)의 수령이었는데, 조후와는 죽마고우(竹馬故友)의 정이 있어 빈소 밖에 있다가 맞이하며 말씀하셨다.

"내가 병이 위독하다는 말을 듣고 어제 일찍 와서 살펴봤는데 한 가닥 숨이 끊어지기 전에 정신이 남아 있어 나와 영결하였소. 그러고는 부탁하기를, '김 아무개가 의원을 구하러 간 것은 뜻이 수기(壽器)에 있는 것이네. 이 사람이 종시 나를 염려하더니 이제 손을 잡고서 영결할 수 없으니 이것이 몹시 한이 되네. 내가 죽은 후에 잠시 소렴(小斂)[72]을 미루고 그가 오기를 기다려 나의 얼굴을 보도록 해 주시게'라

---

68. 골육지친(骨肉之親): 부자(父子)와 형제 또는 그와 가까운 혈족을 지칭하는 말.
69. 수기(壽器): 살아 있을 때 미리 만들어 두는 관(棺).
70. 흉음(凶音): 사람이 죽었다는 기별.
71. 정동(貞洞)의 이판서(李判書) 대감(大監): 5장 「잡저(雜著) · 집을 옮겨 주시매 현후께 감사하다[移家感賢侯]」에 나오는 이제상(李齊尙)인 것으로 보임.

고 했소. 그래서 시간이 지나도록 하지 않은 것이니, 세상에 어찌 이 같은 정분이 있겠소?"

내가 더욱 가슴이 아파 시신을 어루만지며 울부짖으니, 가족보다 덜하지 않았다. 즉시 널빤지를 옮겨 상을 치르니, 막내와 둘째 동생 하망(夏望)[73]과 하종(夏鍾)[74] 씨가 비로소 도착했다. 몸소 널을 붙들고 예주(醴州)[75]의 포구 동쪽에 있는 고택에 이르러 추읍산(趍揖山)[76] 선산(先山) 아래에 하관했다. 초우(初虞)[77]를 행하면서 부인께서 나에게 제사에 참례하라고 하셨다. <54뒤> 부인네 거처와 가깝다고[內近] 사양했으나 청을 거두지 않으시기에, 이윽고 잔을 올리고 물러났다. 집안 식구들께서 나를 친애하심이 가족과 다르지 않았다. 반혼(返魂)[78]을 하고 돌아왔다.

이후 매번 서울에 올라갈 때마다 먼저 그 댁의 안부를 여쭈면 부인께서 문을 사이에 두고 답을 하셨는데 말씀의 뜻이 정성스러웠다. 나의 미천한 처지를 돌아보니 황송함을 이길 수 없었다.

병진년(1736, 62세) 구월에 성균관에서 지내다가 스무날에 정시(庭試)를 치렀다. 답안지를 제출하고 나오면서 선인문(宣仁門)[79] 밖에서 명채(命采) 씨를 만났더니, 나에게 말했다.

"오늘은 수신(讎辰)[80]인데 기이한 꿈을 꾸어서 모친의 뜻을 받들어 이 과거를 치렀으니 창피하지 않겠습니까?"

"길몽이 무엇이오?"

"제가 몇 달 전에 꿈에서 고관(高官)이 되어 남쪽으로 부임해 갔습니다. 동쪽으로

---

72. 소렴(小斂): 시체에 옷을 입히는 일. 죽은 다음 날에 시체를 당중(堂中)으로 옮겨 옷을 갈아입히고 이불을 덮어주는 일.
73. 조하망(曺夏望): 1682~1747. 조선후기의 문신. 본관은 창녕(昌寧). 자는 아중(雅仲), 호는 서주(西州). 1739년에 승지를 지내고, 1741년에 대사간을 지냈다. 다음 해에 강릉부사로 부임하여 경포대를 중수해서 상량문을 짓고 그 문장으로 격찬을 받았다. 1745년에 승문원부제조(承文院副提調)를 지내고, 이듬해 영월부사로 전임했다가 병으로 사퇴했다. 저서로 『서주집(西洲集)』이 있음.
74. 조하종(曺夏鍾): 1685~1741. 자는 명중(鳴仲), 호는 치수(恥叟). 금산군수(金山郡守)를 지냈고, 저서로 『치수유고(恥叟遺稿)』가 있음.
75. 예주(醴州): 지금의 경기도 여주시 부근으로 추정됨.
76. 추읍산(趍揖山): 경기도 양평군에 있는 산.
77. 초우(初虞): 산소에서 장례를 끝내고 집에 돌아와 지내는 제사.
78. 반혼(返魂): 반우(返虞). 장례 지낸 뒤에 신주(神主)를 집으로 모셔 오는 일.
79. 선인문(宣仁門): 창경궁 남쪽으로 나 있는 문.
80. 수신(讎辰): 수일(讎日). 부모가 돌아가신 날.

큰 바다를 건너려는데 단단히 얼어 길이 막혔으나 한사코 배를 띄웠습니다. 얼음 조각이 노에 부딪혀 쪼개지는 소리가 우레와 같았습니다. 문득 보니 앞에 있는 큰 나무에서 붉은 해가 불쑥 솟았습니다. 물어본즉 이것이 부상(扶桑)[81]의 일출이었습니다. 그것을 보니 매우 상쾌했습니다. 깨어나서 모친께 아뢰니 등과할 징조로 여기시고 굳이 들어가도록 하시어 이렇게 오게 된 것입니다."

그러고는 슬퍼 목이 메어 했다. 과연 그 과거 시험에 합격하여 마침내 해 돋는 동쪽으로 행차했으니, 아득한 가운데 앞길을 미리 일러 주심이 이처럼 분명했다. 이번 길에 손자[孫衙]와 만나기로 기약했기에, 예전에 주신 두 편(篇)을 찾아 눈물을 흘리며 받들어 보였다. 생사를 넘어 잊지 않기로 기약했으므로 부자(父子)와의 정분을 간략히 적어 후세에게 보일 따름이다.

송후와의 정분[宋侯情分]

<55앞> 후(侯)의 성(性)은 송(宋)이고 휘(諱)는 흠명(欽明)[82]이며 자(字)는 문약(文若)이다. 선대감(先大監)의 휘는 징래(徵來)[83]로, 계해년(1743, 69세) 봄에 무절(武節)로서 울영(蔚營, 울산)을 다스렸다. 경천(敬天)은 이때 그 지역에 살면서 이름 모를 질병으로 빈사지경에 이르렀는데 대감께서 당질(堂侄)[84]인 좌의정 공(公)의 간절한 청을 따라 날마다 의원을 보내 병을 치료하게 하셨다. 그리고 봉급을 쪼개 약을 구해 주셔서 목숨을 건져 고향으로 돌아가도록 도우셨으니, 마음에 항상 간직하며 잊지 않았다.

갑술년(1754, 80세)에 후께서 구산(龜山)[85]에 부임하시어 정사(政事)를 제일 잘 다스렸다고 하여 정축년(1757, 83세) 봄에 본읍(本邑)으로 승차(陞差)[86]하셨다. 정

81. 부상(扶桑): 동쪽 바다의 해가 뜨는 곳에 있다는 신성한 나무. 또는 그 나무가 있는 곳.
82. 송흠명(宋欽明): 본관은 여산(礪山), 조부는 송광준(宋光俊), 부친은 송징래(宋徵來)임. 1738년(영조 14) 식년시의 진사시에 합격했음.
83. 송징래(宋徵來): 본관은 여산(礪山), 부친은 송광준(宋光俊), 형제는 송징화(宋徵華), 송징태(宋徵台). 포장(捕將) 벼슬을 지냈음.
84. 당질(堂侄): 당질(堂姪), 종질(從姪). 사촌 형제의 아들로, 오촌이 되는 관계.
85. 구산(龜山): 경북 군위군 의흥면의 옛 지명.
86. 승차(陞差): 한 관청 안에서 윗자리의 벼슬로 오름.

사에 더욱 힘써 관아에 쟁송이 끊겼으며, 글방에는 현송(絃誦)[87]이 있었다. 창고에는 흠포(欠逋)[88]가 없고, 벌판의 묵은 땅을 개간했다. 아전은 위엄에 복종하고 백성은 은혜를 입었는데, 나는 지위가 미천하여 방문할 계제가 없었다.

이해 여름에 큰 가뭄이 들어 백성이 다 죽을 지경이었다. 후께서 정성과 공경을 다하여 산악에 기도하고자 벼랑에 매달린 율추(慄湫)에 넘어져 가며 걸어 올라가시니 예복(禮服)이 온통 땀으로 젖었다. 편안히 머물 겨를이 없던 날이 무릇 팔구일이 되니 백성들이 모두 병이 나시지 않을까 매우 염려했다. 단비를 만나고서야 그치셨다.

며칠 지나지 않아 가슴이 답답한 증세가 있다가 목이 타서 물을 들이키는 병이 되었는데 의원과 약이 효험이 없어 침식을 전폐했다. 내가 비로소 부르심을 받들어 들어가 뵈니 지나가는 말로 들으신 바가 있어 전고(典故)를 들어 시를 논해 가슴을 시원하게 하고자 하셨다. 그래서 선공(先公)께 덕과 은혜를 입어 오늘이 있게 되었음을 자세히 아뢰니 후께서 만남이 늦었다는 탄식을 하시며 대(代)를 잇는 교분을 이루고자 하셨다.

이때 온 고을의 상하 백성들이 걱정하며 어찌할 바를 몰라 보답하고자 해도 길이 없자 그 면(面)의 이름난 산에서 각자 기도의 예를 행했다. 남녀가 목욕재계하고 날을 잡아 기도를 행하니 후께서 <55뒤> 들으시고 매우 놀라 사람을 보내 그치도록 타이르셨으나 끝내 막을 수 없었다. 마침내 신령의 도우심으로 고질병이 호전되었으니 옛말에 이른바 정성에 감동함은 금석(金石)에도 통한다는 것이 이런 것인가.

내가 백성들의 정을 매우 아름답게 여겨 각처의 제문(祭文) 수십 장을 모으고 제사 모신 절차를 병기(倂記)하여 후세에 전하는 자료로 삼고자 했다. 소아(小衙)가 이를 듣고 그 원본을 구하여 보고서는 따로 책자를 만들고 한 부를 전부 선사(繕寫)[89]했으며 제관(祭官)의 성명을 기록하여 훗날 잊지 않고자 했으니, 이 또한 정성스런 효 가운데 하나이다.

글을 다 모은 뒤에 물러나고자 했더니 후께서 굳이 만류하고, 자식에게 『주역(周易)』을 배우라고 명하셨다. 내가 평소 오묘한 뜻에 어두워 사양하였으나, 명을 거두

---

87. 현송(絃誦): 옛날에 『시경(詩經)』을 배울 때에 거문고, 비파 등 현악기에 맞추어 노래로 불렀는데 이를 '현가(絃歌)'라고 한다. 그리고 악기의 반주 없이 낭독하는 것을 '송(誦)'이라고 하며, 이 둘을 합하여 '현송'이라고 칭한다. 현송이란 곧 수업하고 송독하는 것, 나아가 부지런히 학문을 닦고 교양을 쌓는 것을 말한다.
88. 흠포(欠逋): 포흠(逋欠). 관청의 물건을 사사로이 써 버림.
89. 선사(繕寫): 잘못을 바로잡아 다시 베낌.

지 않으셨다. 귀한 음식으로 대접하고 고급 비단으로 옷을 해 입히시며 천한 자취를 더럽게 여기지 않으시고 엄한 스승에 대한 예로 대우하시니, 이때 나이가 열여덟이었다. 문장이 숙성했는데 그것은 다만 여사(餘事)[90]일 뿐이고, 총명하고 특달하며 사람을 대함이 관곡(款曲)[91]하여 사람으로 하여금 선생 된 근심을 잊게 하였다. 후께서 오히려 소홀히 할까 걱정하며 한마음으로 침잠(沈潛)하기를 원하시어, 편지를 써서 주시며 권면하는 뜻을 보이시기를, '너의 스승 김상사(金上舍)께서는 여러 세대에 드문 인물이요 평지의 신선이니, 반드시 공경하여 섬기는 예를 다하며 공손히 가르침을 받들어라'라고 하셨다. 또한 한 통을 경천(敬天)에게 부쳐 기대한다는 뜻을 펼치셨으니, 결코 어리석은 내가 감히 받아들여 감당할 바가 못 되었다.

소실(小室)이 병이 났음을 들으시고 의원에게 진찰하도록 명하고 관청의 힘을 통해 탕약을 갖추어 살길을 얻도록 도우셨다. 매번 부모님 제사 때마다 반드시 제수(祭需)를 갖추어 관청색(官廳色)[92]을 통해 보내셨으니 <56앞> 유명간(幽明間)의 감사함을 이루 다 적기 어렵다.

사위가 있는데, 성(姓)은 유(柳)이고 휘(諱)는 간(侃)이다. 명가(名家) 출신으로 경전에 통달할 뿐만 아니라 사학(史學)에도 통하여 무릇 천고(千古) 제왕(帝王)의 흥망과 신하의 선악을 하나도 빠뜨리지 않았으니 실로 세상에 드문 재주이다. 교유한 지가 오래되었어도 공경함을 소홀히 하지 않았다. 또 원왕춘(元枉春) 씨가 있는데 한결같이 대우하는 방법으로 경애하는 손님이라 여겨 나를 간곡한 정으로 대하기가 변함없었으니, 또한 어진 주인에 아름다운 손님이라 할 만하다.

기묘년(1759, 85세) 겨울에 감영(監營)에서 포상하고 어사가 추천하매[93] 승진하여 경기 지방을 맡으시게 되었다. 일찍이 경천(敬天)을 위해 과장되게 칭송하신 긴 시문이 있고, 그에 이은 소아(小衙)의 이별시 몇 편이 있어, 부자의 시를 이어 적은 여덟 폭 병풍을 새로 만들어 존안(尊顔)을 대신할 자료로 삼고 가보(家寶)로 전하고자 한다.

---

90. 여사(餘事): 그다지 중요하지 않은 일.
91. 관곡(款曲): 매우 정답고 친절함.
92. 관청색(官廳色): 수령의 음식물을 맡아보던 구실아치.
93. 어사가 추천하매: 『영조실록』 32년(1756) 6월 22일(무오)조를 보면, 임금이 영남의 암행어사 정상순(鄭尙淳)을 소견(召見)하는 자리에서 누가 가장 잘 다스리는지를 묻자 정상순이 의흥 현감 송흠명이 으뜸이라고 답하여 임금이 전조(銓曹)로 하여금 송흠명을 승진시키게 했다. 여기서 말하는 어사의 추천이 혹시 이 일을 가리키는 것일 수 있겠다.

자리를 옮긴 뒤 세월이 오래되었으나 서신이 끊이지 않았고, 항상 그리울 때마다 문득 병풍을 펼쳐 감회를 풀었으니, 내 친구 중에 와서 본 이는 정분의 얕고 깊음을 측량하곤 했다. 내 나이를 돌아보니 바야흐로 여든다섯 살에 아침저녁으로 목숨 다하기를 기다리는지라 이 세상에서 다시 만날 기약이 묘연하니, 삼가 정분편(情分篇) 아래에 이렇게 글을 짓노라.

손와만록 자서(自序) 잡저(雜著) 제5

<56뒤> 잡저(雜著)는 내가 만난 신이한 일들과 흉적의 변란, 집을 옮긴 일, 덕에 감동한 여러 이야기를 취하여 별도로 한 권을 만들고 책 끝에 기록하여 잊지 않을 자료로 삼은 것이다.

하룻밤에 다섯 마리 새끼를 옮긴 이야기[一夜運五雛說]

손위 누이가 정미년(1667)[1]에 청송부(青松府)로 시집을 갔는데, 기르던 암캐가 따라갔다. 팔월 보름 해 뜰 무렵에 모친이 계시는 방 동쪽 창 밖에 강아지들이 시끄럽게 우는 소리가 들려 일어나 보니 새로 태어난 네 마리 강아지들이 있었다. 서로 베고 누워 우는데 어미 개는 없었다. 잠시 후 어미 개가 한 마리 강아지를 물고 오더니 여러 강아지 사이에 놓고 누워 젖을 먹이는데 숨이 매우 가쁘고 땀으로 목욕한 듯하였다. 자세히 보니 누이를 따라갔던 개였다. 밥과 생선을 많이 주어 먹였는데 이렇게나 많이 낳은 줄은 알지 못했다. 며칠이 걸려 이르렀는지 단서를 헤아리지 못했다. 포시(晡時, 15~17시)에 개와 함께 갔던 신비(新婢)[2]가 왔다. 어미 개가 간 곳을 알

1. 정미년(1667): 이 해는 김경천이 태어나기 전이고, 여기 실린 이야기는 후에 들은 이야기인 듯함.
2. 신비(新婢): 혼인할 때 부모로부터 증여받는 여자종. 교전비(轎前婢).

고자 어머니를 뵙겠다는 핑계를 대어 온 것이었는데, 그 개를 보고서는 매우 놀라며 말하였다.

"이 개가 길러준 은혜로 신행(新行)을 따라가, 상전이 아껴 주셨을 뿐만 아니라 저 또한 부족함 없이 먹였습니다. 열사흘날에 새끼를 이렇게 많이 낳아 주인과 종이 별도로 잘 먹이고 열나흘날 저녁에 남은 밥을 다시 더 주었는데 새벽에 보니 <57앞> 없었습니다. 모두 호랑이에게 물려간 것이라 여겼는데 새끼가 한 마리도 남아 있지 않아 슬퍼하며 이상하게 생각했지요. 어찌 이곳에 이를 줄 생각했겠습니까?"

기이하도다! 여기서 청송까지 거리가 족히 백 리는 되고 숲이 무성하여 길이 매우 험악하다. 또 호랑이와 승냥이가 횡행하여 대낮에도 사람이 감히 혼자 가지 못하는데 이 개는 하룻밤 사이에 다섯 마리 새끼를 옮겼으니, 비록 한입에 다섯 새끼를 물 수 있더라도 백 리 땅을 하룻밤 사이에 도달하기는 어렵다. 본가에서 보았을 때는 해 뜰 무렵 옮기기를 마쳤을 때 단지 한 마리만을 물고 있었다. 그렇다면 다섯 마리를 옮기는 데 다섯 번 왔다 갔다 했을 터이니 왕래한 길을 합하면 천 리다. 홀로 나는 매도 뜻대로 하기 어렵고, 자그마한 짐승도 처음 태어난 새끼가 마구 달리는 사이 상처를 입을 걱정이 없지 않다. 만약 걸음을 천천히 한다면 한 마리도 옮기기 어려울 텐데 하물며 다섯 마리랴? 백 리의 산길에 호랑이와 승냥이 소굴이 아닌 곳이 없는데 이리 시끄럽게 울부짖는 새끼들을 씹어 삼키지 않고 끝내 온전히 살아났으니 혹 조물주의 도움이 있었던 것인가? 어찌 그리 신기한가?

이 일은 온 집안이 직접 본 것인데도 오히려 이렇게 의심되거늘 하물며 길거리에 떠돌아다니는 소문이랴? 개는 길러 줌만 생각하고 먹여 준 것을 그리워하지 않는 것인가? 누이와 여종이 밥을 먹여 준 것이 그처럼 후했으니 마땅히 잊지 않을 정이 있을 터인데, 새끼를 낳은 후 만 번 죽을 지경에 처할 계책을 내어 한 번 갔던 길을 찾아 밤새 다섯 마리 새끼를 데리고 옛 땅으로 돌아왔구나. 그렇다면 짐승의 성품으로 고향을 생각하는 마음이 밥을 먹는 즐거움보다 더한 것인가? 돌아보건대 나는 나이 늙어 고향에 돌아왔지만 한 명의 자식도 거느리지 못하였으니, <57뒤> 미물의 자애로움에 부끄럽도다. 아!

손으로 딱따구리를 잡다[手執啄木鳥]

임술년(1742, 68세) 여름에 마마가 매우 성하여 일곱 살 종제(從弟)가 전염되었다. 창증(脹症)3이 일어 증세가 매우 가볍지 않았다. 나는 가볍게 생각하고 가서 살펴보았는데, 이미 눈도 뜨지 못했고 더불어 이야기를 나눌 수도 없을 만큼 통증이 매우 심했다.

뜰 아래 늙은 노비가 보리타작을 하고 있었는데 옆에 큰 홰나무가 있었다. 문득 딱따구리가 날아와 썩은 가지를 따라 벌레를 잡았는데 빛깔이 사랑스러웠다. 병든 아이가 갑자기 벌떡 일어나 책상다리를 하고 앉아 늙은 노비에게 명하였다.

"네가 저 새를 잡아올 수 있겠느냐?"

노비가 고개를 들고 놀리듯 말하였다.

"마마 신[痘神]이 비록 영험하다 해도 어찌 나는 새를 잡을 수 있겠습니까?"

곧 화를 내며 꾸짖었다.

"네가 어찌 감히 내가 영험하지 않다고 말하느냐?"

노비는 비로소 그가 이상함을 알고 나무에 올라갔다. 새도 가지를 안고 엎드려 날아가지 못했다. 이에 늙은 노비가 잡아와 신상(神床) 위에 놓았더니 새는 곧 다리를 쭉 펴고 죽었다. 어찌 그리 신이한가? 아이가 병이 나은 후에 새를 잡은 일에 대해 물었더니, 멍하니 기억하지 못했다.

기이하도다! 마마 신[痘神]이 신령하다 해도 오히려 길짐승을 살리고 죽일 수 있을지언정 저 높이 나는 새를 또한 어찌 사람을 시켜 잡아 오게 할 수 있는가? 내가 이미 눈으로 보았는데도 의심하는 것이 없지 않다. 태어난 많은 남녀가 모두 이 병을 겪는데, 매우 아끼는 일곱 살배기 남자아이의 증세가 위태롭고 약이 효과가 없으니 <58앞> 내간(內間)에서 기양(祈禳)4함이 이르지 않은 곳이 없는데도 금지하지 않을 수 없었다. 심지어 글을 지어 정성스레 기도했는데도 끝내 면할 수 없었다. 그 외 생사 간에서는 조금도 영험함을 보지 못했으니 신 또한 사람에 따라 그 밝음과 어두움을 달리하는 것인지 모르겠다.

---

3. 창증(脹症): 뱃속에 액체나 가스가 차서 배가 잔뜩 부어오르는 증세.
4. 기양(祈禳): 재앙을 좇고 복을 기원함.

도깨비불이 길을 비춰 준 이야기[鬼炬照路說]

갑신년(1704, 30세) 오월에 아버지가 돌아가셨고 병술년(1706, 32세) 정월에 아내의 상을 당하여 장지를 구했다. 삼월 그믐에 지관을 따라 서촌(西村)에 갔다가 저물 때 혼자 돌아오게 되었다. 봉수현(烽燧峴)에 이르자 하늘은 이미 어두워졌고 산길은 매우 험하여 막대기로 더듬어 살피며 내려왔는데 걷기가 매우 어려웠다. 별안간 문득 깜빡거리는 불빛 두 개가 앞에 나타났다. 사람은 보이지 않았으나 그것 때문에 길이 밝아져 마음속으로 도깨비불이라 생각했다. 십여 걸음을 가니 점점 더하여 여덟아홉 개가 되었고 산허리로 내려오자 백 개가 좌우를 환히 비추어 구름 낀 낮보다 덜하지 않았다. 골짜기 입구로 나오자 전후에 늘어선 것이 천여 개에 이르렀다. 자세히 보아도 사람의 형상은 볼 수 없었고, 그때 속삭이듯 휙 지나가는 소리를 들었다.

계곡에 이르러 물을 건너려고 버선과 상혜(喪鞋)[5]를 벗어 단단히 묶어 소매 속에 넣고 바지를 걷고 건너자 뭇 불들이 옆에 붙어 갔다. 앞선 불빛이 비춰 주어 모래와 자갈을 셀 수 있을 정도였으나 조금도 뜨거운 기운이 엄습하지 않았고, 때때로 음산하고 차가운 기운이 뼈에 스며드는 것을 느꼈다. 물을 건너고서 모래밭에 앉아 다시 버선과 신을 정돈하니 자연히 시간이 지체되었고 불빛 또한 멈추어 기다렸다. 가장 가까이 있는 것은 불과 네다섯 걸음 떨어져 있었고 그 수는 <58뒤> 물을 건너기 전보다 몇 배나 되었다.

논 사이 작은 길에 이르자 불빛도 논 사이로 나와 열을 지어 갔다. 큰길에 오르자 마을의 개가 어지럽게 짖었고 이에 점차 물러났다. 마침 이 마을 사람 김석주(金石柱)가 집으로 돌아가다가 길에서 마주쳤는데 예부터 알던 사람이었다. 내가 불빛과 줄지어 오는 것을 괴이하게 여기기에 내가 도깨비불이라고 대답하였다. 그 또한 감히 나아가지 못해 함께 쉬었다. 멀리서 바라보니, 물러가는 천여 개의 불빛이 시냇가 모래밭에 있었는데 혹 줄지어 진세를 이루기도 하고 혹은 위아래로 내달리기도 하다가 오랜 후에야 사라졌다.

도깨비불이 예부터 있었다고 들었는데 구름 낀 밤 으슥한 곳에서 깜빡거린다고 하였다. 내가 만난 것은 곧 별이 숲을 밝게 비추는 때였고 큰 마을에서 몇 리 떨어진 곳이었다. 게다가 최복(衰服)을 입은 비천한 나는 희롱을 면할 수 있었다.

---

5. 상혜(喪鞋): 상제(喪制)가 신는 짚신.

조개젓갈은 과연 시었다[蛤醢果酸]

내가 어려서 고을 선비 이재분(李再賁)에게 『통감(通鑑)』과 『사략(史略)』[6]을 배웠는데, 하루도 공부를 빠뜨린 적이 없었다. 내 나이 열다섯 살[舞象][7]이 되자, 내가 글 짓는 재주가 있다고 상사(上舍) 공에게 글짓기를 가르쳐 성취할 수 있게 해 달라고 친히 청하셨다. 다른 문하를 따르게 되었어도 자식처럼 대하는 친함이 조금도 쇠하지 않았다. 나 또한 줄곧 가르쳐 이끌어 준 은혜를 잊지 않아서 그를 우러르기를 배우러 다닐 때처럼 한결같이 하였다. 돌아가신 후 심상(心喪)[8]을 행하고 매번 기일에 참례하였다.

계미년(1703, 29세) 가을에 다리에 심한 종기를 앓았는데 달이 넘도록 더욱 위중해졌다. 어느 날 통증이 조금 가라앉아 밤이 깊은 후 잠이 들었는데, 전 스승이 서쪽 담장에서 나를 불렀다. 내가 '예'라고 답하고 따라갔다. 문 아래 이르러 안으로 들어오라고 하셨다. <59앞> 허다한 음식이 진설되어 있었고 자식과 부인이 의관을 갖추고 옆에서 절하며 헌수례(獻壽禮)[9]처럼 술잔을 드렸다. 스승께서는 매번 그릇을 받아 먼저 맛을 보시고 내게 주셨다. 나는 두 손으로 받들어 맛보았는데, 어떤 음식도 그렇게 하지 않은 것이 없었으나 식해(食醢)가 나오자 젓가락을 놓고 드시지 않았다.

"조개젓갈이 보기엔 좋은 듯하나 맛이 너무 시구나. 반드시 오래되어 상했을 것이다."

과일을 가져다 드셨다. 어릿어릿한 가운데 집안사람이 미음을 권하기에 일어났더니, 꿈이었다.

닭이 울고 스승의 집에서 곡성이 나오니 기일에 제를 지내는 것이라 나의 서글픈 마음도 그치지 않았다. 먼동이 틀 무렵 계집종 세향(世香)이 제사 음식을 앞에 늘어놓았는데 음식들이 꿈에서 본 것과 똑같았으나 식해는 가져오지 않아 세향에게 말하였다.

---

6. 『통감(通鑑)』과 『사략(史略)』: 송나라 강지(江贄)의 『통감절요(通鑑節要)』와 증선지(曾先之)의 『십팔사략(十八史略)』.
7. 열다섯 살[舞象]: 『예기(禮記)』「내칙(內則)」에 성동(成童, 15세)이 되면 상(象) 춤을 춘다는 데서 유래하였음.
8. 심상(心喪): 스승의 죽음에 제자가 상복은 입지 않으나 상중(喪中)같이 근신하는 일.
9. 헌수례(獻壽禮): 환갑이나 잔치에서, 장수를 비는 의미로 자식이나 친척들이 차례로 술과 안주를 올리는 예.

"내 병자의 입이 바라는 것은 오직 식해인데 어찌 보내오지 않았느냐?"

"과연 대합조개로 젓갈을 만들었는데 시간이 지나 맛이 시어졌습니다. 병자의 입에 맞지 않을 듯하여 가져오지 않았습니다."

나는 매우 기이하게 여기며 꿈꾼 것을 말했다. 맏아들이 듣고서는 와서 보기에, 꿈속 일을 자세히 이야기하고 함께 눈물을 흘렸다.

아, 한 번 스승과 제자의 이름을 두어 돌아가신 지 여러 해가 지난 후 기일에 제사를 받으며 불러 정겹게 먹이니 정령이 사라지지 않음을 볼 수 있다. 시어 버린 젓갈의 증험이 또한 이처럼 정녕하니 한결같은 의리로 섬김을 감히 소홀히 하겠는가? 사람의 자식으로서 선인에게 제사를 올리는 예는 음식의 맛에 십분 정성을 다해야 함이 또한 명백하다.

의리 있는 화적 이야기[火賊有義說]

<59뒤> 집안에 대대로 내려오는 노비가 있었는데 평민 아내[良妻]를 얻어 아들, 딸을 낳았다. 무자년(1708, 34세) 봄에 그 아내의 아비가 칠십 관(貫)의 돈으로 속량해 줄 것을 청하기에 허락하였다. 그 돈은 인척 김교(金校)에게 맡기고 급히 써야 할 때 돌려받기로 약속하였는데, 늙은 모친을 모시고 있기 때문이었다. 신묘년(1711, 37세) 칠월 열아흐레에 흉변(모친상)을 당했는데, 그믐날 돈을 맡긴 사람이 돈을 가지고 와 말하였다.

"급한 때로 약속한 것이 바로 오늘을 말하는 듯합니다."

"액수가 얼마나 되나?"

"이백오십 냥입니다."

"어찌 그리 많은가?"

"일찍이 이자를 따지지 않았으나 자연히 이리되어, 주신 것이 이 액수에 맞습니다."

"그렇다면 매우 다행이나 화적이 성한 때를 만나 많은 돈을 외딴 마을에 둘 수 없으니 옛 곳에 돌려놓고 때에 따라 돈을 가져다 쓰는 것만 같지 못하네."

김교도 그리 여겼으나 대낮에 왔다 갔다 하고 싶지 않아 날이 저물기를 기다려 아이 종에게 짊어지고 가게 하였다. 그때 화적이 고을 안에 널리 퍼져 몰래 서로 일러

준 듯했다. 팔월 초하룻날 밤 명화적(明火賊)이 돌입하였는데 오륙십 명은 되어 보였다. 우두머리가 연못가에 서서 무리들에게 앞서라 하고 어제 가져온 돈을 찾아내되 사람을 해치지 말라고 명령하였다. 나는 그 무리에게 간절히 말하였다.

"집안 물건을 모두 가져가더라도 아까울 것이 없으나 다만 옻칠한 관이 마르기를 기다리느라 아직 묶지 않았으니 불을 놓지는 말아 주시오."

모두 낮은 소리로 "걱정 마시오, 걱정 마시오"라고 공손히 응대하였다.

한 도적이 빈실(殯室)에 들어가 영침(靈寢)10의 옷과 이불, 그릇을 약탈하다가 갑자기 횃불이 떨어져 거적자리에 불이 옮겨붙었다. 내가 들어가려 하자 그도 또한 놀라고 당황하여 급히 다른 거적으로 덮어 안고 나왔다. <60앞> 또 아이들이 달아나 흩어지자, 일제히 소리 높여 '아지(阿只, 아기)를 상하게 하지 말라'고 경계하였다. '아지'라 한 것은 어린아이를 높여 일컬은 것이다.

기이하도다! 이미 적심(賊心)을 품고, 아직 장례를 치르지 않은 집에 어지러이 들어가면 옷과 재물을 찾고 오히려 남긴 것이 있을까 걱정하며 조금도 가엾게 여기지 않는데, 횃불이 떨어져 불이 일어나니 불을 덮어 끄고, 아이들이 달아나니 그들이 다칠까 경계하고, 말을 공손히 하며 감히 모욕함이 없으니, 하늘이 부여한 성품을 이에서 볼 수 있다. 이른바 '도적이 본래는 양민(良民)이라'는 것도 또한 여기에서 볼 수 있다.

다음 날 아침 관가에서 심부름꾼[專价]을 보내 위로하고 또 잃은 물건이 있으면 기록하여 정소(呈訴)11하라는 명이 있었다. 내가 대답하였다.

"죄역(罪逆)12이 죽지 않고 또 이 변란을 만났습니다. 최근 도적들이 재물을 약탈하고 사람을 죽이며 집을 불살랐는데 다행히 목숨을 온전히 하고 모친의 널은 보존하였으니, 그가 의리가 있음에 감동하였습니다. 어찌 일호라도 정소하여 추심할 뜻이 있겠습니까?"

이 말로 돌아가 보고하게 하고 겸하여 하문해 주심에 대한 황감한 뜻을 표하도록 했다.

그 후 도적은 진영(鎭營)에서 체포하였고 법에 따라 죽은 이가 수십 명이었다고

---

10. 영침(靈寢): 염습이 끝난 후 죽은 이의 혼백을 임시로 모셔 두는 장소.
11. 정소(呈訴): 소장을 관청에 제출함.
12. 죄역(罪逆): 마땅한 이치를 거스르는 큰 죄라는 뜻으로, 여기서는 부모의 상을 당한 자신을 가리키는 말로 쓰였음.

한다. 그중 세 놈은 돈을 맡긴 사람의 가까운 이웃이었다. 이른바 돈이란 것은 외딴 마을에 보관해 둘 것이 아니고 또한 그 거래를 명백히 하지 않을 수 없다.

연못의 신물[蓮池神物]

<60뒤> 내가 경인년(1710, 36세) 가을에 위천(渭川) 가에서 살기로 정하고 안채와 바깥채 십여 칸을 지었는데 담벼락에 바를 흙을 뜰 앞 움푹한 곳에서 가져다 썼다. 땅을 팔 때마다 물이 나왔는데 일이 겨우 끝났을 때는 못의 면적이 자못 넓었다. 이에 돌과 흙을 쌓아 네모난 못을 만들었는데, 둘레가 오십여 아름을 넘지 않았다. 깊이는 배까지 잠겨 큰 가뭄이 들어도 마르지 않았다. 마침 아이 종이 벼를 거두고 돌아가는 길에 작은 웅덩이에 많은 물고기가 있는 것을 보고서는 물고기가 말라 죽는 것을 불쌍히 여겨 놋그릇에 담아 가져왔다. 그 수가 십여 마리였는데 너무 작아 모양을 분간하기 어려웠다. 못에 풀어놓았다.

신묘년(1711, 37세) 봄에 연꽃을 심었는데 가지와 잎이 무성해졌고 헤엄치는 물고기도 따라서 살쪘다. 때때로 낚아 보면 몇 치 되는 것도 있었으니 기르기 쉬움이 이와 같았다. 그해 가을에 모친의 상이 있어 초하루와 보름에 제사를 지낼 때 뜻대로 가져다 썼는데 붕어와 잉어 두 종류였다. 붕어는 적으나 잉어는 많았으며, 때로 한 자[尺] 만한 은빛 물고기가 물 위로 뛰어오르는 것도 보였다. 임진년(1712, 38세)에 더욱 성하여 물은 더욱 깊어졌고 어두워졌다.

계사년(1713, 39세) 오월 초열흘에 이웃 친구가 연못 동쪽에서 와 문득 담장 모퉁이로 숨더니 손짓으로 나를 불렀다. 내가 조용히 다가가 보니 남쪽가 버드나무 아래 큰 물고기가 있었는데 길이가 석 자가 넘고 눈처럼 희었다. 크고 작은 물고기들이 보호하듯 물에 떠다니다가 오랜 뒤 사라졌다. 내가 친구에게 말하였다.

"잉어가 화식(火食)을 하면 용이 된다고 하던데, 우리 집에서 글 읽는 아이들이 밥덩이를 물에 던져 줄 때마다 다투어 먹더니 혹 그것으로 인해 이처럼 커진 것인가?"

유월 초 여러 서리가 물고기 때문에 와서, 관령을 전하며 <61앞> 말하였다.

"관아에 창증(脹症)이 있는데 잉어를 달여 쓰면 신이한 효험이 있습니다. 듣자 하니 그대 집에 많다던데 두세 마리 은혜를 베풀어 주실 수 없는지요? 그러나 주인께서 서리 가운데 세력이 많다 하니 난처한 뜻을 보이시면 그 누가 얻을 수 있겠습니까?”
내가 황공함을 이기지 못하여 서리에게 청하였다.
“관아의 명령이 이처럼 준엄하니, 비록 모두를 가져가신다 해도 감히 거절할 수 없습니다.”
즉시 연잎을 베어 내고 그물을 쳐 찾았는데 한 치의 물고기도 보이지 않았다. 반나절 동안 모조리 뒤졌으나 끝내 얻지 못했다. 서리가 돌아가 이로써 관에 아뢰었으나 또한 어찌할 수 없었다. 나 또한 괴이하게 여겼다.
다음 날 오시(午時)에, 대청마루에서 설핏 잠이 들었는데 흰 물고기 한 마리가 힘차게 뛰어올랐다. 그 크기가 전날 본 것과 같았다. 멀리 동북쪽 모퉁이에 떨어졌는데 획 하는 소리가 웅장했다. 또 동북쪽에서 나와 다시 서남쪽으로 떨어졌는데 못의 물이 흘러넘쳤다. 잠시 후 놀라 꿈에서 깼는데 과연 그 물고기였다. 마음에 매우 괴이하게 여겨, 물고기가 집을 무너뜨릴까 걱정하였다.
이날 밤 초경(初更, 19~21시) 후 동이를 엎을 듯한 비가 내리고 삼경(三更, 23~1시)쯤 되자 바다를 뛰어넘을 만한 광풍이 부는 소리가 들렸다. 두려움에 위축되어 감히 나가지 못하고 창틈으로 보니 어지러운 물결이 끓어올라 앞마을에 가득 찼다. 사경(四更, 1~3시)에 비로소 맑아졌다. 날이 밝은 후 나가서 보니 못의 물이 매우 맑아 바닥까지 보였는데 물고기는 한 마리도 남지 않았다. 물결이 넘쳐 이른 곳에 물고기가 많이 떨어져 입을 뻐끔거렸다. 마을 사람들 중 어떤 이는 수백 마리를 얻기도 하고 어떤 이는 이삼십 마리를 얻기도 하였다. 집 남쪽 밭에 많이 쌓여 있었는데 물이 길을 따라나와 물건을 끌고 간 흔적이 있었고 위천(渭川)에 이르러 끊겼다.
생각하건대, 신어(神魚)가 못의 물을 올라타기는 했는데 <61뒤> 날아오를 기술이 아직 없어 이런 흔적을 남겼는가? 용의 종족이라면 꿈의 기이함이 없더라도 혹 우레와 번개의 위엄은 있을 터이나 끝내 그러한 것이 없었으니 괴이하다 할 만하다. 신물(神物)이 아니라면 경인년에 못에 풀어놓을 때는 잘 보이지도 않았는데 사 년도 안 되어 크기가 사람만 해지고 사냥꾼이 이른 것을 알고서 뭇 물고기들을 거느리고 피했다가 그가 간 뒤 뛰어올라 모습을 드러냈으니, 그 이치를 헤아릴 수 없다.
며칠 후 살진 손님이 찾아왔는데, 뜰 가운데 이르러 갑자기 구덩이에 빠져 배까지 잠겼다. 마침 건장한 노비가 구하다가 함께 구덩이에 떨어졌다. 물이 용솟음칠 때 서로 붙들고 나올 수 있었다. 계단 앞뜰이 못까지 이어져 있었으니 신어(神魚)가 따로 뜰 아래 굴을 만들어 은신처로 삼았음을 알게 되었다. 물고기가 떠난 후 땅이 비어서 무너진 것이었다.

사람들이 혹 잉어는 못 속의 동물이 아니라 한 것은 그의 신이한 변화를 말한 것인데, 일찍이 논 사이 작은 웅덩이에 있었던 것이 우리 집 아이 종을 만나지 않았다면 마른 땅을 면하지 못했을 것이다. 아, 사람과 동물에 혹 신이한 일이 없지 않은데 진실로 길러줌을 잃으면 성취할 이치가 없다.

어미 개의 충과 새끼의 효[母子犬忠孝]

내가 위천(渭川)가에 살 때 사환비(使喚婢)[13]가 있었는데, 그 지아비 이만귀(李萬貴)가 따라왔다가 계사년(1713, 39세) 여름에 독한 창질에 걸려 모두 죽었다. <62앞> 산기슭에 초빈(草殯)[14]하였는데, 기르던 검은 암캐가 시신을 따라가 종일 초빈 옆에 엎드려 있으면서 소리 높여 슬피 울다가 밤에 빈집으로 돌아왔다. 집안사람들이 가엾게 여기며 밥을 주었는데 이처럼 한 것이 여러 달이었다. 장사를 치르게 되자 관을 따라가 섬돌 아래 엎드렸다가 밤이 되면 집으로 돌아오기를 삼 년 동안 그치지 않았다.

내가 읍으로 돌아오게 되자, 또 따라와 누런 수컷 새끼를 낳았다. 새끼가 조금 자라서 음식을 얻으면 반드시 그 어미에게 양보했고 이웃 마을에 나가 음식을 얻으면 반드시 입에 물고 와 어미에게 주었으며 어미가 먹지 않으면 또한 먹지 않아, 사람들이 모두 기이하게 여겼다. 이를 들은 사람들이 소매 안에 고기를 넣어와 불러서 주면 반드시 입에 물고 가 어미를 찾아 주었으며 한 덩이도 자기가 삼킨 적이 없었다. 읍의 사람들이 모두 효성스런 개라고 일컬었다.

관가에서 이를 듣고 사람을 보내 끌고 가서 약과를 주며 시험하였더니, 즉시 입에 물고 달려나가 그 어미에게 주었다. 후(侯)께서 매우 기특하게 여겨 관아에 머물러

13. 사환비(使喚婢): 잔심부름하는 노비.

14. 초빈(草殯): 사정이 있어 장사를 지내지 못하고 시체를 방에 둘 수 없는 경우에, 관을 바깥에 놓고 이엉 같은 것으로 덮어 둔 것임.

두고 기르려고 베로 만든 끈을 목덜미에 묶었더니, 전혀 먹고 마시지 않았으며 밤낮으로 슬피 울었다. 후께서 차마 강제로 머물러 둘 수 없어 집으로 돌려보내 기르도록 하였다. 이로부터 소문이 널리 퍼져 보내오는 음식이 끊임없이 이어졌고, 그 어미가 배불러서 먹지 않은 후에야 새끼가 삼켰다. 반년 후 그 어미가 병으로 죽자 아이 종에게 명하여 거적으로 싸서 성 밖에 묻어 주도록 했다. 그 새끼가 슬피 울며 따라가, 어미가 주인을 위해 했던 것처럼 하였다.

아! 개는 여섯 가축[15] 가운데 하나로 무지한 미물인데, 주인을 위해 죽는 충성이 선산(善山)[16] 땅에서 있었으나 효자를 낳았다는 것은 듣지 못했다. 어미 개가 주인에게 충성하고 그 자식이 또 어미에게 효도하니, 이는 <62뒤> 대를 이은 기이한 상서로움이다. 우리가 중(中)을 받아 태어나고서도[受中以生][17] 충효하지 않는다면 이 개에게 죄인이 되지 않겠는가? 몇 달이 되지 않아 결국 이웃집의 고약한 젊은이에게 삶아져서 평범한 사냥개와 똑같이 끝났으니, 이는 무슨 이치인가? 태사공(太史公)이 말하기를, '하늘은 선인(善人)에게 보답하지 않는다.[天不報善人]'[18] 하였으니, 선인도 오히려 보답 받지 못하거늘 하물며 효성스런 개임에랴? 일찍이 듣자니 동생(董生) 집의 닭과 개가 서로 먹이를 양보하자[19] 사람들이 주인의 교화를 입은 것이라 하였는데, 만귀(萬貴)란 자가 평소 성품이 완고하고 사나워 부모를 알지 못하였는데도 그의 가축 중 이렇게 모자간에 탁월한 아름다움이 있으니 그 이치 또한 알기 어렵다.

---

15. 여섯 가축: 말 · 소 · 양 · 돼지 · 개 · 닭.
16. 선산(善山): 경북 구미시 선산군. 불을 꺼서 술에 취해 잠든 주인을 구한 개의 무덤[義狗塚]이 있음.
17. 중(中)을 받아 태어나고서도[受中以生]: 백성이 천지에 크게 중(中)하고 지극히 바른 이치를 받아 살아간다는 뜻. 『시전방통(詩傳旁通)』「대아탕지십(大雅蕩之什)」.
18. 하늘은 선인(善人)에게 보답하지 않는다.[天不報善人]: 『사기(史記)』「백이전(伯夷傳)」에서 백이(伯夷)와 숙제(叔齊)가 굶어 죽고 안연(顔淵)이 요절한 것에 대해 탄식한 말.
19. 동생(董生) 집의 닭과 개가 서로 먹이를 양보하자: 동생(董生)은 당나라 때 은사(隱士)인 동소남(董召南). 동소남이 안풍현(安豐縣)에 은거하면서 부모에게 효도하고 처자에게 자애하며 집안의 가축들도 그의 덕화를 입었다는 고사. 동소남의 집에 새끼에게 젖을 먹이는 어미 개가 있었는데, 어미가 먹이를 구하러 나간 사이에 닭이 벌레를 쪼아 강아지를 먹이며 돌봐 주었는데 벌레를 먹지 않으면 슬피 울었다 한다. 한유(韓愈)의 <차재동생행(嗟哉董生行)>.

집을 옮겨 주시매 현후께 감사하다[移家感賢侯]

후(侯) 이제상(李齊尙)께서는 먼 선조가 종실(宗室)이어서 벼슬길에 올랐다. 무신년(1728, 54세)에 우리 고을에 부임하여 업적이 대단히 많았다. 이때 나는 철파촌(鐵坡村)에 있으면서 자주 부르심을 받아 편지를 대신 쓰거나 문서를 대신 썼다. 사나흘도 떨어져 있은 적이 없었다.

경술년(1730, 56세) 정월 스무날이 지나 심부름꾼[傳价]이 불러 바로 나아가 뵈니 어떤 손님이 자리에 있었는데, 수령께서 나를 가리키며 물으셨다.

"이 사람 상(相)이 어떠하오?"

그 사람이 한참 동안 들여다보더니 말했다.

"귀하고 장수할 것입니다. 그러나 지금부터 임자년(1732, 58세) 겨울까지 큰 액이 있으니 이번 달에 남쪽으로 삼백여 리를 가서 계축년(1733, 59세)에 돌아오면 흉한 운수가 소멸하고 <63앞> 구십의 장수를 누릴 것이나, 그렇지 않으면 이해 오월 전에 이 세상 사람이 못 될 것입니다."

내가 말했다.

"만약 반드시 죽을 형상이라면 하늘로 오르거나 땅에 들어간들 면할 수 있겠소?"

"이것은 가문의 운수와 관련된 것이니 고향을 멀리 떠나면 면할 수 있습니다. 또 본래 상(相)에 옮기면 길한 격(格)이 있으니 비록 오랑캐 땅으로 가더라도 군색할 걱정이 없습니다."

후께서 말씀하셨다.

"이 사람은 다른 이의 상을 많이 보아 묘하게 적중하지 않음이 없소. 내가 그대를 아끼는 마음으로 치면 실로 하루도 서로 떨어져 있고 싶지 않으나, 죽고 사는 일은 역시 큰일이오. 모름지기 이번 달 안에 몸부터 떠나서 살 길을 찾아야 하오."

내가 엎드려 대답했다.

"힘써 하교하심은 실로 살리고자 하시는 후의에서 나온 것이니 감히 즐겨 좇지 않겠습니까? 그러나 남쪽 수백 리 밖으로 가면 얼핏 본 얕은 친분도 없으니 거처를 얻고자 한들 누가 기꺼이 받아주겠습니까? 또 많은 가족은 장차 어떻게 이사를 하겠습니까? 또 처가 임신하여 만삭이니 멀리 가기가 곤란합니다."

"인마(人馬)의 양식 비용은 내가 힘쓸 것이고, 만약 당도한 곳에서 우선 살림살이를 갖추고 통지하면 읍의 인력이 부족하다고는 하나 십여 명 가족을 옮기는 것이 무엇이 어렵겠소? 이 일은 늦출 수 없소이다."

관상가에게 길일을 잡으라 하니, 급박하게 모레라고 했다. 후께서 말씀하셨다.

"먼 길의 행구를 갑자기 판비하기 어려워 다섯 관(貫)으로 신행(贐行)[20]을 삼겠소."

기한에 맞춰 떠나도록 하셨다. 경주와 울부(蔚府, 울산)의 사대부 집안에 들러 소회를 털어놓으면 교분이 없더라도 도와서 머무르게 하지 않음이 없었으니, <63뒤> 나를 머무르게 하여 자제의 선생으로 삼고자 함이었다.

바닷가의 기후는 가까이할 수 없었다. 그래서 울부 서병면(西竝面)의 척고촌(尺苽村)[21]이라는 곳에서 한 거처를 얻었다. 산은 깊고 물은 수려하며 인물이 번성했고, 상하 주민과 인근의 선비들이 많이 보호해 주고자 했다.

즉시 이런 뜻으로 글을 써 아헌(衙軒)에 보고하니, 후께서 종마(從馬) 일곱 필의 체(帖)[22]를 발행하고 세 가지 양식 각 한 곡(斛), 돈 열 관(貫)을 여행 비용으로 보내셨다. 또 아이가 어리고 홍역에 걸릴 것을 염려하여 자갈탕(紫葛湯)[23] 십여 첩을 지어 보내시어 불시에 치료하는 물자로 삼게 하셨다. 성아(成兒)와 막내딸이 중도에서 홍역에 걸렸는데 각자 수삼 첩씩 복용하고 그 덕에 나았다.

이때 원근의 학도들이 어지러이 몰려들어 속수지례(束脩之禮)[24]를 넉넉히 행하고, 곡식을 쌓아 놓은 집안에서는 또한 곡식을 보내 주어 풍족하게 썼으니, 풍토의 어질고 넉넉함을 가히 볼 수 있다. 마을 사람들이 맑은 연못 위에 강습하고 낚시하는 곳으로 정사(精舍)[25]를 지어 주어, 기쁜 마음과 즐거운 일을 기록할 만한 것이 실로 많다. 그러나 가문은 불행하여 이해 삼월에 의지하던 집안의 조카가 뜻밖에 죽었다 했다. 오월 스무하루에는 동생을 구하지 못했고, 불과 사오 일 후에는 막내 누이동생의 부음이 다다랐다. 다음 해 유월에는 장자가 요절했으며, 그 밖의 가까운 친척의 상에 대해서는 이루 다 기록할 수 없다.

---

20. 신행(贐行): 먼 길을 떠나는 사람에게 주는 시문(詩文)이나 물건.
21. 척고촌(尺苽村): 현재 울산시 울주군 범서읍에 척과리(尺果里)라는 곳이 있는데, 혹시 이곳인지 모르겠음. '척과'는 옥녀봉에서 내려다볼 때 마을의 지형이 자[尺]처럼 똑바르고 길게 생겼다는 데에서 붙여진 이름이라 함.
22. 체(帖): 체하(帖下). 관아에서 일꾼들에게 돈이나 곡식, 물건을 지급할 때, 종이에 물품을 적고 체(帖) 자 도장을 찍은 표. 그에 따라 물품을 지급했다.
23. 자갈탕(紫葛湯): 허약하고 피로한 것을 보하며, 쇠붙이에 다친 상처 등을 낫게 하는 효과가 있는 탕약.
24. 속수지례(束脩之禮): 육포 묶음 등의 예물을 지니고 처음으로 스승을 뵙는 예.
25. 정사(精舍): 학문을 가르치기 위하여 마련한 집.

관상가가 말한 것이 과연 거짓이 아니었다. 하지만 만약 내가 옛 땅을 떠나서 화(禍)가 친족에게 옮겨진 것이라 한다면 사는 것이 죽느니만 못하다. 팔십의 나이는 현후(賢侯)께서 주신 것이니 그 은혜의 크고 작음을 어떻게 갚으리오. 그리고 관상 또한 도움이 없지 않다. <64앞>

허사동 꿈[虛寺洞夢]

남쪽으로 가기 하루 전날 아내가 나에게 말했다.

"먼 곳에 가서 살려는 계획이 뜻밖에 나왔으니 고향을 떠나는 슬픔이 실로 많으나, 새로운 곳을 얻는 다행스러움이 없지 않습니다."

"무슨 말이오?"

"밤에 꿈을 꾸었습니다. 가족을 이끌고 떠나 사흘을 자고 도달했는데 산비탈을 보니 새로 지은 큰 집이 관사(官舍) 같더군요. 그곳에 들어간 후 안팎을 둘러보니 위아래 누고(樓庫)[26]에 돈과 베 등 각색 물건이 셀 수 없이 가득했습니다. 우리에게는 살진 말과 건장한 소가 있고, 부엌에는 보배로운 그릇과 좋은 반찬이 있었구요. 집안의 일꾼은 모두 비구니였고 문밖을 소제하는 이는 모두 거사(居士)였는데, 제가 비구니에게 '그대들 부부는 어찌하여 우리네 일을 하시는가?' 물었더니, '귀댁이 세워진 땅은 허사동(虛寺洞)입니다. 절이 버려진 지 오래여서 많은 비구니가 의탁할 곳이 없었습니다. 이제 다행히 주인을 얻게 된 까닭에 우리 부부가 함께 가사를 받드는 것입니다' 하더군요. 깨어나서 생각해 보니, 새로 머물 곳은 필시 허사동일 것입니다."

마음에 매우 이상하게 여겼다. 척고촌(尺菰村)에 이르러서 이런 이름이 있다는 걸 듣지 못했다. 아내가 평소에 병이 있었는데 임신중독이 더해져 병이 더욱 깊어졌다. 시월 초엿새에 사망하게 되니 환장(還葬)[27]을 계획했다. 지기(知己, 친구)인 석사(碩士)[28] 박민효(朴敏孝) 상사(上舍)가 짬을 내서 와서 북산(北山)을 가리키며 말했다.

---

26. 누고(樓庫): 다락집으로 된 창고.
27. 환장(還葬): 타향에서 죽은 이를 고향에 모셔다 장사 지내는 것. 귀장(歸葬).
28. 석사(碩士): 벼슬이 없는 선비를 높이어 부르는 말.

"저 하늘에 꽂히듯이 높은 것이 곧 국사봉(國士峰)[29]이지. 동쪽으로 떨어진 곳에 경태(庚兌, 서쪽) 용이 서북쪽에서 일어나 아래로 기운이 맺힌[東落庚兌龍, 戍作下結氣] 곳으로, 이른바 '휴기(休基)'라 말하니, 고금의 지사(地師)[30]들이 모두 <64뒤> 명혈(名穴)[31]로 일컫는 곳이야. 나무하는 이들이 눈바람이 크게 일어나는 날에는 반드시 이곳에서 피하며 쉰다고 하여 이런 이름을 얻게 되었네. 그곳이 바람을 가두고 해를 향함을 이로 미루어 알 만하지. 원근의 사대부들이 모두 차지하고 싶어 하지만 이곳이 수백 가구가 사는 큰 마을이라 감히 마음을 먹지 못하네. 현합(賢閤)[32]의 상(喪)이 이곳에서 났으니 혹시 조물주가 아껴 두었다가 혼령의 안식처로 삼고자 한 것인가? 하물며 그대와 세류영(細柳營)[33] 양쪽 관아의 정분이 얕지 않으니 본부(本府)에서도 저버리려 하지 않을 걸세. 이 기회를 타서 도모한다면 이 고을 사람들이 모두 병영(兵營)의 장교(將校)들이니 누가 감히 훼방을 놓겠는가? 내가 병영에 가서 이 뜻을 자세히 고하겠네."

며칠 후에 우후(虞候)[34] 박기담(朴耆聃) 공(公)께서 오랜 정의(情誼)로 와서 조문하니, 고을의 장교들이 모두 모여 청후(聽候)[35]했다. 박공께서 말씀하셨다.

"듣자 하니 장사(葬事)를 이 동리에 모신다던데, 그곳이 어딘가요?"

"저 북산 한쪽 기슭에 일단 모셔 두었는데 동리 사람들이 뒷산이라 하여 금하면 먼 곳에서 온 나그네로서 다투기가 힘이 듭니다."

"다스릴 수 있지요."

그리고 즉시 영리(營吏)[36]를 불러 말했다.

---

29. 국사봉(國士峰): 울산시 울주군의 두동면 만화리와 범서읍 척과리에 걸쳐 있는 국수봉(國讐峰)이란 산이 있다. 이곳에서 산천에 제사 지내던 산신당(山神堂)을 국사당(國祀堂)이라고 하여, 국사당이 있는 주봉을 국사봉(國祀峰)이라고 했으리라는 일설이 있는데, 혹시 동일한 지명인지 모르겠다.(『한국지명유래집』 경상편, 2011, 국토지리정보원.)
30. 지사(地師): 지관(地官). 풍수설에 따라 집터나 뫼자리 따위의 좋고 나쁨을 가려내는 사람.
31. 명혈(名穴): 명당자리가 되는 혈(穴). 혈은 용맥(龍脈)의 정기가 모인 자리로, 음택(陰宅)의 경우 시신을 매장하는 장소이며, 양택(陽宅)의 경우 주 건물이 들어서는 곳임.
32. 현합(賢閤): 상대방 부인을 높여 이르는 말.
33. 세류영(細柳營): 장군이 있는 진영(陣營). 한(漢)의 장수 주아부(周亞夫)가 섬서성(陝西省) 함양현(咸陽縣) 서남에 세류영이란 둔영(屯營)을 둔 일에서 온 말.
34. 우후(虞候): 우인(虞人). 조선시대 무관직으로, 각 도(道)에 배치된 병마절도사와 수군절도사의 다음 가는 벼슬이다. 병마우후는 종3품, 수군우후는 정4품이었음.
35. 청후(聽候): 상관의 지시를 받는 것.
36. 영리(營吏): 감영(監營) · 병영(兵營) · 수영(水營)에 딸린 서리.

"네가 땅을 측량하는[造地尺量] 서리로서 그 뜻을 헤아려 알고 나의 편을 들고자 한다면 가척(假尺)을 만들어 가서 측량하여라."

돌아와서 보고했다.

"촌가(村家)의 가장 가까운 곳이 백이십 보(步)입니다."

"그러하다면 법에 구애받지 않으니 누가 감히 금지하겠느냐?"

이어 내게 말했다.

"땅 파는 날에 사또께서도 와서 보실 테고, 저도 모시고 오겠습니다."

마침 본부(本府)의 좌수(座首)[37]들이 자제들의 교분으로 인해 특별히 조문을 와서는, 부사(府使)께서 올 것이라는 뜻을 말하니, 뜰에 있던 장교 무리들이 서로 쳐다볼 뿐 말이 없었다.

다음 날 일찍 북을 쳤는데, 모인 사람들은 <65앞> 장사(葬事)를 금하려는 것으로 생각했다. 이윽고 우두머리 몇 명이 와서 말했다.

"듣자 하니 실내(室內)[38]의 장지(葬地)를 마을 뒤의 휴기(休基)로 결정하셨다 하는데 이 땅은 사람들이 차지하려고 많이 다투었으나 감히 욕심을 내지 못했습니다. 그런데 뜻밖의 초상이 마을에서 났으니 이는 이른바 '하늘이 주었다'[39]는 것입니다. 마땅히 두 손 모아 바치고 힘을 모아 장사를 도와 드려야 할 것입니다. 그런데 걱정스러운 사정이 있으니, 가을에 병사또[兵使道]께서 매를 메고 집에 이른 날 하졸(下卒)들의 못된 짓으로 욕을 당한 부녀자가 매우 많았습니다. 어제 도영감(都令監)께서 조문하실 때에도 많은 폐단이 있었으니, 만약 땅을 파는 날에 세 분 행차(行次)[40]께서 일제히 오시면 마을에서 감당할 형편이 안 됩니다. 그러니 만류하는 편지를 보내신다면 마을의 남녀가 반드시 덕으로 여기고 대사(大事)를 잘 치를 테니,[41] 안정시키는 길이 아니겠습니까?"

"실로 그러하다면 천만다행이오."

---

37. 좌수(座首): 지방의 자치 기구인 향청(鄕廳)의 우두머리.
38. 실내(室內): 남의 아내를 이르는 말.
39. 하늘이 주었다: 원문은 '天與之'로, 『맹자(孟子)』 「만장(萬章)」의 "하늘이 현인에게 임금의 자리를 주게 하면 현인에게 주는 것이고, 하늘이 자식에게 임금의 자리를 주게 하면 자식에게 주는 것이다.[天與賢則與賢, 天與子則與子.]"에서 나온 말이다.
40. 행차(行次): 길을 나선 웃어른.
41. 대사(大事)를 잘 치를 테니: 원문은 '克襄大事'. '극양'은 『춘추좌씨전』 정공(定公) 15년 9월 무오(戊午)에 나오는 말로, '克'은 '能'의 뜻이고, '襄'은 '成'·'終'의 뜻임.

이윽고 편지를 두 통 만들어서 장교로 하여금 세류영에 보내니, 병상(兵相)께서 보시고는 그 사람을 불러서 감히 훼방 놓지 않겠다는 뜻을 진술하여 보냈다. 이로써 마침내 무사히 장례에 임하게 되었다. 내가 친분이 있는 김여훈(金汝勛)에게 말했다.

"산이 높고 물이 얼어서 이회(泥灰)[42]가 매우 어렵겠어."

"이 산은 백호(白虎)[43]이고 안에 오랜 절의 터가 있어서 이 땅 이름이 허사동(虛寺洞)이지. 법당의 터 아래에 용솟는 샘이 있는데 여름에는 시원하고 겨울에는 따뜻해."

내가 이로써 꿈속의 이름을 듣게 되었다.

아! 아내는 안동 태생으로 나에게 시집온 지 이십사 년 되는 해에 문득 남쪽으로 옮긴다는 계획을 듣고는 꼭 맞는 꿈을 얻었다. 무덤으로 나아가는 날 이 이름이 비로소 드러나니, 무릇 사람이 태어날 때에 돌아가 묻힐 곳이 이미 정해져 있다는 것을 분명히 알게 되었다. <65뒤> 하물며 삼백 리 밖에 떨어져 있음에랴. 『맹자(孟子)』에 이른바 '하지 않으면서 하는 것이 하늘이다.[莫之爲而爲者天也]'[44]라고 했으니, 닥쳐올 화복이 모두 하늘에 달렸을 뿐이다. 감히 조금이라도 그 사이에 인력을 쓰리오. 복을 구하는 사람으로서 반드시 힘써 길지를 구하고자 멀고 가까움을 가리지 않고 달을 넘기고 해를 넘겨 일주기가 지나도록 장사하지 않는 자는 이 이치를 얻지 못한 것이다. 그리하여 꿈을 기록하는 곳에 함부로 구한 실수를 겸하여 적어둔다.

장례·병치레·혼사에서 감사함을 마음에 새기다[喪病婚銘感]

새집에서 산 지 몇 달 되었을 때, 이웃에서 돌아오자 아내가 말하였다.

"조금 전 쉰 살쯤 된 어떤 부인이 와서 송파총(宋把摠)[45]이 상사(上舍)와 인척 관계가 있어 친족에 대해 얘기하려 했으나 만나지 못했다 하면서 다음 날 다시 올 거라 하였습니다."

---

42. 니회(泥灰): 물에 이긴 석회. 관을 보호하기 위해 바르는 것.
43. 백호(白虎): 풍수지리에서, 주산(主山)에서 오른쪽으로 뻗어 나간 산줄기. 여럿일 때는 내백호와 외백호로 나눈다.
44. 하지 않으면서 하는 것이 하늘이다.[莫之爲而爲者天也]: 『맹자(孟子)』「만장(萬章)」에 나오는 구절.
45. 파총(把摠): 각 군영의 종4품 무관.

다음 날 과연 왔는데 얼굴에 지(池)씨의 형상이 있었다. 인사를 마치고서 말하였다.

"상사께서 의성에서 오셨다 하니 옥리(玉里) 김씨 문중의 후손이 아니십니까?"

"그렇습니다. 듣자니 인척 관계가 있다던데, 친족 계파를 자세히 말씀해 보시겠습니까?"

"저는 연일(延日)[46] 태생으로, 일찍이 조부 말씀이 옥리(玉里) 김모(金某)가 저와 육촌이 된다 하셨습니다."

"돌아가신 제 조부이십니다. 일찍이 선친에게 들으니 칠촌숙 지선달(池先達)의 득룡(得龍) · 응룡(應龍) 형제가 연일 땅으로 옮기셨다 하던데 과연 그 자손이 아니십니까?"

"저는 득룡 씨의 손녀입니다. 이 마을 송씨 집안으로 시집와 두 아들을 두었습니다."

피차간에 놀랍고 기뻐하며 지친(至親)을 만난 듯하였다. 서로 <66앞> 왕래하며 오라비, 누이로 불렀다. 아내가 병이 들어 위태롭게 되자, 마음을 다하여 도와주었다. 상이 난 후 염습 등의 제반 절차를 몸소 도맡았고 허다한 어린아이들이 친어머니처럼 의지하였으니, 어찌 성이 다른 십촌을 먼 친척이라 하겠는가?

고을의 파총(把摠) 이천식(李天植)은 나와 동갑[同庚]으로 한층 더 친하게 지냈다. 파총 김여훈(金汝勛)은 신실하고 부지런하여 모든 일에 정성을 다했으며 그의 아들 진태(振兌)가 내게 가르침을 받은 까닭에 드디어 집을 옮겨 이웃으로 지냈다. 아플 때부터 하관할 때까지 수고한 일들이 많았다. 그 밖에 멀리 사는 생도(生徒)는 절반이 사족(士族)인데 음식을 주관할 사람이 없음을 염려하여 집안의 모든 일을 사람에 따라 나누어 했다. 구강(鷗江)[47]의 이운경(李雲卿)은 곡물과 부의(賻儀)를 감독하였고, 내성(內城)[48]의 남경훈(南景薰)은 음식을 만들어 내보내는 일을 감독하였고, 연암(蓮巖)[49]의 김추채(金秋采)는 아침저녁 제사를 살폈고, 냉천(冷泉)[50]의 이기

46. 연일(延日): 영일(迎日). 경북 포항 지역의 옛 지명.
47. 구강(鷗江): 울산시 반구동의 옛 지명.
48. 내성(內城): 울주군 서생면 서생리 성내마을을 가리키는 듯함. 임진왜란 때 왜군이 쌓은 서생포(西生浦) 왜성(倭城)을 중심으로 성 안쪽에 있음.
49. 연암(蓮巖): 울산시 연암동(蓮岩洞).
50. 냉천(冷泉): 울산시 신천동에 있는 마을.

옥(李奇玉)·이후옥(厚玉)·이쌍옥(李雙玉) 세 사촌 동생은 장사에 쓰일 도구들을 주관하였고, 본동(本洞)의 김귀(金龜)·김린(金麟)·김기(金麒) 삼형제와 진태 등은 지휘를 받아서 한결같은 마음과 뜻으로 모든 도구를 미리 준비하지 않은 것이 없었다. 초종(初終)[51]부터 하관까지 하나도 어렵지 않았던 것은 모두 그들의 힘이었다.

장사를 지낼 때 각 집안 부형과 친구, 선비들이 또한 많이 와서 보았는데, 날씨가 매우 추워 역군(役軍)들이 기꺼이 힘을 다하지 않았다. 시임좌수(時任座首) 이태걸(李泰傑) 공, 향교(鄕校) 상재(上齋)[52] 이현담(李玄聃) 공, 구강의 원장(院長)[53] 배명후(裵命厚) 공 <66뒤> 세 사람이 가래 하나를 들고 손 모아 흙을 파내면서 내게 말하였다.

"김상사(金上舍)가 비록 고향에서 이런 일을 당했더라도 한 고을의 세 수질(首侄)을 일꾼으로 만들지는 못했을 것이오."

이는 고을 역군들을 깨우치고자 한 것이었다. 온 고을 사람들이 황공해하며 죄를 청하고 힘을 다하여 일을 마쳤다. 객(客)을 위하여 정성껏 도모함이 이에 이르렀다.

몇 달 되지 않아 창질[瘡氣]이 갑자기 걷잡을 수 없이 퍼졌다. 내가 먼저 전염되어 두 아이를 산사(山寺)로 보내고 학생들도 흩어져 가도록 하였더니, 모두 말하였다.

"함장(函丈)[54]께서 홀로 타향에 계셔 간호할 사람이 없는데 저희가 어찌 차마 버리고 가겠습니까?"

이에 여러 가지로 설득하여 강제로 떠나게 하자 가까운 마을의 바라다보이는 곳에 모여 지내면서 밤낮으로 대기하였다가 땀을 냈다는 것을 들은 후에야 돌아갔으니, 삼사여일(三事如一)의 도리[55]를 아는 이들은 이 생도들이었다. 김파총(金把摠)은 이웃이었기에 멀리 피하는 것이 마땅했으나 치료를 도울 사람이 없다고 여겨 늘 병석 곁에 있으면서 증세에 따라 약을 써 남은 목숨을 보전케 하였으니 또한 '어진 마을을 택했다.[擇里仁]'[56]고 할 수 있다. 모든 학생이 무사하다고 들었으나 기옥(奇

---

51. 초종(初終): 숨을 거두기 직전부터 죽은 뒤 부고를 내리기까지의 절차. 임종에 대한 준비, 초혼·시체거두기, 관준비, 부고 등.
52. 상재(上齋): 상사(上舍). 소과(小科)에 합격한 사람.
53. 구강의 원장(院長): 울산 중구 반구동에 있는 구강서원의 원장.
54. 함장(函丈): 스승. 스승과 제자의 자리를 1장(丈) 간격으로 두는 데서 나온 말.
55. 삼사여일(三事如一)의 도리: 임금과 스승과 부모를 똑같이 섬기는 도리. 『국어(國語)』「진책(晉策)」1권에, "사람은 세 분의 은혜로 살게 마련이니, 그분들을 똑같이 섬겨야 한다. 어버이는 낳아 주신 분이고, 스승은 가르쳐 주시는 분이고, 임금님은 먹여 주시는 분이니, … 똑같이 섬겨야 한다.[民生于三事之如一, 父生之, 師教之, 君息之, … 故壹事之.]"라고 하였다.

玉) 한 명이 독기에 많이 물들어 여러 번 죽을 고비를 넘기고 겨우 살았으니, 얼마나 다행인가?

큰 흉년이 들었던 신임(辛壬, 1731~1732) 연간에 미쳐, 온 식구가 죽기만을 기다렸다. 구강(鷗江)의 원장 이항문(李恒文) 씨와 그의 조카 이동재(李東載) 씨가 각각 열 관의 돈을 내어 목장리(牧場吏) 김응삼(金應三)의 무곡선(貿穀船)[57]에 주었다. 비록 숫자대로 얻지는 못했지만 열 목숨이 살았으니 온전히 그의 덕택이었다. 정천(井泉)으로 옮기고서 또 이상한 병에 걸려 어찌할 수 없는 지경에 이르렀는데, 냉천 원장 이공달(李恭撻) 씨의 <67앞> 사종(四從)형제가 힘을 다해 구호해 주는 것에 온전히 의지하였다. 본동 김상기(金尙起) 부자가 밤낮으로 지키며 보살펴 남은 목숨을 보전할 수 있었다. 계축년(1733, 59세)에 고향으로 돌아가는 날 각 집안 형제들이 만리성(萬里城)[58]까지 멀리 배웅 나와 울며 이별하였는데, 목이 쉰 이도 있었으니 길 가던 사람들이 상여를 보내는 것인가 생각하기도 하였다. 대접해 준 은혜와 이별의 정을 이에서 볼 수 있었다. 꼭 다시 와서 덕을 갚고자 하였다.

정사년(1737, 63세)에 방죽 안쪽에 새 터를 잡고 몇 개 서까래를 엮어 서재를 지었는데 사부(士夫) 친구들이 손수 일을 하지 않은 것이 없었다. 그중 많은 돈과 곡식을 낸 이는 원장 이태도(李泰道) 씨였고, 마음과 힘을 다한 이는 풍헌(風憲)[59] 박세우(朴世佑) 씨였다. 이어 딸 혼사를 치를 때 상중하 사람들의 부조가 고향 친구들보다 덜하지 않았다. 요긴한 도구들을 담당하여 잔치에 쓰일 물품을 풍부하게 보내준 이는 호군(護軍)[60] 박희학(朴喜學)과 호군 김익추(金益秋)였다.

아! 문소(聞韶)[61]에서 학성(鶴城)[62]까지 거리가 삼백여 리이고 일찍이 언뜻 본 얕

---

56. 어진 마을을 택했다.[擇里仁]: 『논어(論語)』 「이인(里仁)」에 "공자가 말하기를, '마을의 인심이 인후(仁厚)한 것이 아름다우니, 어진 마을을 가려 살지 않는다면 어찌 지혜롭다 하겠는가?'라고 하였다.[子曰, 里仁爲美, 擇不處仁, 焉得知?]"
57. 무곡선(貿穀船): 곡식을 매매하는 배.
58. 만리성(萬里城): 경북 경주시 외동읍 모화리와 울산시 울주군 범서읍 두산리 사이에 있는 산성. 신라 때 모벌군성(毛伐郡城)이었고, 조선 때 관문성(關門城)으로도 불렸다. 영일만과 울산만에 상륙한 왜적이 경주로 침입하는 것을 막고자 722년(신라 성덕왕 21년)에 축조한 산성이다. 산과 산을 연결하여 길게 쌓았는데, 길이가 12km에 달해 만리성으로 불린다.
59. 풍헌(風憲): 지방 수령을 자문·보좌하기 위해 향반(鄕班)이 자치적으로 조직한 향청(鄕廳)에서 각 면의 수세(收稅), 차역(差役), 금령(禁令), 권농(勸農), 교화(敎化) 등의 행정 실무를 주관하던 직임.
60. 호군(護軍): 5위(五衛)에 속하는 정4품 무관직.
61. 문소(聞韶): 경북 의성의 옛 지명.
62. 학성(鶴城): 울산시의 옛 이름.

은 교분[葭莩][63]조차 없는데 시문으로 친하게 지냈다는 이유로 정성을 다하여 돕고 재물을 남김없이 베풀어 구휼하였던 것이다. 슬픔과 가여움을 곡진히 펼쳐 주었으니, 어찌 미천한 일물(一物)이 잘못이 없었겠는가? 대개 그 지역 풍속이 어질고 후덕하여 평소에 곤궁한 사람을 구제하는 의리가 있었던 것이다. 마음속에 새겨 목숨을 다하여 갚을 것을 생각하였으나 나이는 죽을 때가 가까워졌는데 간곡한 뜻을 이루지 못하였다. 이에 전말을 간략히 기록하여 내 자손들로 하여금 대를 이어 보답하도록 도모한다. 눈 돌릴 사이에 반은 귀신의 명부가 되어 버렸으니 매번 볼 때마다 나도 모르게 눈물이 흐른다.

손와만록 자서(自序) 잡저(雜著) 제5 종(終)

63. 얇은 교분[葭莩]: 『한서(漢書)』 「중산정왕전(中山靖王傳)」의 주(注)에 "가(葭)는 갈대요, 부(莩)는 갈대 대롱 속에 있는 지극히 엷은 흰 창이다."라고 하였다.

부록: 원문

巽窩謾錄 自序 觀政 第一

<1앞> 自序者, 蓋序發身階級 · 所遭榮幸, 而特序 李令公淸德異政之所以身親見之者, 表而揚之, 以傳來後, 而一縷未絶之前, 常自莊誦, 用寓追感之意耳. 令公諱益著, 字叔謙, 始服儒衣.

始余十四代祖仕高麗, 及我_[1]太祖龍飛, 以前朝權貴, 降爲本邑鄕吏, 限五代停擧. 旣滿登武科者十餘人, 獨吾家仍帶本役, 至吾身得賢師, 粗知製述.

辛未秋, 從黃侯胤子勤隸[2]稍進, 侯奇之, 臨去除吏案, 而猶不得厠[3]士類, 時或對景吟哦, 有所傳播者.

乙亥春, 李侯代莅,[4] 得知余名, 送奚[5]招之, 以吏服拜于庭, 命上階賜坐曰: "聞汝爲詩, 能此是韻否?"

指壁上畵障[6]曰:

"此乃吾別業龍淵圖也. 額上四韻, 卽吳判書道一甫所製也. 汝試占 <1뒤> 韻

1. 원본에서 빈칸으로 임금이나 상관에 대한 존경을 표시한 부분을 '_'로 표기한다.
2. (頭註) 隸, 音 이. 習也. 嫩條.
3. (頭註) 厠, 音 측. 側也. 溷也. 新也. 次也. 邊側.
4. (頭註) 莅, 音 리. 臨也.
5. (頭註) 奚, 音 히. 女奴婢同.
6. (頭註) 障, 音 장. 滿也. 塞也.

和之."

余心雖悚仄[7]不敢辭, 率爾搆進, 侯擊節歎賞曰:

"頷聯所云'山隨意匠圍成錦, 水逐神毫細濕綃'者, 雖使東坡復生, 無以加此."

蓋過奬[8]也. 取工庫所貯苧[9]布二端, 命送于家, 留坐賜食, 而教之曰:

"汝固非常才也. 不可久置下流, 吾當儒汝矣. 須以所送布, 作儒衣而來."

服既成, 將進謁, 侯曰:

"既具儒服, 門路自異."

開東挾引入, 登廳事納拜.

是日滿庭人吏之見者, 莫不變色易容. 卽喚出養胤與相見曰:

"汝今得師, 可敬事耳."

自是往來冊室, 同研[10]學業, 兩世親愛, 殆同骨肉. 陞沈固有數, 而士大夫成人之美如此.

觀星慮賑

侯常壁掛天文圖, 案置星曆[11]書, 每公餘, 潛心玩味, 握算籌之. 於乙亥端陽, 夜出步庭中, 仰觀星象, 愀然不樂. 余侍立於階旁, 問其故. 曰:

"來春人民 <2앞> 多饑死者矣."

曰:

"今年牟麥之豊, 近古所無, 人何飢乎?"

曰:

"秋穀大失矣."

余嚴不復請. 數日後, 作巡營行貸, 得山城錢一萬兩而歸, 磬出官庫各樣所儲錢布, 又充萬數, 及打麥以五十斗, 貿一貫錢. 侯於是, 召集一境商賈, 分付曰:

---

7. (頭註) 仄, 音 측. 不正.
8. (頭註) 奬, 音 장. 勸也.
9. (頭註) 苧, 音 져. 草可爲繩.
10. (頭註) 研, 音 연. 磨也. 窮也. 硯同.
11. (頭註) 曆, 音 력, 數也, 象也.

"聞牟價甚賤云, 汝等從自願, 受錢每一貫, 貿納四十五斗."

賈人利其得, 爭先受去, 依定數畢納. 時稻黍菽粟, 比前大茂, 吏民言虛峙無用之物. 七月初一日夜, 又觀天象, 召農吏帖各面, 令開通溝洫, 以防水災, 民亦疑之. 至初六日, 凄風冷雨, 一時俱作, 晝夜如注, 至八月十二日始晴, 月色如晝. 侯又看天曰:

"吾境百姓, 或得生道歟."

就房不寐, 鷄旣鳴, 謂余曰:

"寒氣逼身, 霜必降矣."

出而觀之, 地白如雪積. 侯開戶而觀, 嘖嘖長嘆曰:

"人其盡劉矣."

及日出, 傷潦被霜之穀, 枯損無餘, 民始惶恸, 益服其神明. 乃於十七日, 市上一貫價牟僅五 <2뒤> 斗, 至春縮至一斗, 卽酬本錢累萬貫, 餘谷不億, 一境皆飽其德.

丙子夏, 朝家特褒其善賑, 降表裡紬, 陞通政資, 移拜淸州牧使. 以其餘錢, 預備民間, 丁丑當納正供米布, 又以其餘, 當寺奴婢身布百餘同, 移劃各樣身布, 又以三千兩, 立備荒廳, 又以三千兩, 設補役廳, 以紓人吏貿易之苦. 歸裝, 獨有琴書二物, 其神異之政, 淸白之操, 近古所未有也.

執法不撓

侯於乙亥春爲政本邑, 裁眞木如尺樣, 報戶曺, 請準, 本曺行用尺烙印下送, 曺從之. 及納大同木, 帖民間曰:

"大同木當初定式五升木三十五尺, 依此來納."

民不信, 乃於納布日, 以新尺量庭中地, 三十五尺許, 兩頭揷標, 列布於其中, 有餘則割給. 及送布也, 別構報狀, 備陳守令不能奉法爲國歛怨之 <3앞> 狀. 且陳依事目準新尺上送之意. 該郎不敢自擅, 稟于堂上, 堂上稱其字曰:

"叔謙淸白而執法, 前者造新尺以去者, 爲此故也. 且觀其報來, 辭緣顯有爭卞之意, 若以近例終始遠拒, 則此賢必有投紱封章之擧, 不如無事之爲愈也."

遂畢捧焉.

且設本邑自古有京納虎贖木七十餘疋, 必以十升木四十尺爲準, 吏欲依例出秩, 侯[12]:

"此國家欲除民害, 設機阱捕虎, 不捕則以布罰之, 如得捕, 何必納布也?"

遂發獵捕小豹以來, 令出皮, 竝與肉腸筋骨而乾之, 及期以此上送, 該郞疑其貿皮以來, 責納其肉骨, 持者以肉骨印封進之, 無辭可答. 乃以依所報, 捧上題送. 其執法不撓如此矣.

不畏强禦

侯之移宰淸州也. 余以子弟師隨之, 爲新政未布, 戶長以柴炭未納, 抄 <3뒤> 各人以進, 侯曰:

"本州大姓爲誰?"

曰:

"李判書諱秀彦宅也."

曰:

"有未收乎?"

曰:

"全不納也."

曰:

"他人姑置之, 先發牌, 捉其家首奴來."

判書素聞先聲, 見官旨, 卽送首奴曰:

"吾與新侯, 世分不泛,[13] 似不深罪矣."

差人拿入首奴, 奴不爲屈, 蹲坐仰聲曰:

"此前古所未有之事也."

侯曰:

"汝以戶首, 應納結役, 全不擧行, 可乎?"

奴曰:

"自有吾上典以來, 未嘗見戶役之督也."

12. '侯' 다음에 '曰'이 누락됨.
13. 泛: '乏'의 오자.

侯怒曰:

"汝敢怙勢至此."

嚴飭羅卒, 脅上刑機, 取刑杖, 一一考察, 旣準次, 又欲加刑, 奴始吐舌請死, 遂着枷嚴囚. 翌朝, 判書公特來請謁, 施禮畢, 謝曰:

"民旅官多年, 在家少日, 不戢奴屬, 致勤嚴責, 不勝惶恐, 似不敢擧顔冒進, 特以世誼納刺, 幸曲恕焉."

侯曰:

"此麽事也. 推治頑奴, 何與於大監也?"

遂酌酒盡歡而罷, 風聲所及, 一境悚慄, 不數日, 畢納無遺.

且說. 北村有朴座首者, 以巨富名焉, 有 <4앞> 寡妹氏, 時任刑曹判書諱彦綱繼母也. 座首家以此益怙勢, 其子好便利, 或有未納者, 輒親往督之, 民畏之如虎.

西村一漢, 貧不能卽酬, 朴生率家僮進往, 令賣所居家償之, 民以難售辭之. 朴也大怒, 放火焚之, 適値狂風, 延燒六七家, 民莫敢告訴. 侯因事聞之, 卽發猛差十餘人, 期於必捉, 果於責債家, 逢着執來. 侯考律數罪, 嚴刑一次, 着枷牢囚, 枚報巡營.

時伯任公, 與朴家有素, 且與侯有査誼, 先發書, 懇於侯, 次以加刑之意題送, 吏先呈營簡, 侯置膝下, 及題辭至, 將加刑, 門外有衆女號哭之聲, 問之則曰, '李判書大夫人, 特來白活.'云. 侯牢閉各門, 加刑準次, 一邊分付其家, 造給所燒民家, 依律定罪.

及爲尙州牧使, 有怙勢宗室, 所謂湖城都正, 久寓邑底, 奪人民家薪, <4뒤> 藩籬廊舍, 至不堪居, 則移他所. 民甚苦之, 邑宰無如之何. 侯嘗宴客, 命召其所愛妓是英, 首妓曰:

"英也, 若見召於府中則, 都正送七八馬直, 咆哮奪去, 斯亦辱矣."

侯曰:

"何敢也? 預勅羅卒, 使之勿失英也."

纔到宴次, 豪悍六七漢, 作儻[14]掠去. 侯大怒, 令拿入. 奉令各人, 一時應聲, 毆打結縛, 各杖三十度, 具疏草, 悉擧都正作弊罪惡, 揚言上_達. 是夜, 都正雇人, 執鞚而走, 百端邑瘼, 一朝除去.

且說. 兵營路文, 至阿多介進上, 擔舁軍各其境上待候云. 此乃_御座竹方席也. 陪來軍官, 責發三百餘名.

---

14. 儻: '黨'의 오자.

侯曰:

"一席之重, 不過數十斤, 雖竝舁, 俱用數十人, 足矣."

軍色應命而去, 營屬見軍卒太甚些少, 毆打色吏, 勒發許多軍丁而來云. 侯具冠帶, 出迎謂營屬曰:

"一席_進上, 可用十餘夫, 何若是過濫? 吾欲開見."

軍官喝之曰:

"兵使道, 旣 <5앞> 署臣謹封, 守令不可開也."

侯正色曰:

"守令亦臣子, 改封何傷也?"

喝諸吏, 開拆封, 席下所藏錢四百貫, 掩之以大鰒三十貼, 其他雜物稱是, 侯一一錄記, 營屬上下, 一併着枷牢囚, 具狀報巡營.

方伯崔相國, 貽書勸解, 兵使急送子弟, 十分哀乞. 侯意亦不欲上_聞, 所囚各人, 依營題, 嚴刑二次. 自兵營別差他校, 整頓進上, 改封舁之, 不過用七八人. 自此以後, 各營畏之, 凡進上過去, 終無弊端, 其不畏强禦, 爲民除瘼, 到底皆然.

使令爭死

清州西北距五里, 有橫流大川, 每霖雨則必汎溢, 多漂沒邑里, 公私盡力, 雜植楡柳, 以防衝決, 有犯斫者, 極重罪.

侯嘗得黎首除法解天地筭, 凡事物之難齊者, 人情之隱晦處, 以是籌之, 無不奇中. 一日曉, 呼使令五名, 曰: <5뒤>

"北藪有偸斫人, 可沒捉來."

五差應命趍去, 果有五漢, 擔負而出, 其一則差使弟也. 以私情放之, 以四漢告之, 侯曰:

"一漢安在?"

曰:

"只四人."

曰:

"使令之弟, 獨不來見我乎?"

差人失魄, 叩頭曰:

"同氣之情, 不忍驅入於死地, 中間放之, 小的請代死!"

語未卒, 見放者奔入自首曰:

"罪實在我, 我當死!"

平問之下, 兄弟爭死, 侯義而兩釋之. 自是, 吏民不敢有毫髮隱蔽, 治聲益神.

烏捉我願

侯嘗有意於文治, 聚績文士百許人, 籍姓名, 置案上, 居接于鄕校, 出賑餘米五十斛, 饌價錢五十貫, 爲養賢資. 每朝, 出詩賦疑義題, 必於未申時, 收券出榜, 日選三十人, 上下其食, 程限內不納者, 撻楚五度. 非共知公故, 不許經出, 遲鈍欲去者, 亦不敢任意, 晝夜苦吟, 至有困頓瘦瘠 <6앞> 者. 一日, 有烏鳴於杏壇, 諸生曰:

"鳴聲甚惡, 人必死矣."

遲鈍中一人, 投筆而起, 向烏而祝曰:

"爾能殺人, 幸先捉我去."

一鄕傳以爲笑, 至及於政軒, 而猶不廢日課. 其勸奬之篤實如此.

憂愛得罪

侯性嚴正, 常痛禁淫祀, 每於所莅官, 先布此令, 不稅巫覡, 民莫敢犯.

一日早, 侯往候李判書于墨坊里第. 乳母以夫人命來, 問曰:

"曾知擇日法乎?"

曰:

"奚爲?"

曰:

"抹樓下, 以巫說, 慮令監身厄, 欲禱祀耳."

曰:

"令監痛禁此事, 雖涓吉日, 若値令監在衙時則可爲乎?"

乳母入告, 卽回敎曰:

"君言果是, 欲以今日爲之, 何如?"

曰:

"行次必於未晡時還官, 其前能爲之乎?"

又回敎, "欲擧大綱而止, 然此事若顯發, 則大禍必出, 君亦同心諱之, 可也."

曰:

"謹奉敎."

遂大供具, 多招近 <6뒤> 居靈保工祝, 設壽宮, 陳花席, 命衙內執樂者助之, 擊鼓坎坎, 揚靈閃閃.

余與小衙, 出遊外堂, 時春日亭午, 有一吏, 自行次所, 奔告曰, "令監未到李宅, 馬蹶致傷, 今方回轡云." 渾室大驚, 忙掇禱具. 俄而入來, 調治于外軒, 而無大段傷損.

翌日, 入內堂, 見廳罅席縫, 多散落赤豆, 問于別室, 別室囁嚅, 始生疑端, 出坐政堂, 命設凶杖, 具拿出諸婢僕, 嚴問得實狀, 發多差, 干事巫女, 盡數捉入, 縛上刑機, 將施嚴杖. 夫人使小婢, 傳喝曰:

"今日解紛, 非君而誰?"

余不得已出外堂, 令監含怒而責曰:

"吾視汝猶子, 家事多委之, 何不據理停止, 而有此亂家之擧乎?"

余乃整襟, 而徐對曰:

"令監旣視我猶子, 子何敢有隱於父乎? 今日之事, 雖使獄吏蔽之, 當以小生爲魁, 幸小霽威怒, 俾得畢其說焉."

曰:

"諾."

曰:

"行次纔出東城, 乳母以夫人意, 擇令監氣德, 禱于家神, 欲 <7앞> 弭令監身厄, 小生對曰, '雖擇吉日, 其如令監在衙何?', 夫人悟之, 卽吉日設禱, 雖謂之小生指揮, 固不敢辭矣."

復問曰:

“爾讀書人, 禱厄果是兩班家事乎?”

余笑而進曰:

“小生果於讀書時, 有所見得, 自古聖帝 · 名王 · 忠臣 · 高弟, 亦多崇信者, 請略陳之矣. 史臣[15]紛若之吉, 明示羲易, 巫祝祓除之禮, 昭揚戴經, 故入室請禱, 仲由之爲聖師也, 況仰望終身之誠乎? 懷椒要巫, 屈原之思暗君也, 況有別夫婦之情乎? 不但夫人深有憂愛, 小生亦嘗學易於令監, 粗解龍繇之理, 數日前承夫人命, 卜得小過之謙四爻, ‘午官臨世而動’, 見甚不佳, 不幸霜蹄之蹶, 果符午鬼之發也.”

曰:

“然則, 以巫說爲必可信歟?”

曰:

“非也. 今世無桑田之巫, 全昧陷厠之兆, 特以當前事言之, 壽宮半日之祝, 片言隻說, 何莫非爲令監度厄之誠? 而竟不免折轎之厄, 則其不足信, 明矣. 雖然以祈禱 <7뒤> 而受酷刑, 則蘓季子所謂佯僵覆酒受笞五十者, 不幸同歸, 故小生亦以爲衙中上下, 皆以憂愛得罪, 憂愛非得罪之情, 而世無能辨之者故也. 謂之不出於經, 則可也, 謂之亂家, 則似非着題語也. 必欲强治, 請先治小生, 以懲首惡也.”

令監沈吟良久曰:

“吾於汝謂無不照之心, 今日卞破言之, 多有不及處也.”

余因進曰:

“惟彼滿庭待命者, 或承上典之令, 或赴官府之招, 亦安知畢竟遭禍, 而分義所在, 乃敢違拒乎? 其非自作之孼明甚, 願少寬貸之.”

令監始開笑曰:

“微爾, 誠不免狂刑.”

卽分付於各人曰:

“吾欲重治矣, 金生之卞, 極有條理, 一倂放釋, 後勿更犯.”

是日, 內外上下, 莫不歸德於余, 而其所以冒昧陳說者, 蓋欲奉承夫人之命, 而得不虞之譽如此矣.

---

15. 臣: ‘巫’의 오자.

祠堂大怒

<8앞> 是年秋, 啓服罪人越獄逃躲, 守宰例當罷黜. 侯挈眷徑歸, 距州二日程, 諸吏修重記於宅下, 日久淹留. 侯亦閑坐無聊, 取新果而啗之, 夜闌後召諸吏問曰:

“近來清牧, 頻年見罷, 其亦有由而然歟? 吾已非汝倅, 雖俚語常談, 亦須毋隱也.”

官廳色崔瑞雲爲名者, 出班對曰:

“小的固知其有由, 而惶恐不敢.”

侯曰:

“無吾以也, 悉陳爾懷.”

伏地稱惶恐者再三, 侯强之, 乃仰首而對曰:

“本州官廳所納, 人吏貿易, 實多難堪者, 而特以案前登盤實果言之, 元價大廉, 而亦不能趂時出給, 失節之後, 每當祭享, 因次知督捧, 貧吏辨出無路, 或聞民間有大小祥設祭者, 勿論情分·親疎·地步遠近, 必前期往乞曰, ‘吾以實果貿易, 未納居多, 不幸官家近多祭享, 囚禁督捧, 無可奈何, 聞君行祭而來懇, 彼床卓上設奠之果, 見多可用者. 主人亦治下民也, 行祭後, 勿爲 <8뒤> 等閑兒小之費, 隨多少惠給, 則吾可以免官責, 而君可爲積善.’ 主人憐而許之, 其人達宵等待, 祭纔畢, 漑其器而來, 以充士大夫祭鬼. 故生人雖或知不知, 而有神祠堂必大怒, 不欲久享官物, 故致此頻罷之擧耳.”

侯默然不語, 而諸吏爲瑞雲惧, 及罪人斯得, 復還官次, 先罷實果貿易, 每當祭享, 眞貿於市上, 他物亦然, 頑吏之言誠濫, 而侯之自爲, 則美矣.

緣木求魚

侯之留本宅也, 有會葬行, 余隨之. 到青陽界, 謂余曰:

“吾於前村, 有訪友處, 汝先往青陽衙中. 本倅與吾, 已有今日之約矣.”

遂分路而行. 前有小峴, 峴有亭子木, 枝柯橫布. 有一商人, 多以生魚級懸之, 盖晒之也. 旣近, 以木叉挾級而下之. 余信馬揚言曰:

“此所謂緣木求魚也.”

其人卽回面而應曰:

"孟子云不得魚, 而吾得魚, <9앞> 此多後災, 不足憂也."

余慌忙下馬, 邀與相見, 其人戴平涼笠, 掛短布衣. 揖讓班荊而坐, 余曰:

"尊旣讀聖人書, 困於負賈, 何也?"

曰:

"若小知文, 豈能作行商也?"

余曰:

"昔呂不韋, 適趙而居奇貨, 非行商耶? 然而身致秦相, 手註魯史, 豈曰行商而無識也?"

其人曰:

"袁彦伯亦爲魚商, 夜泊牛諸鎭下, 對月詠史, 爲節度使所邀, 因其吹嘘而顯榮, 古之人儘有如此者."

余曰:

"安知今世獨無謝尙好風流也? 願聞姓諱, 以階吹噓."

其人愀然曰:

"僕姓金, 名克謙, 本以靑陽士族, 有意明經, 七書頗熟, 不幸慈父見背, 若干田庄, 盡賣於殯斂葬祭之具, 獨與母居, 而年迫七旬, 菽水未繼, 作此賈人, 三載于玆矣. 而曾前所讀, 猶有記憶者, 忽聞緣木求魚之說, 率爾仰對, 因玆納交, 其所以曬魚級者, 亦所以曬腹書也."

余曰:

"孟子旣熟, 能誦一章否?"

曰:

"諾."

卽擧浩然章試之, 始乃揚眉吐氣, 危坐而讀, 其聲 <9뒤> 若出金石, 不錯一字. 余擊節嘆賞, 憐才不已. 生曰:

"尊欲何往?"

曰:

"僕方向靑衙, 赴李靑州令監期會. 若以今日逢場奇語, 告達則令監素愛文人, 必邀見, 幸無遠有所之."

及分携, 俱有惜離之抱. 到衙次, 令監已先至矣, 問曰:
"從直路, 後何也?"
曰:
"非馬不前也, 有奇遇而然也."
仍細陳與金生打話事, 令監大加驚嘆, 謂主倅曰:
"君未聞治下有此人乎?"
曰:
"聞之而未及見也."
曰:
"官政七事, 興學居先."
命禮吏, 成告目邀之, 始整頓衣冠而至, 別是卓犖一奇士也. 施禮畢, 更敍昨日與余打話事, 取酒相樂, 背講七書, 切切奬許. 請於主倅, 先救其急, 倅卽帖下二斛長腰, 頗謝見晩之過. 令監又以十斛租馱送, 牌子付近處庄奴, 以爲讀書之資, 勤囑曰:
"式科不遠, 十分融解, 期於大捷. 粮盡當繼, 讀進排矣."
金生感謝而退. 及科期, 懇囑於京鄕試官, 得高參. 明春會試, 果中乙科第二.
噫! 緣木求 <10앞> 魚一句, 不但無後災, 終致大闡之慶. 當時俾余相逢者, 天或使然, 而我令監成人之美, 出人上萬萬. 遂歷踐階級, 爲南浦縣令, 有政績. 遺我寶硯, 一面以示石不轉之意, 不幸遭艱, 以官力治喪無憾云.

泣說爾德

侯歷典黃原二牧, 壬午歲, 字尙州時, 韶州倅金公諱鎭華, 慈夫人卽侯從妹氏也. 侯作棠營行, 欲候衙次, 兼觀桐鄕, 迂路而來, 邑民莫不欣悅, 次次探候, 自西境至邑底三十里, 設六處供帳, 男女老少, 各以村醪野肴, 迎候于路次, 擁馬扶轎, 懇請少留, 俾伸至悃. 侯輒降坐酬應, 至金磊帳下, 聚觀者尤多. 有一皤皤老嫗, 左執小白單, 右挈小黑壺, 直至席次, 發語必稱爾曰:
"吾年九十有二, 聞爾重來, 欲一見面而來, 請略陳爾德. 吾於乙丙年, 夫婦俱存, 有三 <10뒤> 子七孫, 而家無升斗谷, 勢將騈首塡壑, 賴爾誠心賑恤, 不但全家得

活, 爾去後, 租稅身布, 俱得免焉. 村嫗無知, 而未嘗一日忘爾德. 今聞過此, 不憚山谷險路, 欲達眞情, 幸勿以菲薄而却之."

卽以所持炙鶉二首, 奉置于前, 酌秋露而進, 拜伏流涕. 侯亦爲之動色, 傾盃啗鶉, 而慰之曰:

"嫗從何處, 得此異味?"

嫗曰:

"爾爲異政, 吾進異味矣."

侯曰:

"吾政何能及嫗言? 惟祈延年益壽."

嫗始拭泪曰:

"今旣覩爾, 卽死何憾?"

是日, 聚觀男女, 無不泣下. 噫, 嫗非不知官長之尊且嚴, 而言必稱爾者, 其亦康衢童謠'爾極'之餘意歟? 及到邑中, 東北村男女, 皆會迎拜曰: "不幸路左, 吾屬獨不設迎候供帳."

各獻酒饌曰:

"公無歸啇, 留活百姓."

或有流涕者, 皆露宿衙門外, 其亦不忍舍去之意也. 及南出, 所經民迎接, 一如西境矣.

奇事偶合

<11앞> 侯由羅公二州, 轉移水原. 乙未秋, 拜安東伯, 余迎候于豊山. 仍以陪從. 時李侍直諱浹, 僑居府之東厓, 以同宗誼, 情好甚摯, 每於逢場, 娓娓然話舊相樂.

一日侍直公來言, '某邑倅以親患請由不得, 經歸京裡'云. 侯曰:

"吾亦有此等事, 而前後吻合, 出自先宗長大監, 請細言之.

吾曾爲泰仁倅, 聞親患, 請由於監司, 監司以多務不許, 不暇更請, 慌忙經歸, 監司以擅離, 論罪在禁推. 時王大監爲判義禁, 翌早以_啓草送示, 有曰: '李某聞父病請由, 監司不許, 殊失孝理之道. 况某之經歸, 出於至情, 似無加罪之端, 帶職放送,

何如'云. 吾奉覩拜謝曰: '曲護罪人, 惶感無地'云. 果以此蒙_允. 漏罷始聞, 直到宅下, 時尙早, 女僕引入寢室, 大監不易寢冠, 以衾周體, 帶笑迎接. 吾進謝曰: '固有同宗 <11뒤> 之誼, 而未嘗入謁內寢矣. 今蒙過愛, 不勝惶感.' 大監擊節曰: '君我前後事, 若符合節.[16] 無怪乎老我接人褻慢也. 余嘗爲湖西郡, 聞親患, 請由於監司, 監司以務多不許, 余撥忙經歸, 因狀_聞禁推. 時皇大監爲判義禁, 翌早搆_啓草示余, 卽余昨日示君意也. 旣蒙放, 而時尙早, 直到宅下, 老婢引入內寢, 大監不易寢冠, 以衾周體, 而是雖同宗間親愛之意, 而心甚感激矣. 今君所遭, 一如余前日事, 故必欲酬舊恩, 送示草本, 果蒙恩侑, 幸符前事. 今君來訪於起寢之前者, 又復如前日早候, 故余必欲如皇大監厚誼, 爲此褻慢之擧, 幸毋見怪也.'

吾愴古感今, 僕僕拜謝而出. 日月滋久, 而未嘗忘置于中矣. 今幸因事類而陳之耳."

侍直亦節節稱嘆, 一倍追感.

請退試日

<12앞> 丙申六月初, 余侍侯論詩. 侯曰:

"聞爾於甲乙兩年都會, 連居晝壯, 聲名甚壯. 今月都會, 必作壯元. 吾欲壯觀."

對曰:

"今十四日, 値母忌, 故雕虫半世未嘗觀光矣. 甲午年以_上候不平, 差退一旬, 故幸占晝壯, 乙未則退行閏月, 故又爲晝壯. 今年則必依前例, 豈忍以終身喪日, 冒入禮圍也?"

侯曰:

"吾且圖之."

及辭歸, 優惠祭需, 而無他語. 初七日, 安東吏以巡營答簡來示, 有曰: '公都會例, 以十日開場矣, 今以執事勤教, 退行於十五日, 知委四都會.'云. 必欲使吾來觀也. 罷齋日, 卽往候, 侯戲之曰:

"宋時考官爲蘇長公退試三日, 今吾爲汝退五日, 汝其勉之."

及入場, 自衙內送望, 餕饌甚盛備, 同鄕士子, 與之共饒, 近接亦多與焉. 又以氷茶

16. 若符合節: 원본에는 '若合符節'로 쓰여 있고 '合'과 '符'의 순서를 바꾼다는 교정 표시가 있음.

瓜物，陸續入送，榮光則可感，而恐貽捉月狗之譏矣．旣納券，蒙過奬，書二中等，周示合製三日，等第尤高，終作畫壯．念吾踈才，豈能一一善作也？只 <12뒤> 取前榜故也．唱榜日，侯以主人與宴，對諸試官，指余而言曰：

“此壯元，卽吾門生也．旣作監試壯元，又爲三年都會畫壯，豈不壯哉？”

滿座無不稱嘆．及歸衙次，多施賞格曰：

“何日復見汝大闡？”

其眷愛如此，而僥倖小成，晩在令公仙去之後，每日仰念，不勝愴感．

轉屈爲榮

乙丙兩年覆試，設於密陽府，路由監營，覔正草而行．及入場，與慶州畫壯崔悅卿，敍舊於嶺南樓下，有二秀才，聯袂而來，各言姓名，一則尙州大雅洪尙朝甫，一則星州巨擘裵胤穎甫，俱以右道畫壯，特來相訪．裵生曰：

“唐代四傑，擅名今古，吾儕四人，雖不敢爲海東四傑，獨不爲嶺南韻士乎？今日相逢，似非偶然，團作一接，照破肝膽，如何？”

余曰：

“蒹葭玉樹，古或相倚，如我踈才，固當掇 <13앞> 拾餘波，斯亦幸矣．”

遂對討文義．同時納券，擧場亦以爲勝事．及出榜，李商楫爲壯元，四畫壯俱落．夜深後，有一吏以試官命，持正草傳喝曰：

“四大雅俱以一道巨手，皆得三中，而一榜並抄兩年，故未免剩餘，盛名之下，極用無聊，謹此奉還本草．”云．

此則前古所未有之事也，相與一哂而罷．

翌早還到楡川驛，時則七月旣望也．一卒以印文來付，卽觀察使召余特關也．心甚訝惑，馳到營下．時八角井趙相爲方伯，家侄以戶房入番，納刺卽引入，謁于澄淸上．使相起身答禮，余退伏曰：

“小生秩甚卑，性不敏，不能先告本地，致勤盛禮，不勝惶恐．”

使相笑曰：

“吾固知左右爲戶房營吏之叔父，而待士之道，不得不如此．”

取落幅, 大讀數遍, 以踏啓朱筆, 加點七句, 極加嘆賞曰:

"左右之詩, 好用明體, 瞽眼何知也? 吾爲四畫壯, 行會近邑, 以念日設白場, 特召四畫壯, 幸留待於樂育齋, <13뒤> 高參此榜, 則足以雪恥, 吾雖非俱眼, 多見諸君科作, 必不失四巨擘矣."

余拱而對曰:

"下敎若是勤摯, 雖褎瘡冒辦, 分不敢辭, 而況墨兵百戰乎? 不幸今十九日爲亡母忌日, 小生雖極卑下, 而終身喪日, 不可觀光於他所."

曰:

"然則爲君給馹騎, 罷齋後, 次次遞來, 則日未暮當到矣."

余曰:

"騎驛來觀, 不但小生有濫越之罪, 亦恐貽謗於營門. 知己之感, 出尋常萬萬, 而揆以事體, 決不可承當."

曰:

"然則不可屈人於非義, 但留置落幅, 以質試官也."

曰:

"此亦不可. 嶺南士風, 以禮讓爲主, 一經主試, 分義自嚴, 豈敢留納, 强質其失也? 况才分卑下, 見斥固宜, 亦何敢自是而損一道美風也?"

使相沉吟良久曰:

"前後所答甚好, 吾亦不敢强之."

具盛饌禮待. 一落榜而得數嘉褒, 亦可謂轉屈爲榮矣.

以死報效

<14앞> 侯於丁酉春, 遘毒痁, 醫術無效, 甚至十餘次, 飮啗全却, 神氣俱奪, 余晝夜侍側, 焦念不已. 一夕乘諸醫退食, 謂余曰:

"吾因此而必不起, 旣享稀年, 顧無所惜, 而但念身莅劇邑, 子孫年少, 官事係念, 病益沈痼, 日後之事, 汝可收殺耳."

辭甚悽咽, 余伏而對曰:

“壽命長短，已係於天，草痁爲病，不過外感，而諸醫見小，以致支離，豈以死生爲念也?”

曰:

“吾固知此病不必死人，而別有自劃者存. 先親莅此之日，吾得奇疾，自分必死，幸得權醫運享神手，能起死回生. 權生今若無故，則豈至於此也? 目今其家犯癘，奄遭母喪，襲斂後出去云. 此必鬼物揶揄，隔斷我生路，其將奈何?”

余聞甚嗚咽，心語於口曰:

“以吾卑微之身，濫厠士類，得有今日者，一毫皆令監恩澤也，此誠圖報之秋也，何畏乎癘鬼也? 設染此殞命，當含笑入地矣.”

取醫鑑瘧門及方用藥錄，藏諸懷袖，潛出衙門外，問權棘人去處，云在 <14뒤> 十里許先山直奴之家. 渡江奔往. 適開戶而坐，見余來揮手却之. 余直前弔慰，棘人曰:

“雖是一家間，當父子相避之日，何遽至此?”

余以令監下教，一一告知. 棘人曰:

“若欲見我醫書及藥錄，持來乎?”

余出示之，曰:

“治之不難，而諸醫未察平素原委也. 此患所起，頑痰積於胃口，當以溺道洩下矣.”

於方用藥綠，下加石膏三戔，曰:

“連用二貼，則必奏效矣.”

遂復路，日已曛黑，見江北數炬，導鞍馬而來，蓋令監聞我尋醫，急令迎歸也. 馳到外堂，用他紙，謄本方，更錄權醫所加材，入送，令監卽召曰:

“汝旣犯死地，吾何疑阻?”

不得已入謁，曰:

“去時何不告?”

曰:

“仰達則必不許故也.”

曰:

“汝能料度至此，吾其生矣. 加入石膏至三戔，欲以溺道，洩出胃口之痰也?”

曰:

“棘人言如此矣.”

明日當次, 故未明前, 連進二貼, 果見神效, 旣復, 嘗設白場試, 書出詩題曰: '以死報效', 蓋宋朝賢士, 以死報恩之義也. 罷場後, 從容謂余曰:

"昨日詩題, 實感汝尋醫救我之義, <15앞> 換題而出也."

及投紱也, 優惠米麵清油等物, 曰:

"吾知汝家, 疊有夏月祭祀故也."

蓋以清簡之性, 不欲賜無名之物, 而榮感之意, 益深矣.

替受民弔

邦國不幸, 李令公以壬寅正月二十四日薨逝. 訃至, 一邑男女, 如喪至親, 余作奔哭行, 近居長老來言曰:

"惟我十九面民情, 齊發同時會哭之文, 不可無對弔主人, 君旣爲其門生, 義同至親, 不可不受弔而去."

余義之而等待, 及期, 坊谷民庶, 一時齊會, 乃於醫局廳事上, 南面設位, 取其眼界通暢, 序立地廣故也. 余以白衣冠, 立於香卓前, 擧哀, 雜沓男女三千餘人, 北向伏地, 齊聲痛哭, 山川爲之震蕩, 雲日爲之黯慘, 尋常行路, 亦爲之動色. 耆舊之哀慕, 身蒙至澤, 而年少子弟之隨來者, 亦復同參哭班, 其亦仁聞之入人深者歟. 俱欲致賻, 道達遠慨, 從自 <15뒤> 願, 收合錢, 殆至累百餘兩, 起送知事百姓數人, 納于殯側, 失聲痛哭而歸, 此何人情也?

一種以爲世級降下, 人心澆漓, 雖使堯舜更生, 必不能挽回淳古之治云, 而今以會哭一事言之, 則不幾於誣一世乎? 噫, 聚谷賑民, 捐俸免徭, 荒年守宰之常政, 而獨於我侯, 而如是者何哉? 凡今之人, 雖是至親之間, 或分離遠居, 歲月滋久, 則有時可忘, 而況民主之情乎.

侯之去遠, 在二十七年之前, 而其去思愈切, 哀痛若此者, 豈其無以也? 侯之所以嘔噓撫摩之者, 一出於至誠, 則至誠二字, 金石可通, 況性善之人乎. 去後蠲役, 意不在於要譽, 而一出於清白, 則至愚而孔神者, 獨不感悅於心乎?

若使我侯, 早歲蜚英展武於金馬玉堂之上, 笙鏞至治, 黼黻皇猷, 則驅一世於淳熙, 躋八路於壽域, 特轉移中事, 而卓犖奇才, 少施於州牧而止, 未知造物者鑪錘, 亦有輕重於其間歟.

余不敢阿其所好, 而今以會哭致賻言 <16앞> 之, 則杜工部所謂靑史無勞數趙張者, 此之道乎? 所可恨者, 令公所典黃羅公水等州, 或立生祠堂, 或竪銅鐵碑, 以寓去思之誠, 則其間必多有神明政治之可以觀, 可以紀者, 而路遠親老, 或不能往, 或往候而旋, 則告歸, 終無所紀. 獨擧二三邑政績, 觀者或可以知鼎於一臠歟. 顧余承奉之誠, 惟侯撫育之眷, 隨事必敍, 而其不能善觀何.

龍淵別業

洪州鋤隱村, 卽李令公世居庄也. 東北五里許, 有天台山, 不甚高大, 而向東開面, 明秀可愛. 展出而兩股, 分作龍虎, 起伏而下. 至五百餘步, 次次降低, 逶迤百許步, 而相遇吻合. 中出一幹, 與之俱下, 亦至五百餘步, 別起一圓峯. 向巽開面, 降爲平坂, 至龍虎合襟處, 而作斷岸, 長可百餘步, 廣可六七十步. 兩岸如削, 兩間挾中幹 <16뒤> 而下, 至平坂盡處而合, 深可沒肩, 淸淑無潭,[17] 所以得龍淵名者, 此也. 先輩人多有卜居之計, 而輒爲魍魎所戱, 不敢入處. 公少時遊歷, 至此周覽畢曰:

"天地異司, 鬼物何能爲也?"

先築土宇, 信宿而無怪. 遂誅茅拓土, 先作數十間正堂, 時先大監棄花山紱而歸, 見新屋前有蔭岸松檜曰:

"於此作亭則絶妙, 而但松枝多傷, 亦可惜也."

公誌之, 未及成而遭艱. 服旣闋, 搆三椽精舍, 而松枝之入簷者, 以鐵索拘而生掛, 丹雘畢, 扁之曰'先志亭', 以爲棲息孺慕之所.

盖其地勢, 右邊緊周基址而削, 無布席之地, 只通澗水, 左邊自上至下, 有二三日耕平坦地, 亦周基址遇澗水, 而斗絶直露巖面, 去先志十許步. 乃於澗水中, 竪石柱布松板, 以爲往來之橋, 於橋如作小亭, 其制立四柱, 而有衰無梁, 每柱頭架擧末春椽, 聯二板, 作宗旨, 鑿四孔, 受春椽, 分排六十四小椽, 蔭以白茅, 加以丹靑, 以宗旨兩板應 <17앞> 兩儀, 以春椽應四象, 小椽末周畵六十四卦, 一遵易經圓圖, 扁之曰'八卦亭'. 別引上流一派, 灌於亭樓下, 南瀉作瀑, 長可六七尺, 飛沫濺於南岸.

---

17. 潭: '滓'의 오자인 듯함.

從斯亭北去五十餘步，起數十間精舍，名之以'遂禮[18]堂'. 自斯堂西去五十步，作小亭，扁之曰'歸來亭'，盖寓其罷官歸休之意也. 其制鑿開平巖，深可沒膝. 引澗水餘派，盈科而東流，此乃八卦亭作瀑者也. 布樓於石柱上，其中養卄雙睢鳩，性甚馴擾，就食掌中. 又於斯亭前四十餘步，鑿澗底石面，竪石柱，作小亭，扁之曰'凝淸閣'，岸上松檜枝柯交布，日光不漏，此則三伏避暑處也.

每亭俱有蓮池，一壑穠馥. 又於先志亭前，累石作壇，雜植花卉，東北隅有四株松，蒼古可愛，遂築土培之，所謂百花壇四松亭，是也. 居六雙野鶴於其中，朝晡食時，相與叫群飛，集于令公所住軒下，公必以別器貯飯，作團如鷄卵，手自擲下，群鶴亦作隊伍，張 <17뒤> 口受食，無一箇落地.

於龍淵上，置長橋以通往來，於下流界大石，作堤儲水，積而潤上泛溢，於南北兩澗六七十步，深皆丈餘，魚鼈於牣，作小船，恰受十餘人，每月夕花辰，周迴而奏絲管. 又於主峰東畔，築起石臺，名之曰'翫月臺'. 又上一層築小閣，名之曰'聽磬閣'，此則聞遠寺鍾磬，而淸耳者也. 自歸來亭至八卦亭，地界寬平處，多植奇花異草.

乘春服旣成，戴華陽巾，披鶴氅衣，把白羽扇，乘四輪車，使健夫數人，從後推轉，惟意所適. 笛童琴娥，盛服隨後，所止亭榭，絲管和鳴，淸響所及，禽獸猶知，十二白鶴，飄拂半空，卄雙睢鳩，接翅齊會，所養馴鹿，亦戴角而來，或翶翔焉，或啁哯焉，或踊躍焉. 公命一體賜食. 步自遂初，歸于先志，禽鹿亦與之先後，若子弟之護父兄. 及渡，人與物影，俱落波心，公樂之，踞橋欄而忘返. 雖三山福地，無以過此，隆中寓居，可以伯仲.

每佩綬而出也，林壑帶 <18앞> 愁，禽鳥哀鳴. 曾爲羅牧也，堂侄少年，送行於此曰:

"大叔棄此淸福，甘趍俗狀."

公笑曰:

"爾言甚善，而吾之有此樂，莫非國恩，則亦何敢自便，而不分 聖主之憂也?"

其忠君報國之意，如此矣.

18. 禮: '初'의 오자.

巽窩謾錄 自序 科擧 第二

科擧者, 雕虫小技, 而半生心力, 多費於此, 雖幸小成, 而其間, 或不無榮辱之可言者, 亦可見得失之有命, 故略略記之, 以示後昆耳.

沒風情科
此說特是戱劇, 而以科名篇, 故錄之.

李令公之在淸衙也, 常置余於簾內別堂, 與小衙做讀. 余亦專心致志, 晝夜不輟, 令公還有傷生之慮, 減給燈油, 使有休暇. 令公有琴書癖, 選奴婢中 <18뒤> 年少穎悟者, 敎絲管於公餘, 非讀書則必聽樂. 執樂少娥, 殆十餘人, 鎖在深衙, 無異宮中怨女矣.

小衙常慮我思家徑歸, 一夕, 以微辭挑之曰:

"師氏作客已久, 獨不有情慾乎? 吾家婢子中次眞云者, 才色俱有, 亦不無孤房悶盍之情, 吾欲告知於內間, 俾作排愁之物, 未知雅意如何?"

余冷笑不答, 小衙必欲弄假成眞, 遂涓吉, 自內亦欲作一場歡笑, 曲從愛子之請, 設同牢宴床席, 與諸客扶余, 具官服, 立於東邊, 眞娥以盛飾, 再拜於西邊, 仍與之酬酌. 是日衙中上下, 無不絶倒. 遂令眞娥主管余衣食, 勸余同寢, 余辭以歸, 時一會, 居常嬉笑, 如情人而無實事.

數月後令公於夜間召余, 閑語一場許, 問曰:

“陰陽情欲, 人物之所同有, 而爾於眞也, 已有可笑之事, 而積日月, 而斷斷無意思云, 何爲其然也?”

余伏而對曰:

“小生不特庸拙, 來此時, 辭於老父母, 父母愀然曰: ‘汝旣具儒服, 從賢 <19앞> 侯遊學, 誠好事, 而似聞宅下多執樂美色, 恐汝沈溺, 而不還也.’ 小生以必無背親行淫之意, 指天爲誓, 故獨處累月, 或不無意思, 而輒思親仰天, 不敢有所近.”

公沈吟良久曰:

“人誰無父母深戒導, 而勿失者, 世固小有, 而今聞爾言, 古所謂鐵心石腸者也. 誠如是, 何事不做?”

適有鄕科, 將辭歸, 與小衙論別抱, 眞娥手具行饌, 持所澣衣巾, 來戒行事, 以軟語嘲之曰:

“國家若設沒風情科, 則此郎當作壯元倘是, 式科則雖奇文絶筆, 鬼必揶揄矣.”

余未及對, 小衙先問曰:

“何爲其然?”

曰:

“此郎初或永絶則可也, 而旣與設宴相約, 則一室半載, 終以貞男而歸, 吾雖嘲之, 恐無解嘲之辭矣.”

小衙笑曰:

“吾亦末如之何矣. 世間好男子多, 何患無婢夫也?”

遂一噱而罷. 後二十七年, 壬寅春, 令公仙化, 余作臨窆, 行到宅下, 眞也亦衰謝, 與所謂金哨官同居, 見余來携人馬, 住其家, 眷愛如平昔, 哨官已有所聞, 含笑指眞娥 <19뒤> 曰:

“彼雖衰老, 而可做一宵同歡, 以解至冤耳.”

蓋有好風度也. 余曰:

“奔哭之行, 不可爲此等語也.”

三人相對一笑, 旣辭歸, 眞娥又以行饌贐之, 顧謂同列曰:

“吾一生爲此郎空勞心手耳.”

余亦不無追悔之端矣.

丁亥科說

丁亥監試, 定於昌寧縣, 詩題卽諸葛武侯畵像贊, 後取杜律諸葛大名垂宇宙, 爲起頭.

同鄕詩老來見曰:

"誠好矣."

余曰:

"好則取去如何?"

曰:

"君戲之乎?"

曰:

"非敢然也. 古詩本來公物, 且其句內亦有着題語, 以宗臣遺像肅淸高, 起頭則不亦好乎?"

遂分用, 俱得中, 古所謂讓而能得者是歟. 榜來日以室患尋醫於遠隣, 時水明樓沈侯爲政, 先見榜目, 以眷厚意, 走通聞之, 而鳩藥於親舊, 踰時乃歸, 賀客如市, 慈母之喜, 舍伯之歡, 比諸白場三下, 高出數等矣. 饋 <20앞> 榜奴, 始入府中, 侯正色責之曰:

"君之得中發解, 何等慶事, 而太守走通, 乃復尋醫, 不卽來見, 況將老人事, 不宜如是也, 殊非事親敬長之道也."

余惶恐伏地曰:

"爲人本來冥頑, 稽緩至此, 數罪之下, 始覺其非, 雖被杖責, 宜無所辭."

侯開笑曰:

"前言出於責備, 何足爲念? 初中發解, 果是喜事. 以吾地位, 亦有可笑事, 請說與於君. 余於久屈中, 初得發解, 在京見榜, 將歸覲江第, 在路多所遇, 心以爲彼漢, 亦知吾叅榜否乎? 及拜慈闈, 樂不可支. 是夜宿於水明樓, 喜而不寐, 自念吾果參榜乎? 前此夢寐中 或參榜而覺後歸虛, 今日之事, 必是夢也. 時江月如晝, 所中名紙, 立在窓間, 此足爲信, 而猶未釋然, 遂赤身往取, 開戶照月, 而後乃知其非夢, 況君家曾未聞榜音者乎!”

民主大噱一場而罷. 余實有遲緩之病, 而士大夫一草榜之喜, 有如是者矣.

<20뒤> **庚寅科說**

庚寅秋, 科定於本邑, 余先已建舍於渭川新基, 未及搬移, 嘗夢到其處, 有丈八赤多馬, 張口突進, 余抽刀斫斷其首, 四肢猶動, 情契吳大來, 適到, 抽其佩刀, 斷其尾. 旣覺, 自解曰:

“今科吾必居魁, 大來居末.”

科期漸迫, 多士彌滿. 一日早有ㅁ商來訪曰:

“此是渭川新家主人乎?”

曰:

“然.”

曰:

“吾行商到此, 無接着處, 投宿其空堂, 夢有朱袍人曰: ‘此是今榜壯元家也, 汝胡住此云.’ 故來獻吉兆耳.”

蓋無心人夢偶恊斬馬, 不無自負之心. 家有前科裁置試紙, 較諸頒尺量, 果長數寸, 不得已裁上下, 故手剪上頭一寸, 大來適至, 剪下方一寸, 果恊斬馬頭之夢.

忽有二少年來, 下堂迎之, 最少年曰:

“此是貢生金某家乎?”

曰:

“然.”

曰:

“主人安在?”

曰:

“吾乃是也.”

曰:

“吾卽順興黃生員也. 聞汝家稍廣, 欲作主人.”

曰:

"親舊已多入處, 奈何?"

曰:

"汝內舍有二房, 何 <21앞> 云無處所也?"

曰:

"一房老母率諸孫而處, 一房吾夫婦率多子女同處焉."

曰:

"汝家之內外非分也."

曰:

"吾娶兩班女, 與居, 又於前科中發解, 已厠士類, 獨不分內外乎?"

曰:

"汝初試古所謂疫疾矣."

吾笑曰:

"吾鄕士夫未嘗爾汝於我, 況他邑不知門戶, 自稱兩班者乎? 吾今榜又復高中矣."

少年笑曰:

"然則吾當爲汝家奴矣."

余挑之曰:

"不但高中, 若作壯元則何如?"

少年曰:

"果爾則當爇吾指爲燭矣."

余笑謂其同行曰:

"與此妄言人同來, 而終不出一言, 何也?"

曰:

"此乃吾從弟也. 少年之失言, 無足爲怪, 而主人之敢言, 何其太高? 嶺南多士, 不必以一頭讓於貢生矣."

曰:

"使多士主試, 則誠然, 若使明試官用公道, 則安知其必不得也? 爲奴焚指之盟, 已出令季之口, 幸作他日之證也."

曰:

"果若是則吾可立證, 而萬萬無此理也."

携其弟而去曰:

"此亦士人, 固不可壓侮如是."云耳.

及入場五易詩題, 晡時更出一題, 卽方譚公等對策遲也. 不 <21뒤> 但下語極難, 場內頗有亂兆, 未暇構草, 直書以納. 翌朝禮吏以官意來索詩草. 意者先聲已出, 而無辭可答, 抵言見失. 俄而以謄本來示, 蓋請於場內而得也. 明知其高中, 亦足以快雪於黃生也.

終場日早入, 周訪黃生一接, 已於南階上, 安頓矣. 余亦携一接, 故與黃生, 分背而坐. 日旣出, 數三軍吏, 以兩竿挾一名紙, 傳呼壯元, 而周示多士, 果吾所作. 大書三上, 亂打九句, 批點飛篇, 又書大次上, 滿紙朱墨, 腹背眩煌, 諸生各自誦來, 合成一篇, 大讀贊揚, 是亦男兒快活事也. 見黃生接中, 有一長老, 風神甚好, 讀過數遍, 曰:

"吾半世爲詩, 始見絶作."

顧謂接下曰:

"汝輩曾見此人乎? 歸時吾必尋見也."

時知舊多來賀者, 聞此言, 謂長老曰:

"壯元近在隣接, 不必遠尋耳."

長老驚曰:

"安在?"

余始起身拜於坐下, 曰:

"小生猥以卑微叨此榮耀, 猶恐福過災生, 況長老顧見之教乎?"

此時黃生兄弟, 俱在其座下, 垂首喪氣. 余顧謂曰:

"旣 <22앞> 與尊有傾蓋之舊, 何無一轉賀語也?"

長老曰:

"曾有面分乎?"

曰:

"不但識面, 有百歲難渝之盟."

從兄弟俱不啓口. 長老曰:

"緣何事而有盟?"

余拱而對曰:

"欲言則有觸, 欲不言則無膽, 奈何?"

長老就而執手曰:

"此間必有怪底事, 是兒乃吾亡兄孫也, 本多言語, 必失於君矣. 願一開陳, 釋我訝惑."

余曰:

"盛敎至此, 不敢終默. 且從氏立證, 亦何敢增損片辭也?"

乃歷擧終始問答之說, 長老怒叱其孫曰:

"爾甚狗雛, 吾家亦是鄕孫, 何敢妄率如此?"

仍慰余曰:

"詩人自古膽大, 何不於酬酌時批其頰也? 渠之納言, 如此其明, 君之所立, 如此其卓, 爲奴服役, 終當擧行, 而何不令先燒其指也?"

曰:

"設有可辱之言, 必不至於長老叱責一轉語矣, 亦何敢更措一辭, 自失本分也? 今已快雪, 爲長老盡歸前言於戱場, 幸勿以强下爲罪也. 且諺曰, 因鬪得交, 願善做高捷, 以爲會試同行, 何如?"

長老曰:

"君言亦好矣."

時觀聽者簇立, 皆曰:

"古今雪恥之快活, 無過於此矣."

甲午科說

兼敍宋侯情分

<22뒤> 宋侯諱徵奎, 丁亥年間爲龜山倅, 要余爲兩胤同接, 長諱昌明, 次諱敎明, 與之分好, 及爲禮安亦然.

甲午六月公都會, 以上候不平, 退定二十日, 侯謂余曰:

"君無忌故, 今可往觀."

余固辭不欲, 侯曰:

"君無父兄勸起, 吾當治送勉之."

十八日官廳色, 以量入粮費來問, 答以不往. 侯入來, 據理責之, 無辭可答, 以正草難得爲言, 卽發多人, 乘夜貿來, 不得已發行.

侯時爲安東兼任, 帖公兄定舍館, 供朝夕每日, 出榜卽時, 星火走告云.

及入場見詩題_'御題詩賜儒川君'也. 旣納券而出, 親舊公兄以酒饌來會, 一通引自內而出, 告余曰:

"俄者所納詩, 諸試官高聲大讀, 滿篇批點, 書等二中, 曰: '此必是京手'."

待榜, 一座皆賀, 今日兼官道告目, 誠有光色云矣. 連魁合製, 竟爲墨壯, 歸拜禮衙, 以謝勸起, 侯亦喜不自勝. 士大夫之欲成人也如此矣.

及秋科促 <23앞> 兩胤觀京試, 由丹陽路, 舟下過龜潭, 題名玉筍峰下, 江山勝槩, 難以毛擧. 初場日雨下如注, 別架小屋, 一接容膝, 余幸得志, 他接多來觀者, 繕寫畢, 使所帶吏納卷, 怪其卽還, 問之則曰: '此接往來, 目大眉黑兩班, 稱以吾自善納, 取券急走云', 一接相顧失色, 蓋慮其竊去也.

事畢而天晴, 遂相携而出, 見中堂上一少年, 苦吟而坐, 卽同庚洪僉正胤子也. 迎謂余曰:

"日欲暮而篇未就, 可暫留相助耶?"

余已作十餘首, 亦無難意, 與之假坐, 取酒饌, 且啗且號, 幸有絶等寫手, 應口輒書, 不錯一字. 翌朝僉正公, 使僕稱謝曰:

"觀吾兒詩草, 本作可知. 兼此致賀."

俄而以詩草來示, 蓋其繕寫時, 從傍謄書者也. 旣出榜, 本接次第貫之, 洪秀才, 亦爲二等第一, 獨余見屈. 人皆謂納券吏虛疎, 而是實余忘分安坐, 令人替納故也.

壬寅科說

<23뒤> 壬寅監試, 定於花山府, 時荷谷沈侯爲政, 深荷眷遇, 將赴擧入辭, 帖下糧饌試具, 仍曰:

"君嘗聞, 大邱書相者乎? 吾今邀置, 相君而試之."

卽喚出來, 其人側面斜目, 見甚不正. 侯指余而問曰:

"此老儒, 今方赴擧, 其才固可得, 而相亦不爲無助, 果何如?"

熟視良久曰:

"吾於科相, 發無不中, 彼本無富貴格, 才雖奇古, 而科必不中, 幸無自苦, 以官帖物, 坐供數月粮, 似好矣."

侯甚非其冷薄, 余亦不平, 遽曰:

"言語文身之具, 何其不文自家身也? 今科得失, 旣有下問, 猶可判斷, 至於論說平生, 則其術甚乖. 請言之, 吾素以鄕族拔爲科儒, 連榜魁捷, 可謂貴矣, 身不樵, 妻不鋤, 而坐餉朝晡, 亦可謂富矣, 本無富貴相者, 何也? 其顯於相者, 雖似不中, 而獨不爲賢侯地乎, 而語若是落莫乎? 雖然吾觀吾相, 今科必得矣."

侯笑而引起曰:

"君若相自己, 則必能相人矣. 曺生之相何如?"

曰:

"民之相法, 不取麻衣秘訣, 特於聖經賢傳上得 <24앞> 之. 孟子曰, '觀其眸子, 人焉瘦哉?', 彼之眸斜, 其中可知, 家語曰, '面方則心正', 彼之面側, 其心亦不可知矣. 聖人復起, 必不易吾言矣. 似聞彼以七星祭久留云, 當魁捷而來, 打破其相術矣."

曺也勃然起去. 侯大笑曰:

"君果善相人矣."

及入初場, 納券於六天, 俄而府吏之觀光者, 來賀得次上, 此說傳播於外. 旣歸, 侯戱之曰:

"君果魁占云, 可喜, 而曺生相術, 自此爲烏有矣."

及榜來, 曺也聞余入謁, 藏在冊室. 諸衙客相賀曰:

"曺生相云不中, 有此魁捷, 所謂'廣忠橋卜者云凶反吉'者乎."

相與拍手而笑, 曺生面色如土, 不復啓口, 蓋深自愧歎矣.

己亥科說

己亥監試, 定於榮川郡, 詩題卽, 追敍雲林園旧事感_高皇帝御製, 出於錢穆齋集, 鄕儒所罕見, 余在京時熟見, 解題, 取杜律'翠華想像空山裡' <24뒤> 起頭, 甚着題,

因玆得意.

翌早, 有人傳場內消息云, 首句用'翠華'字者, 爲壯元. 終場日, 果周示多士, 批十四句點, 擧場無不聳觀.

回路到一直溪, 水漲溢, 有二少年先渡, 馬蹶, 一身與卜馱俱陷, 在後同行, 慌忙下馬, 盡力救濟, 僅得扶出.

余幸利涉, 而不敢馳過, 下坐於其傍, 而慰之. 奴主倂力, 緊瀝沾衣, 布沙待晒. 問其所在, 自云東京人. 兄弟連鑣,[1] 一倂沈溺, 衣沾不足惜, 而先藁[2]多濕, 甚可痛歎云. 蓋世代儒家也, 因辭余見溺留慰之意, 相與咄咄, 忽顧謂其伯曰:

"吾輩所納之券, 可謂惟孫草笠, 已無待榜之望, 而遭此幾死之變. 若如金某詩, 揮場之擧, 則不必以此作苦矣."

兄笑而彈指曰:

"果爾則雖十度沈沒, 得生則無所恤矣."

噫! 一草榜, 何關於死生也? 儒生之重科擧, 一至於此哉.

鐵寓奇祥

<25앞> 余於甲辰八月, 移寓鐵坡村所買屋, 無廐, 斫庭前老杏, 揷地爲柱, 經乙巳至丙午三月, 厥柱去地一尺許, 連皮處生新芽, 次次漸長, 掘見入地處, 擧皆枯朽, 獨此一片皮膚中, 有生氣, 因以萌蘗, 甚異之. 蕃茂而生枝, 旬日內結蘂生花, 欲觀其結子, 尋常愛護, 兒奴無知, 稅薪負於其傍, 觸弱枝而折, 雖未見成熟, 而爲朽株三年, 生枝開花, 有此理外之事, 人皆謂主人科瑞, 故略記之, 以驗來兆耳.

丙午科夢

余所以屢擧而不中者, 非惟才分淺短, 每爲人役, 而不能以時納券. 年逾知命, 決意坐

1. 鑣: '鑣'의 오자.
2. 藁: '藁'의 오자인 듯함.

停, 丙午科所停[3]於仁同, 時館洞李侯諱雨臣爲政, 余偏蒙眷愛, 嘗勉之曰:

"臨科儒老, 尤宜着工, 近間所做, 可得見乎?"

余拱而對曰:

"四五年來, 益無進取之望, 所謂科具, 一倂束閣, 寧有做工乎?"

侯曰:

"君之寃狀, 吾已知之, 若云已作吾家 <25뒤> 之人, 則誰敢爲梗?"

曰:

"已抱數十年積寃, 雖有勤教, 決難承當."

侯厲聲曰:

"太守雖疲軟, 不能回一士之意乎? 若終始牢拒, 則當囚次知發送矣."

嚴威所加, 雖不敢更措一辭, 而本心固難撓奪矣. 是夜夢家_廟前, 設高帳張樂具, 舍伯具冠服, 引余至階下曰:

"先代列坐, 待汝已久, 汝其瞻謁."

再拜而起, 仰首觀昭穆, 四位前各具宴床, 顔面皆不省識, 獨先考坐於末席, 以喜色教曰: '彼卓子上白玉花盆, 汝取而去云.' 余跪進雙擎而出, 盆中所種, 似唐苦椒, 而垂下紅實六七箇, 方欲有問, 因作樂聲而驚起, 乃一夢也. 況然如有所得, 心甚愴感.

翌早, 宗兄德三甫, 冒雨而來, 以官意勸起, 余說夢曰:

"所謂苦椒, 味甚苦, 此又喫苦兆也."

兄曰:

"今榜又作壯元矣."

曰:

"何謂?"

曰:

"以其草名作文字, 則當高抄也. 高抄者, 非壯元而何?"

余亦以爲然, 而終無進步意. 及科日漸迫, 少年輩, 借我書冊而去.

一日暮, 官家以拒命, 捉囚家奴, <26앞> 尤切惶恐. 將乘曉得罪, 天明, 及唱率卜駄而來, 傳官旨曰: '科具一一治送, 如是而不去, 則當身拿來云.' 以帖子示之, 紙價錢三貫, 人馬粮十五斗, 筆墨各十枚, 牽奴一名, 騎馬一匹云. 到此地頭, 不敢更辭,

3. 停: '定'의 오자.

以惶感卽發意仰達, 而開場只隔二日, 到軍威妹家, 前川大漲, 遂止宿而思之, 先靈夢裡之賜, 已極奇祥, 而賢侯勸起之意, 逈出尋常, 或者天或使之耶.

亥生奪科

侯曾爲達判, 有親愛邑子徐益華者, 來留衙中, 與之分好. 侯嘗敎余曰:

"彼之科詩, 或可納券, 而得中難必, 幸觀我面, 以第二作, 給之如何?"

曰:

"若觀光, 則當依敎耳."

發程亦有勤囑. 早發到兵川, 水勢大漲, 科儒簇立, 莫敢先渡. 余謂牽奴曰:

"汝能渡乎?"

曰:

"此馬善泅水, 雖大江可渡."

遂脫衣冠, 高卦於卜鞍上, 以單裙欲徒涉, 有識 <26뒤> 多止之曰:

"此長老曾不讀憑河之戒乎?"

余笑曰:

"吾若不渡, 誰作壯元?"

聞者亦笑. 遂入水, 足不履地處, 殆六十餘步, 得不沒者, 有些水才故也. 先登于巖, 顧謂越邊多士曰:

"此水深不可測, 願少停待."

到十許里, 徐生已出, 待於路次矣. 遂聯鑣而行, 問余曰:

"同接中有亥生否?"

曰:

"今吾此行, 同接莫知, 不必會同矣."

曰:

"然則好矣. 吾嘗卜科於楊生, 卽曰: '文書發動, 似有佳兆, 而傍爻克之, 必見奪於亥生.'云矣."

及場, 遇好題與論, 述作蹊逕, 意頗不然曰:

“故人云多聞博識, 當廣取諸議.”

去而不還. 余構草繕寫畢, 又述一篇, 欲應其求矣. 忽有軒渠少年, 以紙裹筆而來, 問余曰:

“五寸聞在此接而不在, 何也?”

曰:

“以吾失旨, 之他不還.”

少年曰:

“願見盛作.”

以名紙示之, 卽大讀一遍曰:

“尊今科又作壯元矣. 吾意如此, 而同接多非之者. 今觀此作, 意思相符君, 欲依樣畵之.”

遂援筆寫出二十句, 意趣則同, 而無一句陷[4]襲. 余嘆其才敏. 少年辭去曰: <27앞>

“吾當作第二人矣. 堂叔眞無目者也.”

旣已徐生卒篇而來, 甚是題外, 余戱之曰:

“與其沙幢介進上, 不若拖白而歸, 用爲梳貼笠帽可也.”

裂其草, 投諸地, 以所述授之曰:

“此或有獲.”

徐生亦不省識, 糊褙所裂之草, 書于名紙, 曰:

“諺云‘不知何雲致雨.’”

余亦不敢自是, 而猶語之曰:

“吾旣承官令, 有此繼之, 他日莫道敬天不曾起草也.”

及書至張付, 余以來訪少年物色問之, 曰:

“此是堂侄徐琥也.”

曰: “余亦聞名久也, 果不虛得也, 俄者訪兄而來, 見吾所作, 心內是之, 依樣本篇而去, 才調敏給, 極可愛也, 今年幾何?”

曰:

“己亥生也”

余笑曰:

---

4. 陷: 蹈의 오자인 듯함.

"楊生之占, 可謂妙矣. 亥生奪科云者, 此之道乎."

徐生始瞠然, 投筆於名紙中曰:

"吾事已矣"

余慰之曰:

"實不知何雲致雨, 則惟在盡吾心力, 精寫早納也."

及終場日, 試官以壯元名紙周示云, 徐生往見而還余曰:

"果非吾所作乎."

生疾視良久曰:

"接長用心, 無狀無狀! 當初裂草時, 若片片碎破, 則吾不必用, 而越視秦瘠, 怡然 <27뒤> 任之, 接長用心, 無狀無狀!"

咄咄不已. 及出榜, 徐琥甫果爲二等一人, 其後徐生久不至縣衙, 蓋畏賢侯之責也.

時來幸多

一擧而有八幸. 科儒觀光之費, 有倍於軍布之數, 而余則家無分錢措辦之勞, 而官有諸具餘饒之惠, 此一幸也. 大水漂流, 而獨余利涉, 此亦幸也.

晩到試所, 托跡無地, 而偶入張千摠宅, 扺言歇馬訪友, 主人擧吾姓名, 而問曰:

"客知此人乎?"

曰:

"吾欲得此人餘輩而來."

曰:

"然則吾亦爲吾兒觀光計, 客能作紹介耶?"

曰:

"不難"

俄見一少年入來, 顔面頗熟, 欣然謂余曰:

"汝知蒙放而來乎?"

余未及對, 主人曰:

"君知此客乎?"

曰:

"此乃尊丈所渴求金壯元也."

主人大喜, 遂請安頓, 接遇勤摯, 此亦大幸也.

翌曉, 請錄名于四館, 四館怒曰:

"鬚髮蒼蒼, 可知科事, 而何若是苟艱."

對曰:

"鬚髮蒼蒼, 故多聞入門 <28앞> 錄名之規, 呈納單子."

四官[5]驚曰:

"若是遲延者, 囚次知督發故耶?"

勅執吏曰:

"壯元錄名, 必須仔細."

且謝其前言之失着, 此亦榮幸也.

冒雨入場, 庭水沒膝, 有一草屋, 欲[6]得簷下, 見一少年, 當戶而立, 帶笑迎謂曰:

"尊丈方投何接?"

余曰:

"昨暮到此, 安有可投處也?"

曰:

"何必簷下也? 此房中已布席, 可以入處."

曰:

"若爾則幸甚, 而尊獨無接乎?"

曰:

"吾於總角時, 頻往考詩, 突弁之後, 未易記取, 早入占此矣. 同接亦得好處, 今將棄去, 幸遇先進而獻之."

熟視之, 果是軍威朴大丘孫也. 相與敍舊而去. 出便泥濘之餘, 如得好家居, 此亦大幸也.

終場日, 以余所作, 周示場中, 八句批點, 大書三上, 多士莫不欽嘆, 至以三場壯元, 稱道, 此亦榮幸也.

5. 官: '館'의 오자인 듯함.
6. 欲: '次'의 오기인 듯함.

赴試前，得毒痁，兩場日，當三四次，不能趲程，歸臥妹兄家，侯敕吏人，探問消息於先來之士，適寧海儒過去，賀諸吏曰:

"金某又作壯元矣."

卽入告，侯遣吏邀之，其人誦傳批點數句，侯曰:

"喜報也." <28뒤> 待以酒饌，助以歸粮云，此榮幸也.

榜來，例給壯元禮錢，侯亦自官家贊給五石粟，其榮幸亦復如何.

倘所謂時來天地同扶力者是歟. 以吾卑微一物，得厠士類，亦已萬幸，而復有此一擧八幸，豈敢以當得而忘之也? 竊恐福過而灾生，歷記而常目，銘感于中耳.

學禮講說

試期旣迫，將講學禮，恐爲人所知，乘暮而往，聞北道文官韓姓講官，性甚乖戾，士多見辱云，而同官卽龍宮全佐郎也，與我分好，此足可恃也. 及就講，韓公以晩來爲咎，且見余服帶，作氣而問曰:

"此儒獨不見門外付榜乎? 就講者必具禮服云，爾則何敢以私服入公堂也?"

余曰:

"識見淺短，禮服之服字，誤以服帶之服見之耳."

曰:

"見識如此，則寧有望於會試乎?"

別搜他秩，出三行大文，使高聲讀之. <29앞> 恐誤讀，詳句絶之際，韓公開北櫺，呼胥吏，作甚語. 乘其間，擧末句而讀之，韓始回顧曰:

"大文長而讀聲短，何也?"

曰:

"幸逢熟處，如氷上推瓢，而與小吏細語，如殺虱，聽若不聞，反責講生乎?"

乃作色曰:

"宜速改讀."

余正襟而對曰:

"朝家之置講官者，盖欲誘掖蒙學論說學禮之意也，何必脅勒至此?"

卽咆哮曰:

“家居安在?”

余卽對曰:

“慶尙道義城金敬天也. 今見必落之兆, 姓名何可諱也? 近來講官, 只觀形勢, 若京華高族, 雖不絶句, 而必許通略, 若下鄕寒士, 音釋極盡, 得粗誠難云矣, 果然也.”

如此答問間, 全佐郎徐謂韓公曰:

“此儒以嶺南巨擘, 連魁三場而來, 必不以例講吸吸.”

仍顧余曰:

“甲長屢擧抱寃, 欲怒甲而移乙耶?”

韓也取榜目而見之. 始破顔曰:

“吾之見弄, 亦已多矣.”

許令書粗. 余亦帶笑, 謂韓公曰:

“以生徒而弄講官者, 罪有可論, 而得蒙曲恕, 誠甚可幸. 官司相規, 於傳有之, 今竊有請, 可 <29뒤> 復垂恕否?”

曰:

“何謂?”

曰:

“當此國制未闋之日, 士民莫不用素, 而先生所把烟竹, 飭以金銀, 染以華彩, 似難質責鄕儒之服帶也.”

韓公勃然變色, 呼廳直拔去曰:

“詩人固多習氣, 而圭角太露云矣.”

及以新恩謁聖而出, 邂逅於香橋東畔, 大呼新來, 雜戱無筭. 命從者, 取烟竹來示, 果是素竹也. 余笑謂曰:

“新來又有所復焉. 先生當素而獨華, 當華而獨素, 莫是忠誠出人, 獨加三年乎?”

公亦大笑曰:

“當日所改, 今尙仍存, 而又見玩弄, 亦可爲他日不忘之資.”云.

在我固失道, 而彼之喜怒, 若此其無常.

會試納券說

入場前, 知面搢紳先生曰:

"聞君今科無所梗云, 唾手可得, 而常有務高之病, 惟其勿失題意. 平順句法, 納于洪荒以上."

入遇好題, 多有高致, 而玆承炯戒, 削去華麗, 一從平順, 篇得易就. 繕寫畢, 多士請改題, 而不自恤者, 以前作不滿意, 亦有 <30앞> 空名紙故也. 二三人以已寫題爭之, 改題事不成. 坐而待之, 見三四天納券, 遂抱券而進, 安東大手金景溫甫, 逆謂余曰:

"吾已納於五天, 似不可逐字取之. 君須差待也."

余然而退. 及納地字, 又往焉, 所納皆京華子弟·諸道逸才. 余又退還, 見玄字始納, 往視之, 一玄靑綏君子也, 二玄云是壯元養望者也, 又欲退歸, 收券割封. 兩官指余, 而譏之曰:

"彼儒有何意思, 而自一天納, 至于今抱券進退者屢次, 又不納, 甚可怪也."

余笑曰:

"納券則收之, 收之則割之, 似是職分內事耳, 何可致訝於儒生進退也? 本欲待同接之納, 而携手同歸也."

兩官亦喚, 而有甚語狀. 退還四五步, 有人從背後, 奪券而去, 已納于兩官, 兩官低聲讀之, 余進曰:

"今科新有奪券之官乎?"

笑而答曰:

"吾輩亦以詩云者, 幸中司馬, 得備此員. 歷觀納券, 無如此詩之平順, 今科可摘髭, 須勿以强取爲咎."

及歸接所, 心語於口曰: '二玄若作壯元, 則必無繼取之理, 此 <30뒤> 亦命也, 豈容人力也?'

接中有同鄕少年朴趙兩生, 以四書初試, 專靠山雲巨手而來, 而本作差遲, 其意欲倩閑放之手, 而涉於背棄, 不敢有言. 吾意亦欲替當一人事, 以紓其力, 而亦不敢自薦, 只修吾事而出, 或不無未盡之恨, 而比諸前科汨沒人役者, 亦可謂寬閑世界也. 及出榜, 二玄果爲壯元, 余以三玄, 亦被其選, 此亦命耶? 推試券而見之, 被打處六, 而

顯有四處拭去痕, 心內怪之, 出榜吏來言曰:

“次次呼名. 及出尊諱, 兩所諸試官, 命取其券, 而聚觀曰: ‘此是連魁陞學者也.’ 命吏拭去數處.”云.

宜乎疾沒世而名不稱也. 噫, 幺麼雕虫小技, 而如此則況進於是者乎!

夢釣花劵說

納劵之夜, 夢有一吏, 被朱袍, 荷_王牌而來云, 有引見之命. 余以靑袍烏巾, 隨去入
<31앞> 數重門, 有一內宦, 引余至蓮池上, 候_命. 時花方盛開, 余請於內宦曰:

“可得一朶乎?”

曰:

“旣到此地, 可以取.”云.

遂挽取最近一朶, 見兩小蕚未開者, 連蔕而上, 卽納于左袖, 紅光耀外, 以右袖掩之. 旣覺思之曰: ‘小科云是採蓮, 則此夢甚直, 似不足信也. 旣云引見, 而未得登對, 則亦不足信也.’

翌日, 夢又承_命, 而至前度地, 有一宦, 自禁中出, 授以釣竿, 曰:

“有_命釣魚.”

余敬受, 設餌而投之. 小頃, 見波紋微動, 擧竿出之, 所呑非魚族, 乃小黃劵也. 卽以袖拂拭而視之, 題其目曰: ‘新語.’ 內宦曰:

“旣有賜與之_命, 可以取去.”云.

旣覺思之曰: ‘日後大對之策, 以新語起頭, 則似好云矣, 小事幸而得成, 則固不可以直夢而不信也.’

其後對策, 每思新語之夢, 而無可揷入處, 終抛擧業, 亦不可以好夢而必可信也.

見借粧刀說

初場前一日, 往候曺上庠夏望氏, 藉其力, 貿好品試紙而來, 上庠曰:

"裁紙必擇福手. <31뒤> 吾乃進士壯元, 爲君親裁."

卽召致冊匠, 親執其役. 余欲助事, 上庠揮之, 曰:

"屢屈老儒, 不可干預."

余笑曰:

"若爾則入場書納, 亦借福手耶?"

坐間皆笑. 俄而應門兒入告余曰:

"何許客願見."

卽引入, 乃興海發解生鄭千一也. 余曰:

"遠來相訪可感, 試具果以措處耶?"

曰:

"方欲裁紙而無利刀, 欲借尊粧刀而來耳."

上庠目余, 曰:

"方此見用, 何可借也?"

鄭生曰:

"目今刀在匣中而不用, 暫借如何?"

余卽抽而授之, 曰:

"入場時, 須藏於冊中, 以爲緊用也."

生喜而去. 上庠誚余曰:

"泮村豈無可用之刀? 而必遠來借得者, 有異徵故也. 吾示以不給之意, 而畢竟抽與者, 何也?"

余曰:

"既是親舊, 而遠來勤求, 吾且不用, 拒之無辭故也."

既入場推之, 則忽撓間忘置云. 翌日, 有事於泮中, 尋其主人, 已去矣, 問同舍客, 曰:

"我東京人, 待終場者也, 不幸與鄭也同舍, 見其賊心. 請說破矣. 再昨朝, 鄭也說夢曰: '携試具, 到禮曺門外, 有一道長虹起自金某手中粧刀, 遙揷大庭, 光彩燦爛. 若借得其刀 <32앞> 而裁試紙, 則當應其祥.' 因尋去, 果借得而來. 余曰: '本主既用, 似無靈矣.' 曰: '適見自家裁紙之時, 用冊匠大刀, 而此刀則在匣而不出, 得不爲, 吾幸乎. 事畢, 十襲而藏之, 趁曉發去.' 余曰: '所借刀, 何不還之?' 曰: '當於歷路完璧.'

云，從東門出去．其人賊心已無足道，而尊亦難免擇交不精之責．"

余始知其人之不美矣．幸吾得中，而彼終見屈．戊申監試，定於義城，鄭生留滯五六日，巧避不見而去．盖欲每科用此刀，而竟不得一效，所謂祥瑞固不可以巧力而攫取也．

唱榜諸說

唱榜日，退定於_國制旣闕之後，二百生進，各具盛服，齊會于通衢，所帶才人，亦着花笠錦衣，勢家豪族，必以三絃前導，待壯元齊進，其他爲子弟_謝恩，搢紳之人，傾朝而出，或坐平轎，或乘軺軒，各率吏胥騶從，皆務華侈，銀鞍駿馬，雜沓 <32뒤> 前後，朱衣綠袍，交暎上下．隨處唱名，進退新來，俱張雜戲，讙笑喧騰，左右樓臺，捲却珠簾，觀光婦女，珠翠炫耀，望若春山百花齊發，又從以陣陣香風，吹掣巾紗，高低飄拂，交掩顔面，恍如列仙朝天，驂鸞駕鳳，人世上繁華樂事，無過於此矣．到敦化門下，聯袂而入，各歸歇所．

余與李上舍，假坐於錦淸轎[7]上，去來同年，皆是靑春少年．李上舍謂余曰：

"如吾輩年逾知命，始成小事，不亦傷乎?"

忽見金虎門外，有一同年，鬚髮皓白，倚株獨立．相謂曰：

"觀彼年貌，足以寬懷，盍往見之?"

與之就焉，相揖敍話，慰其老而問其年，其人笑曰：

"僉兄之問吾年，必爲白毛故也．四五年前，誤服藥物，有此難禁忘髮，而生年則丁卯也．"

李上舍聞，甚無聊，望望經歸．余笑謂其人曰：

"彼先去同年，乃癸丑生也．"

仍追到橋上．上舍怒語曰：

"其人果用凶杖，而問吾年乎? 君旣有問，不可無答，則何不道君之年，而必單擧 <33앞> 吾年者，此何用心?"

余曰：

"旣已同往，而俱見無聊，則進退宜同，而必欲使我獨承其羞者，盖欲自免之計也．

---

7. 淸轎: '川橋'의 오자인 듯함.

況言從吾口而出，何必自道吾年也?”

上舍咄咄然亟稱無狀.

諸吏各引新恩，至仁政門下，以榜次序立，開東西兩挾門，生員從東，進士從西，正門內設天樂，至門限而立，望見九級階上，東西兩邊，各立官員，一人設香卓，占榜目，使紫衣童子，高聲唱名，淸響遠徹，如從雲宵而下．先擧父名，將及己名，衆樂迭奏，次次引入，是所謂唱榜也．作重行序立，引儀呼‘拜興’，行四拜禮，諸生接膝而跪．遙望自殿內，舁出黃籤牌紙，禮官到每前，以次授之，揷於襟懷，兩場人則別出前隊，岐揷而還位，見甚榮貴也．遂_宣醞以長銀臺，列五葵杯而進之，當次五人，俱起敬受，自上達下，時刻頗久，李上舍之座，適當背後，低聲戱余曰:

“君座太高，鄕案如此，則口氣尤險矣.”

余卽應之曰:

“此是國案也，天道至公，隨才許坐，國案鄕案，高下懸絶，不可 <33뒤> 以鄕案卑說語，侵國案高人矣.”

各微哂不敢長語．旣卒酌，又行四拜而出，待于門外，携手而歸，李上舍曰:

“俄者國案之說，可謂出好，而指陳癸丑生者，亦可謂興戎矣.”

其所善戱者，實出眷厚之誼也.

江上神仙說

遊街三日，將尋鄕路，恐有新來之呼，先送所率於江上，以白衣黑笠，獨騎而出，亦一寬閑行色也．及出街里，有鄕儒五人，連鏕[8]而去，見甚憔悴．余隨其後，其中老人，攬轡而讓路曰:“所騎健實，而徐行在後，何也?”

曰:

“吾亦遠行人，不必疾驅．敢問長老方向何地.”

曰:

“吾輩湖南人也，得鄕解而來，一倂見屈，而京裡俱有所幹，今玆復路．看兄行單騎無下馱，似非遠役人也.”

8. 鏕: ‘鑣’의 오자.

曰:

“吾亦嶺南人, 來見會試, 而亦有所挽, 今始發去, 如干卜物, 已付前行矣.”

老人曰:

“抱恨旣同, 發程又同, 而邂逅相逢, 倘所謂一面有數者, 是 <34앞> 耶?”

遂並馬而行, 仍問曰: “看兄年貌, 已非少壯, 得幾度鄕解, 而今又落莫而歸?”

曰:

“千里虛行, 已五度矣.”

曰:

“兄勿以屢屈爲嘆. 吾乃壬辰生也. 凡得大小初試, 多至十三度. 今番兩場, 未免俱敗, 渡灞之淚, 安得不下也? 自今以後, 雖設萬科於內庭, 誓不復觀.”

相與論抱而去. 漸次江上, 才人輩立船舷吹笛, 泮人布席於船樓, 下來迎接. 前行諸人曰:

“彼船必待新恩矣. 嶺南大兄, 莫是其人耶?”

老人卽携一行, 却坐沙岸, 余進前而謝曰:

“初頭非不欲告知, 而僉兄皆有寃屈之懷, 不敢自異, 含默至此, 幸勿爲咎, 與之同船, 以敍未盡之懷, 如何?”

老人笑而揮手曰:

“吾輩已是塵中賤跡, 大兄江上神仙也.”

回語其儕曰:

“聞嶺南朴實無華, 果然.”

及齊船而渡. 老人笑謂曰:

“秦皇漢武之求仙, 何其遠涉蓬島也? 以吾儕見之, 彼亦仙矣.”

噫, 晩年小事, 至令人艶羡如此, 況折桂之榮乎!

館主人說

<34뒤> 丁亥秋初, 中發解, 館村無主人, 有崔斗生者, 邀余接待勤款. 丙午秋, 中司馬, 斗生老不能隨, 且無己出, 替送其壻金時迪者, 其爲人輕財而好色. 唱榜日, 設到

門禮於其家, 時宋政丞大監爲戶曹參判, 送錢布, 其餘親舊, 或送酒餠足襪紅袱, 以助其需. 三日遊街時, 上中下榮餽錢近卄貫, 凡具周足. 宋青松令公, 寓居水原之牟山, 書懇歷訪, 感其厚誼而造焉. 比隣有柳都事諱幹, 有同庚分好, 來呼新來而助懽. 及夕供, 時迪抱飯鉢而來告曰:

"小的雖賤, 未嘗以沙鉢盛飯."

其躁妄如此, 而已無奈何.

水原伯趙公諱正萬, 以子諱命圭, 同年接遇甚款, 優惠粮費, 本府戶長子金振秋, 以沈參判門下生, 曾有雅分, 迎歸其家, 設宴款接, 以十貫銅贐行, 京裡所得, 同府上下餽遺, 通計四十餘貫. 到眞谷站, 時迪引京人, 來見曰:

"此是小的從弟也. 方還京裡, 前後錢兩, 不必載去, 請先送家中."

曰:

"與才人議處."

翌日, 行到鎭里大橋, 衙奴載木同而來, 見 <35앞> 吾行, 稅卜于沙場, 拜賀曰:

"後來許多人, 聞上舍止宿鎭里, 議設大宴, 聚觀榮光矣. 今已發行, 願小停行, 以副衆望也."

遂下馬停待, 果六十餘駄, 連路而來, 皆是前春退來, 田稅大同身貢, 及各衙門所納軍布也, 俱稅于沙場, 貿全體蒸豚二首, 新醅酒瓮而來, 縱觀才人雜戲, 色吏七人, 各出錢貫, 馬夫諸人, 俱出四五錢, 殆近五十兩, 意以爲路資有餘. 及到丹月, 所帶才人, 朴時在崔太京, 皆居忠州, 兩人妻以大巫, 率工祝少娥十餘人, 乘昏而到, 凝粧盛稀, 執燭羅拜獻賀, 鳴三絃, 擧大卓而進, 珍羞邪味, 見可變色. 時迪卒見美色, 多至心魂蕩佚, 請於余曰:

"此輩乘夜遠來, 不可無厚答."

才人等亦曰:

"曾前所得, 已爲主人物, 昨間所得, 亦出意外, 歸遺細君, 如何?"

曰:

"汝言好矣."

及至安保站, 云有逾嶺酒饌, 而行橐告罄, 才人怒謂時迪曰:

"所餘十貫銅, 焉用?"

迪也冷笑曰:

"吾觀十貫銅如蠹矢, 兩娥一宵歡, 猶不足償也. 逾嶺酒饌, 賣 <35뒤> 吾飯器耳."

其虛妄若此, 亦無奈何. 不許賣器, 忍飢逾嶺, 行近龍湫, 見交龜亭上, 有一武士, 含笑拜迎曰:

"小子兒時, 學書于先生, 年久突弁後, 未易記識耳. 小子卽錢著佐也, 爲繕亭監官, 留待於此, 聞榮行今早到此, 略設小的之資, 幸小留湫上, 俾伸弟子情悃."

遂與諸同接, 作勝宴, 謝錢生曰:

"君可謂不忘一字之恩者也. 第行費罄湯, 其或有出債之道乎?"

曰:

"勿憂也. 聞慶星廳承巡營房, 書懇運置粮饌路資, 於草谷支待累日."云.

旣到, 果有一吏, 呈示單子, 三粮合一石, 費錢五貫, 命時迪收拾. 迪也應聲而去, 久不還報, 送奴捉之, 云與遊女打話. 及跨馬而出, 始隨來, 已用一貫矣. 到門後, 公私榮餽錢兩衣貨木疋, 不知其數, 盖時和歲豊, 人不惜才, 況且科事罕出於吾儕故也.

不數日, 迪也得年少妖妓, 日夜沉溺, 不省人事. 時營將入縣, 厥妓以曾所眄, 入侍, 夜深後, 奴僕來言, 館人磨刀, 咆哮入去, 官家 <36앞> 急令侄孫等跟尋, 果於客舍寢房外, 蹲坐俟隙, 十分開喩, 扶曳而歸, 僅免罔測之禍.

自至月念後, 至臘月望後, 周謁隣近公堂親舊諸家, 所得錢五百餘兩, 木百餘疋, 衣貨稱是, 館人例取其半, 而臨去, 僅存一駄云. 聞甚怪駭, 密訪其去處, 則妓夫輩皆云, 爲所愛妓, 買給凡家八間綿田十斗, 可使婢一口, 其餘首餙衾枕衣服飮食之費, 不知其數云. 及其辭歸之日, 爲其還家無面, 自內封付十升布二端, 使歸遺其妻矣. 有人來傳, 十里外路上, 館人與小妓對泣, 急送人捉發. 俄見厥妓挾封袱而來, 卽臨川家中所出細綿封也. 余取而留之, 憑付於同年館人後去之便, 旣歸遺時迪家, 道達其意.

反以思之, 不但彼漢之虛妄, 是吾使然也, 嘗見新恩, 多聚榮餽, 或有染指, 多見侮辱, 故初頭帶出時, 語之曰:

"吾家貧窮, 親戚鮮少, 汝輩雖往, 必無所得. 末稍若有不平節, 則初不如不去之爲愈也."

皆詭伏納招曰:

"雖不得一文錢, 不敢致怨."

曰: <36뒤>

"然則設有所得, 吾不干與矣."云.

故所得若是其夥, 然而無意搜撿, 一任渠手, 致令許多財貨, 委棄溝壑, 足以爲他日之戒, 故略記顚末耳.

戊申亂離

此亦科行所遭, 故錄之於科說下.

戊申別試, 偶中論策兩場. 三月旬日, 作會行, 與沙村金院長履瑞氏作伴. 到比安, 逢漆谷李柱一, 聯鏕.[9] 十四日, 中火石院店, 有舊主人, 情分頗好, 引余至僻處, 附耳語曰:

"大亂已起, 胡爲赴京?"

余驚問其狀, 曰:

"安城素沙等地, 賊兵屯聚, 吾兒偶過而見執, 乘夜逃還, 傳其謀議云, 今夜分兵犯兵營, 仍陷諸郡."云.

心甚訝惑, 欲語同行, 則必將徑返, 逢着後接, 難以爲辭, 不如前進觀變, 遂含嘿而出, 同行戲之曰:

"有何滋味, 而獨呑也?"

曰:

"其味甚苦, 不可分人."

行至六七里許, 見自北而來者, 無不奔趍, 密鞭問之, 則不答. 使奴輩把住一漢, 而問之, 曰:

"某亦不知, 鎭里酒 <37앞> 店, 稱以亂離逃入山谷."云.

余告同行曰:

"俄者主人之說, 亦如此. 今不可冒進, 姑投竹山, 問于舊主人, 則可知矣."

忽然天地昏黑, 拔木之風, 飜盆下雨, 一時俱作, 急以油衫笠帽, 周遮一身, 俄頃之間, 衫裂帽破, 奴馬亦不能進步, 艱到店前, 風雨少霽, 臨門呼人, 而無應者, 疾聲然後, 始出迎入內房曰:

"意外逢亂, 深埋家藏於廚間, 犯夜逃去計耳."

---

9. 鏕: '鑣'의 오자.

以滿樽酒勸客, 亦不受粮, 曰:

"留此, 焉用?"云.

一行皆曰:

"莫如抹[10]馬卽時發去."

余曰:

"卽今川渠漲溢, 夜行甚難, 且賊兵布在安城等地, 歸路必梗, 莫如待晨東走, 從竹嶺還家, 可也."

奴主對竈燎衣. 二更量, 忽有喊聲, 一府人民, 痛哭奔竄, 同行皆欲走去, 余於袖中作卦, 而挽之曰:

"賊纔陷此府, 未暇外搜, 且有利攸東往之兆, 一從龜筮之告矣."

似此之間, 主人已無去處矣. 人馬夙飽, 聞鷄東走. 天明有一人, 臥路呻吟曰:

"我忠淸兵營畵師從人也. 昨昏大賊陷城, 屠戮兵使營將, 故達宵 <37뒤> 奔竄至此."

聞甚驚怖. 前過一村, 男女痛哭奔走, 其所抱負, 皆是痘兒. 金院長以未疫, 自分必死. 余以所把新油扇, 緊着其口鼻, 以防穢氣. 到南漢城下, 相與謀曰:

"前程已斷, 生還無望, 不如同入山城, 死於國事."

遂北首而去. 見一人戎服馳馬而來, 以一旗前導, 大書發兵二字, 余俱言入城之意, 曰:

"城門已閉, 外人不可輕入."云.

余卽回馬東馳, 到利川, 酒店皆空. 曾前主人, 以老吏情分頗熟, 卽往投之, 其家又空. 金院長頹臥呻吟, 面有紅暈. 欲爲煮粥, 入見內舍, 戶外有小屨, 開視之, 有妖好處子, 點撿行具. 余閉戶而請曰:

"吾乃此家舊客, 逢此亂離, 無他接着, 可炊飯療人苦飢乎?"

曰:

"父母欲定寓所而去, 我姑留此, 而旣云舊客, 禮待如此, 敢辭炊飯乎? 家多棄去之米, 不必受粮, 但言人口幾何也."

余告其數而出. 院長痛勢一樣, 思得救療之資, 直入官府外堂, 有一客曰:

"主倅已作勤_王之行矣."

---

10. 抹: '秣'의 오자.

曰:

“不但以舊誼來訪, 同 <38앞> 接有患痘之人, 欲得全卜生鷄, 尊未可圖之耶?”

其人呼讀書兒, 俱以此意, 入告于內, 以二串鰒來, 命奴網二鷄, 與之曰:

“與家親有素云, 而無輸款資, 可恨.”云.

其敏給如此. 持歸店舍, 炊飯已出, 置於墻隅, 而饌味俱佳, 病人亦小許喫下, 卽駄疾而去.

到處避亂之人, 不知賊鋒所起, 在東者竄西, 居西者奔東, 惟以離家爲生道, 或父子不保, 妻子奔散, 其中未嫁女子, 羞與衆人雜沓, 多跋涉路邊荒榛, 足血淋灕. 年老難行者, 臥路而啼, 景色慘酷, 不忍正視, 國運之否, 何至於此? 而生民之厄, 亦難以毛擧矣.

日暮投宿, 前村所周行, 凡一百七十餘里, 煮鷄鰒, 勸病人取汗, 幸得小間. 翌早, 到可興, 急投舊友金哨官家, 金也方戎服執鞭而出, 邀之入室, 問兵起之處, 仍曰:

“吾以將官, 承傳令赴鎭下, 而第念前路要害之處, 設幕戒嚴遠客, 恐難無事得達也.”

余曰:

“到此地頭, 當賴親舊, 何忍見溺而不援也?”

金也曰:

“同姓百代之親, 何 <38뒤> 忍棄去?”

飯訖, 遂連鏕[11]而行, 經五幕而免掠奪者, 皆其力也. 到金淵, 曰:

“此外無把守, 可以安往.”

遂百盤稱謝而分路, 自此無梗塞矣.

暮到水面村, 渾店俱空, 使奴屬登高望之, 尋火明處而投之, 見夫婦對竈爇火, 自言身爲束伍, 明將赴鎭云. 幸得炊飯抹[12]馬. 早發將及安保, 有數三商人, 痛哭而來, 問之, 則曰:

“所持馬匹, 爲行軍所奪.”云.

曰:

“吾儕亦難免, 此間不可無權謀.”

乃敎奴屬曰:

11. 鏕: ‘鑣’의 오자.

12. 抹: ‘秣’의 오자.

"如有掠奪之擧, 卽曰: '此行次皆仁同兩班, 從忠州鎭營而來.'云也."

以其營將爲仁同人故也. 到小鳥嶺, 延風[13]槐山兩邑軍, 結隊而來, 其中悍卒二三, 當馬首曰:

"此馬可用於戰場."

奴輩如敎喝之, 座首叱退其卒曰:

"仁同兩班, 不可犯也."云.

因此得免.

及到草谷, 始無死生之慮矣. 人疲馬倦, 辛苦到家, 未及更衣, 有勸馬聲, 城主從安平倉而還, 聞余至, 送吏曰:

"亂離消息, 宜速來傳."

不得已乘昏入謁, 侯先弔國亂, 次慶生還, 仍屬之曰:

"吾有官守, 宜其死國, <39앞> 家眷不得不預爲之, 所聞東村城洞, 山深路險, 自古公私避亂者, 賴而得全云, 君家內行與吾衙眷, 趁明早同發."

余正色而對曰:

"衙行固可深避, 而第念凶鋒所起, 遠在右路, 昇平百年, 民不識兵, 上下男女, 方在重足之中, 屬目於官家, 若以明日移眷, 則萬民携妻子, 一時奔屛, 大小號令, 更無可施, 隣邑聞風, 又從而逃散, 則事定之後, 責有所歸. 若賊充斥, 大禍近止, 則四十里之地, 卯發辰到, 豈可以遠外聲息, 輕先動出, 竟致識者之譏笑乎?"

侯深思良久曰:

"君言亦極有理, 而凡事預立."

出半幅壯紙, 大書傳令, 署余爲山城鎭長, 差副校十餘人, 率別砲手二百名, 兼發邑中人夫, 運需米一百石, 小米五十石, 太五十石, 期以明日一時同發, 到此地頭, 不敢更辭, 遂與別武士金世煌十餘人, 色吏烏信興等三人, 到所謂新古毛谷. 擇廣固民家, 先定衙內所住, 又擇依險民家, 儲峙谷物, 號令二百砲手, 分四隊守直, 又察要衝之地, 以爲築作小堡之 <39뒤> 計. 旬餘日後, 聞凶賊勦蕩之報, 承傳令撤還. 年逾知命, 身逢喪亂, 城陷而免死, 路阻而得生. 耳聞目見, 亦多可記, 而文短筆拙, 掛漏如斯, 而或不無他日觀感之道耳.

---

13. 風: '豊'의 오자.

鵲巢奇徵

此是他家事，旣係科事，且吾親見，故錄之於此.

余嘗赴壬子春_庭試，開場前一日，往履谷宋侯宅，侯時出宰黃州，長胤昌明氏，仲胤敎明氏，方治科具，共論得失，敎明氏弱胤入告曰，“有鵲來巢南階上梅樹”云. 余當戶而坐，開示之，果有雙鵲，含査而來，營巢於梅杪，以其無旁枝，査輒自落，抹馬童握藁而來，連枝補葺，汲婢亦助役，兩鵲迭相來去，或坐肩背，或掠鬢髮，俄頃之間，倏見巢樣. 余賀於伯氏曰:

“抱才久屈，靈禽報喜.”

仲氏曰:

“我兄有早晩可得之具，如吾不才，得之誠好.”

相與一笑而罷. 及入場，先問鵲巢曰，‘已於日暮時，見上樑而來.’云.

果於是榜，仲氏高中，人謂，‘大科必待天命.’ 若使靈鵲承_王命報喜徵，則可於旬日

<40앞> 前，豫爲之示兆，而必待開場前一日，何歟?

此非攀巢之世，何不於旁近高樹，而必於盈尺樹杪者，抑何意歟? 況一室上下，謂之喜鵲，而補葺之，愛護之，則亦當完巢養雛，而必於出榜，卽時飛去者，未知天命獨下於營巢之日，而忽遽若是耶? 旣云天命，則所膺之人，當致大秩亨[14]遐齡，而官至承旨，年未耳順而沒，所謂天命，亦止於是歟. 欲究斯理，而莫窺涯津，略記顚末，以俟知命者.

親問食堂說

殿講亦係科事，故隨年先後，而開錄於此.

余於丙辰春，居泮齋，待九月_庭試，有初三日循頭_殿講之_命. 前一日，與諸生，會宿於新門內_闕下. 平明，設食堂于廣違[15]門外，隨大司成以進，踰數重門，北向跪坐，自師席飭之曰:

---

14. 亨: ‘享’의 오자인 듯함.
15. 違: ‘達’의 오자인 듯함.

"此間多有未經進講之生, 須各盡敬畏之心, 無至小失體貌, 而或承之羞也."

念余以草野微蹤, 既入深嚴之地, 又承惶恐之敎, 心不滿一握. 遑遑然, 無以 <40뒤> 措身. 更入數重, 戒飭尤切, 及至迎春門下, 衆宦排列於左右, 齊聲懇囑曰, "入此則大庭也. 必整頓衣巾, 安詳步履, 愼勿失禮容."云. 聞甚憂怖, 魂不付體.

既入大內, 遙瞻御座, 則向來惶懼之心, 輒成眤[16]愛之情, 怳若驕子之見慈夫, 所謂秉彝之天, 於此可見, 而君臣父子, 本無二致者, 尤可驗矣. 行四拜禮, 俯伏於地, 忽聞自_上傳敎曰:

"君臣之間, 義同父子, 豈可多時跪伏? 須各擧頭望觀我顔面也."

_綸音一下, 懽意瀜然, 李白所謂, '龍顔一解四海春'者是耶. 遂隨意, 仰瞻_主上殿下, 被蟒龍袍, 戴翊善冠, 端坐卓上, 高可三尺.

卓前左右, 刻成游龍擧頭之象, 垂下絳紗帳, 帳下左右, 翰住[17]二官, 昵侍相對. 六曺判書, 分東西而跪, 銀臺次其後, 玉署次其後, 三公北面而跪, 兩手據地, 烏帽黑袍, 着白鶴胸背, 圍金銀角帶於其上. 四軍門大將, 着虎鬚丹笠, 被藍段戎服, 弓釰各在其腰, 分東西而立.

宗室二員, 各荷黃金偃 <41앞> 月刀, 分立於_御榻東西, 殿角各置紅卓, 上置金爐, 注香官手握香屑, 散投炭火, 香烟勃鬱, 掩暎軒階靑蓮, 所謂'五雲垂輝耀紫淸'者是歟. 殿東有小畵閣, 置自鳴鐘於其中, 有刻成小童子, 戞擊鳴鼓, 手捧時牌而出, 杜小陵所謂晝漏稀聞高閣報者此也.

奏時官裁紙, 大書十二時號, 坐在鐘傍, 見牌卽時, 糊付於_御幕柱靑大竹上, 奏時而退, 四面翼廊垂下十四幅三升新帳, 遮隔內外, 周回數百餘步, 許多宮娥出觀多士, 各於着眼處, 刀裂作孔, 此亦國力耗費之一端也.

及開講也, 注書手捧一冊, 出於_殿角, 高聲唱名, 儒生應聲而起, 上九級階, 登退抹樓, 東向曲拜, 始登正廳, 而地狹坐促, 入處不明, 士多失禮者.

余亦隨次而登, 及至正堂, 宋右揆·曺銀臺見余至, 小分其坐, 稍豁去路, 遂得間而進, 跪於經筵, 去龍床不過半把, 東西南坐次甚促, 不能展股矣.

俄見以_玉手閱黃卷, 點示所講大文經書, 卽以手指拈出其處, 周 <41뒤> 示三公六判, 俾覓本卦, 然後謄出大文, 置於講生之前, 卽小過彖辭, 所謂'如飛鳥之象焉'六

16. 眤: '昵'의 오자.
17. 住: '注'의 오자.

字也. 自念音釋可奏, 而前頭茫昧, 周而復思之際, 注書密語曰, '_至尊之前, 不敢持久.'云, 自_上特敎曰:

"鄕儒入此, 動心固易, 姑勿催督, 容其思索也."

不勝惶感, 擧顔讀下, _上稱善, 戶判起身而對曰:

"字音高低, 不錯也."

卽奏釋, _上又稱善, 禮判亦依上敎. 傳[18]頭若擧四五字, 則可以大闡, 終始漠然, 欲援筆而書'不', _上曰:

"姑遲遲, 而更思之."

伏以對曰:

"不能."

遂書'不', 將退, _上曰:

"爾居何鄕?"

_玉音頗低, 未能卽對, 曺承旨曰:

"慶尙道義城儒生也."

右揆繼之曰:

"此儒有文名."

_上曰:

"日已平西, 泮宮稍間, 能及食堂否?"

伏以對曰:

"速行則及."

仍下明日追講之敎. 遂逐隊而出, 到廣達門, 有一吏傳右揆大監命, 引余至門西小閣, 蓋宰相從間路先出也. 余至卽邀, 曺承旨令監未及上階, 而嘲之曰:

"前頭若茫昧, 何不低聲而誦滕王閣序乎? _聖上旣已稱善, 宰列同聲應之, <42앞> 誰敢有言?_御賜花上日傘, 而不亦好乎?"

對曰:

"令監習知我本地, 登進經筵, 亦云越分, 何敢飾非取榮, 以速眚災也?"

大監曰, "此言甚貴, 行將大闡."云.

笑語之間, 大司成納刺而進, 賀余曰:

---

18. 傳: '前'의 오자인 듯함.

"金上舍, 以一介書生, 有何異數於_王[19]上, 旣詢居地, 又問食堂能及. 此等恩私, 雖久侍經幄之人, 固難幸蒙, 此事不可泯沒而無傳也."

及出, 與諸生待師席於門外, 遂聯袂而歸泮齋, 晩設食堂. 諸生相語曰:

"聖上不知晩設之規, 浪爲金上舍憂之耳."

翌早, 大司成入來試多士, 出箋, 題擬'本朝太學士金敬天謝於殿講日, _親問食堂及不及'. 有表才者多應之, 而余幸以三上居魁, 藐余以萬萬微賤之跡, 猥蒙萬萬稀有鴻渥, 而未酬涓埃之報效, 空隨草木而同腐, 其可瞑目於地下乎. 欲銘乎心, 存乎目, 乃敢略記其顚末焉.

病指龍夢

此亦他家事, 旣係科事, 身親見聞, 故錄之於此.

<42뒤> 九月初一日, 楊州金進士聖注凌晨入泮, 示余科占, 余曰:

"此卦不足信."

曰:

"何爲?"

曰:

"明日尊必登第, 而其於無科何? 竊想尊意, 必及朔日食堂者, 似爲_庭試科具, 冒寒早來耳."

曰:

"吾知其無科, 而老慈得吉夢, 促令入去, 舍伯卜得此卦, 及食堂故耳."

食堂旣罷, 首僕進曰:

"見碑石內三官疾馳而來, 必是承傳也. 勿解巾服以待."

俄見內侍與承旨注書, 到明倫堂上, 請館儒聽_傳敎, 旣序立, 曰:

"以_上命收食堂到記云."

諸生曰:

"欲設_殿講乎? 別有製述之_敎乎?"

---

19. 王: '主'의 오자인 듯함.

曰:

“天意未可知也.”

卽馳還. 午後果下初三日開講之命, 金上舍又以科占來示, 余曰:

“今此殿講爲吾尊設也.”

果以其日, 講周易, 得純通. 其伯上舍聞喜而來, 余問堂上吉夢維何, 曰:

“慈親夢有一黃龍, 自堂中出半身, 鱗匣照耀, 五色祥雲, 連簷而下. 龍欲登進, 先擧左足, 而還止者數次. 慈親降階而視之, 左足指生瘡, 急以所着草履納之, 始乃踏雲, 乘雷雨而去. 意以爲必應科祥, 忙呼舍 <43앞> 弟, 使及食堂, 臨發, 以夢中履龍左鞋授之, 使着之, 弟曰: ‘數日前左足指生瘡, 不可强着小履矣.’ 驚異之, 脫襪而視, 一如龍指傷處, 因以其鞋納于舍弟, 如有科擧, 入場時, 必着此云矣, 果有此千萬意外之慶.”

所謂夢兆, 若是其奇中, 而何莫非天命也, 然得吉夢, 而促令入泮者人事也, 倘所謂修人事待天命者, 誠的確之論也.

巽窩謾錄 自序 詞章 第三

詞章者, 特擧病夢中所得, 白地上搆案者, 六七篇, 一以爲記異, 一以爲垂戒.

夢登岳陽樓說

余於赤鼠秋宿於芝谷書齋, 夢有一老翁, 髮白顔紅, 氣秀而神淸, 揖余而言曰:

"聞子好爲詩, 而僻處偏邦, 未得江山之助. 欲與子同登岳陽樓, 使作壯遊篇, 觀之, 其肯從我遊乎?"

余拱而對曰:

"此去岳州, 水陸萬餘里, 費得幾日月, 而能至."

曰:

"吾有追 <43뒤> 風逸蹄, 一蹴可到."

於袖中出一拳石, 頭角如馬, 看看漸長, 轉成具鞍駿驄. 勸余先登, 瞥然騰跳, 駕風逼雲, 一瞬千里, 惝怳不能下物. 俄聞馬蹄踏地之聲, 始開眼視之, 已在樓下矣. 神翁憑欄迎笑曰:

"岳樓遠乎?"

遂歷階而上, 拜謝神助. 見風軒月戶, 開豁通暢, 四面榱楣, 高懸華板, 神翁指一板

曰:

"此乃杜小陵所著也."

遂郎吟一遍, 東南之坼, 乾坤之浮, 果是盡出, 而君山秀色, 未盡收拾也. 翁命次其韻, 卽賦首句曰:

"長驅渥洼馬, 來上岳州樓."

翁曰:

"必順其韻, 則不無韜襲之嫌."

乃換易之, 更呼秋遊愁三字, 余卽足成曰:

"錦樹吳山色, 銀波楚水秋, 詩翁留傑句, 韻士辦清遊, 更酹黃花酒, 聊銷帝子愁."

翁擊節曰:

"君才足充太學士矣."

相與騁目遊懷, 欲盡賞天下壯觀. 轉眄之間, 倏然驚起, 乃一夢也. 卽呼燈寫出, 句法依拙, 而篇律不錯.

愚心所期, 或不無大闈之望, 而才分不如仙分, 年逾知命, 僅得小成, 身登國庠, 多費公稟, 神翁所謂太學士云者, 其亦預告於冥冥中耶.

謾吟構禍說

<44앞> 余於癸巳秋, 在渭川, 禫服未闋. 有親舊人, 以小衙意, 請余同接爲科詩. 余曰:

"未行吉祭, 亦是喪人, 何敢揚揚入官府, 吟哦詩句也? 幸爲我善爲之辭."

其後無消息. 盖深感, 而不自知也.

至月初, 風雪大作, 夜臥溫堗, 自顧微分, 實多私幸, 作一絶句, 書小紙曰: '樹抄風聲惡, 窓間雪點輕. 身安綿被煖, 猶可託吾生.'

吟咏數篇,[1] 置之案上. 翌日早, 適有一兒來見, 年可十五六, 言辭慧詰, 似非鄕闆所產. 余問曰:

"汝何許兒, 而從何地而到此?"

1. 篇: '遍'의 오자.

兒曰:

“自京裡流離, 無所依接.”

余旣愛其爲人, 且哀其無歸, 要與同宿, 供朝夕, 見其披閱卷秩, 時或有問, 可知其解書也. 日未午, 乘余入來, 不辭而去, 案上小紙無有, 意以爲其兒所爲, 而亦不以爲念矣.

數日後, 官差來推, 惶恐入去, 未及衙門, 羅卒十餘輩, 連絡促督, 到卽拿入, 着新造大枷, 以署押兩片紙, 糊封鉅痕, 無他數罪 <44뒤> 語, 急令下獄, 枷孔甚窄, 不能呼吸, 若過一宵, 難以保命. 俄而, 鎖匠持鉅而來, 欲脫枷. 余懼曰:

“若現露, 吾與俱死.”

其人密告曰:

“已廳[2]冊房分付.”云.

盖主倅庶弟能詩, 雖無一面之雅, 而每以詩篇, 更僕相和, 情分頗熟, 故特憐其困阨, 自下密囑故也.”

曰:

“如此則或可脫, 而署押紙將何以得之?”

曰:

“此則甚易耳.”

果然諸吏及通引輩, 割得等閒文書·例題所志, 所署而來, 不半日多至百餘片, 身旣得脫, 周視獄中, 兩班荷枷者, 凡五十餘員, 計其所得, 足充其數. 遂各授兩片, 一併脫去, 鎖匠所得亦多矣. 親舊人來言, 衙奴日有察獄之行, 而中途空返, 是亦承囑故也, 牢囚八日, 始有推論之擧, 乃更着枷如古, 入跪府庭, 同時被論者, 凡十餘人, 皆受三十餘度重杖, 或見放, 或仍囚. 末稍厲聲問曰:

“汝以卑微之人, 執喪如士大夫, 旣處禫服中, 而以作詩爲賤技, 不肯赴官家勤邀, 果如其言, 則‘樹抄風聲惡’者, 非詩云乎?”

余伏以對曰:

“當初來汝之命, 自小衙 <45앞> 直下, 則分義所在, 安敢違拒也? 特以紹介人相親之故, 以私情言之, 且九月中, 丁行禫祀, 而作詩在於至月風雪之夜, 則居喪作詩之敎, 得不寃痛乎?”

---

2. 廳: ‘聽’의 오자.

曰:

"吾細觀其詩意, '樹抄風聲惡'者, 斥吾政之惡也, '窓間雪點輕'者, 譏吾兒之輕也. 汝何敢乃爾?"

對曰:

"此則偶寫卽景, 安敢指斥官家也? 若以無心者爲有意, 則古<塞下曲>所謂'陰山飛虐雪, 大漠起獰風'之句, 亦何所指斥也?"

又加一層威怒曰:

"如此微賤之漢, 殺之何難也?"

余始知其必死, 仰首而對曰:

"盖此詩句, 誰所呈納, 而有此搆案之擧也? 昨間窃詩而去者, 聞是衙奴, 則取去之道, 旣不明白. 身雖微賤, 而得厠士類, 一縷斷絶, 誠不足恤, 而以我侯積善行仁之舊德名家, 恐不免無罪殺士之科矣. 得不爲有識者悶惜乎?"

侯始低聲問刑吏曰:

"彼漢本來失性乎?"

吏欲救之, 順其志曰:

"近者連遭慘戚, 固多失性之擧耳."

余叱曰:

"汝嘗學於吾, 吾何曾敎汝失性, 而有此失性之對也? 若果失性, <45뒤> 則當此生殺之際, 亦安能直辭推答也?"

侯直視良久曰:

"汝雖自處以不失性, 而以吾觀之, 眞是大失性也. 官何足深責也? 姑爲退去."云.

噫, 初頭作詩, 實本無意, 而對下諸說, 逐條發明, 少無阿曲之情, 故得蒙仁恕之澤. 士大夫寬容之意, 出尋常萬萬. 是日觀聽者, 皆以爲死中求生, 故略記其顚末, 以自警焉.

別章被論

乙巳年間, 趙司諫德隣氏, 於辭職上疏中, 極論時弊, 遭臺彈被恩譴, 將投極北, 南中士夫多以長篇短律, 送其行而榮之. 余則初無情分, 素昧時論, 而哀其遠謫, 遂謾吟一絶句曰: '長夜沈沈窮髮如, 監臨上帝勅心存, 故教烈日精忠照, 破寒門萬古昏.' 雖不敢書贈, 以士友多傳誦者. 一日被小衙所速旣入道勝常而不答, 顯有不平之色, 莫知其端, 惶不敢更扣, 卒然問曰:

"君以今盛世爲何等時, 而以趙某爲屈 <46앞> 大夫也?"

曰:

"此何教也?"

曰:

"吾聞君送趙某別章曰云云, 何其不擇辭, 而歸當世於昏黯之域哉?"

余拱而對曰:

"小家賤子, 不知爲時論之爲何事, 自少至老, 從遊京洛士夫, 擧足左右, 輸情納交, 但隨其俯仰, 而進退則不欲失己分上事耳, 亦安有彼此激切之論也? 今於趙司諫之行, 嶠南士夫, 皆稱其直節, 故偶有所作, 特是盲犬之吠, 聲雖云同道, 而素無雅分, 亦何曾書送, 以招人議也?"

俄而, 明府自內而出, 聞余聲, 直入冊室, 小衙擧其詩句, 而聲罪告之. 侯沈吟良久曰:

"彼自咏趙, 何與時論也? 詩律則誠好矣, 而語意竣激, 扶抑太過, 吾則自有情分, 或可曲恕, 而若使過激者聞之, 則必多非之. 速焚其藁, 可也."

余僕僕而謝, 以對小衙說, 更陳之, 侯笑曰:

"詩人固多此氣習, 兒輩年少, 不能平恕, 幸勿爲怪也."云.

噫, 自古緣詩案而亡身者, 多矣, 苟非賢侯眷愛之誼, 則幾不免大罪. 每一念之, 不覺懍慄, 遂略記而自警焉.

皐蘭寺說

<46뒤> 余於壬寅春, 奔哭李令公, 復路公贖持來, 吏奴四五人作行, 欲觀百濟古都, 逾柤嶺, 宿道天寺, 渡白馬江. 到扶縣, 觀蘇正[3]方所立勝戰碑, 留人馬於酒店, 以周

3. 正: '定'의 오자.

衣芒鞋, 越後麓, 上落花岩. 時方暮春, 鵑花飄落, 江面悄然, 有今古興歇之悲也. 其側有皐蘭寺, 不過八九楹, 阨陋小刹也, 盖取義慈王御製皐有蘭之意也. 開戶而入, 有老少七八緇徒, 或素繩, 或織屨, 而睨視不動. 有對卷者云: "是衙客而非親子弟也."

亦不與之語. 余假坐歇脚, 見衙客有敎兒讀馬史魯仲連傳, 至'東藩之臣因齊後至則斫', 兒向衙客問其意, 答曰:

"若東方諸侯, 因齊王而後至, 誅之云耳."

余笑其誤解, 衙客曰:

"別有他意耶?"

曰:

"此因字非因緣之因, 余史不云乎? 威王因齊 立初不治, 此因齊, 齊王名也, 必擧其名者, 特示天子之尊也."

衙客始斂膝曰:

"誠然. 不遇 <47앞> 明師, 終失本旨矣."

諸僧始有敬謹之意. 余問曰:

"蘇正[4]方釣龍臺, 安在?"

老僧[5]在此寺下巖面, 曰: "正[6]方自西南, 率諸軍而來, 畏龍負舟, 餌白馬釣出, 然後得渡, 釣臺應在江外西南, 何有於此? 且旣渡至此, 則焉用更釣? 汝甚無識, 他何足問?"

衙客曰:

"吾亦疑之, 客言果是也."

因請曰:

"見識此高, 能作詩乎?"

曰:

"陽春白雪, 不敢吟弄, 下里巴人, 或可酬和耳."

曰:

"此邑倅好爲詩, 出强韻賦七言絶句, 卽僧, 能, 曾 三韻也. 嘗以華牋授余曰: '君久

---

4. 正: '定'의 오자.
5. '老僧' 다음에 '曰'이 빠진 듯함.
6. 正: '定'의 오자.

在寺中, 必遇遊客中能詩者, 步此韻成說, 則吾將就見之. 今遇其人, 幸試倚馬之才."

曰:

"詩不可無題, 用卽事可乎?"

曰:

"尤好矣."

以華牋置于前, 濡筆以進, 余卽寫出曰:

"皐蘭寺裡問居僧, 百濟興亡說未能, 春暮巖頭花自落, 宮娥投水不云曾."

衙客敬受曰:

"當以此送東閣."

命一僧傳致, 時同行諸人, 以鞍馬來, 持道袍唐鞋而進, 衙客頗疑訝, 諸僧有惧色, 及上馬出洞口, 僕僕謝過, 追至數里. 人生 <47뒤> 斯世, 不可不識字也.

嶺塚題詩

邑有名妓, 以姿色琴舞, 見愛於人. 康熙壬申春, 余做讀于小衙, 妓常密訪, 頗示情眷, 轉有昵押[7]之意. 余辭以嚴師戒色, 遂遊說丈席而蒙許, 又以河東之吼托辭, 而彼意尤切. 嘗邂逅於客舍南庭, 以病狀垂淚曰:

"疾祟已痼, 若得周郎一顧, 可尋生路矣."

余亦憐之, 折取階上杜鵑花一朶, 贈以爲信. 五六日後, 遇諸道, 自懷中出示枯悴之葩, 其情眷可掬. 一夕歸家, 室人嘲笑曰:

"丈夫風情, 亦甚埋沒, 美人挑情不應, 何也?"

盖聽其軟語也. 因玆而有數宵之懽. 後爲衙軒侍寢, 余絶之, 而彼之情意愈懇. 翌年春, 罹痼疾, 累月委頓, 有一面之請, 而未克副焉. 末以其母之懇, 往診之, 已至奄奄之境. 刮眸執手, 垂淚而語, 盡是薄情之怨也. 顧謂其母曰:

"今 <48앞> 吾已矣. 但此郎連家, 多在花山, 必多有北路行. 願埋我於鷄卵峴上, 令孤魂得見過去顔面也."

翌月奄忽, 其家曲從焉, 其後余喪耦. 數年後暮過其峴, 見當路孤塚, 追惟往事, 不

---

7. 押: '狎'의 오자인 듯함.

忍舍去，彷徨於短砌之上，遂吟成一絶曰：

“數尺荒封嶺路岐，行人立馬不勝悲. 居然一夢人間事，最憶鵑花折贈時.”

吟咏數遍，隱隱然如有所遇焉.

丙戌夏，得一夢，由曲路而行，見山坡有華屋，槐柳掩暎. 一美姝出門，迎接曰：

“郎子久待，來何晩也?”

近而視之，乃情妓也. 引余入重門，至廳事，過眼什物，極其華侈. 及開戶，見室人以淡粧，立於北壁下，揖余侑坐，相去頗間，有悲傷之色，無欣悅之態. 命情妓，取酒果來，酬酢如尊客，以悽辭設問，目情妓曰：

“郎曾過彼其之藏，浪吟詩句，而不識丁女子，未達其旨. 與吾輩相會期，甚絶遠，不可忘置. 幸於逢場，詳言其意，以爲他日論情之地.”

余以釋音細陳，情妓潸然垂淚，室 <48뒤> 人亦嘘唏長嘆. 方欲敍舊別懷緖，爲啼兒所蹴，怳然驚起，其逢迎酬酢，了然於睡睫矣.

噫，伉儷義重情莫大焉，雖以精魄相會，宜有親親泥泥[8]之情，而遠設坐席，相對如賓者，此何理歟? 情妓之同處一室，引入相接，而不道死別之恨者，亦何意也? 況荒原薄葬之塚，變成渠渠之厦屋者，幽顯居處，其有不同之理歟? 其後亦多有夢裡之逢，而室人情妓見輒相隨，其或有人間未盡之緣，而留地下共事之約歟? 抑將以夢寐，歸之於誕妄歟? 俱未可究焉.

8. 泥泥: ‘昵昵’의 오자인 듯함.

巽窩謾錄 自序 情分 第四

情分者，賢侯眷愛之情，自家感恩之分，隨事開錄，以爲不忘之資，而館洞李侯情分，列序於丙午科說以下諸篇，貞洞李侯履谷宋侯情分，俱 <49앞> 載於移家感德，及甲午科說，不必架疊.

沈侯情分

兼序林侯情分

侯諱璋. 辛丑歲出爲本邑宰，召余充記室，未嘗數月離去，軆肥而有關格症，轉側必須余，余亦竭誠奉護. 及投紱也，造硯匣，於其腹底，大書'贈以墨池匣，用替他日面'十字遺之，余敬受而寶藏焉.

丙辰夏余居泮，侯遣騎邀之，諸皆會，設小酌，呼余屬林郎象元氏曰:

"金上舍爲我記室，凡三載，非但代書回簡之勞，亦多救護宿痾之切，而吾已老矣，托君以圖厚報耳."

曰:

"小壻於奠雁初，已作親好之人，雖非勤教，何嘗忘置也?"

曰:

"吾旣無子, 諸郎中君獨大闈, 欲借長袖故也."

語意甚勤摯, 余亦心內銘感. 侯竟以是年九月無疾恙仙化. 始知精魄已離, 作末語如此也.

辛酉秋林郎考試本道, 余自蔚寓來, 候以敬差過蔚州, 遂聯枕客館, 作數篇律絶, 以敍存沒之感. <49뒤>

庚午夏自玉署出宰本邑, 托胤子濬浩甫兄弟與之肄業, 有令弟諱衆中, 仁明孝友, 擺脫塵界, 不以地崇自居, 必盡情禮而接人, 文章特餘事也. 內外情分, 殆同至親, 凡衣食之資, 享先之需, 亦隨時周惠, 其幽顯之感, 當復如何.

余嘗浹旬病痢, 以年近八十, 却藥物而不用, 侯遺小札曰:

"吾於聖賢書, 未嘗見老不服藥之訓."

遂以成藥遺之, 果有效. 又作延年益壽丹二劑, 使服之, 髭髮勝昔, 視聽瞭朗.
先侯有繼胤, 諱命福, 以奇疾尋醫, 到此求見先君桐鄕故迹, 余以硯匣奉進, 要侯同觀, 摩挲掩涕, 粧銅着漆於本句兩傍, 各賦五言四韻, 手自書之, 余亦作小記敍大略, 褙覆三詩之面, 用替紗籠故事. 倘使城化三家雲仍, 見此, 雖百世之後, 必將有感, 而更結延世之好矣.

尹侯情分

<50앞> 侯諱得重, 庚申歲宰本邑, 多快活政績.

辛酉秋邑爲東堂試所, 余自蔚寓來, 候林公, 適値侯同坐云, 有聲聞輸款如舊識, 勸余還土, 與共衣食, 旣歸周恤之意, 殆勝於所敎, 胤子諱紀東, 亦傾情倒意, 講論詞翰.

癸亥春衙內染癘, 內外出避, 長胤繼痛, 症甚危惡, 已至莫爲, 侯握余手而泣曰:

"去年末兒死於此, 長子今又難救, 吾豈在世, 而疊見凶變也? 誓以自決, 而無他子弟隨來者, 父子治喪, 大小官事, 奉托於君耳."

余亦罔措, 將欲陳辭, 自內寓招, 致傳語曰:

"兒病已矣, 家長誓死, 人情到此, 當復如何? 玆用懇祈於尊, 必須晝夜, 將護活我所天."云云.

余亦未暇作他語, 應聲而歸侯所, 自處藥物, 已在手矣. 余急握其拳, 據理諭之曰:

“溘然無知，古亦有說，而身在嶺表，輕棄一身，則累歲憑依之主，將托何誰，而百口仰望之眷，獨不俯念乎？子夏喪明而全軀，韓子忍慟而保命，慈愛雖重，豈皆從亡也？<50뒤> 癘之爲病，未必皆死，欲絶復甦，自有其道，幸少停待也.”

俄而侍病人來報，發汗氣息回蘇．侯擲去所握之物，擧手而謝．自此以後，民主情分，有同骨肉矣．

癸亥春移宇沔川，豊其饋遺，以周去後貧乏．是夏余遘毒癘，侯以風傳，委伻於八日程，具饌物來探，非至篤厚，其何能至此？

是秋有別試，要我與胤子紀東氏同接．遂策駑馬，馱病軀，僅以得達，相見甚懽．吾科竟落莫，胤子爲一等，於其歸自內賜衣資數端，侯見吾所騎孱劣，以五十貫新貿逸足侑行，余以過分辭，不獲，及騎出長路，如乘雲矣．

後爲永川，余候於中路，陪內行到郡，其接遇之勤，不下於在縣時，士大夫愛人之意如此矣．

李侯情分

侯諱吉輔，丙寅歲莅玆土，以儒雅之志，行文德之治，非但闔境騰頌，隣邑喧藉．余<51앞> 在遠寓，恨不得同被菁莪之化，丁卯冬曺持平命采氏，爲通信從事，先以書要會于本邑．余如期來赴，握敘于官軒，遇侯於座間．侯曰：

“吾欲奉邀者久矣，今幸相見.”

深致款曲之意，固請還土，優助家眷携來之資．余亦以首邱意，仍感德惠，長處冊室一如京客．胤子諱性源，英達夙成，日夜論文，肝膽相照．侯以之而接遇尤至，凡衣食享祀之需，亦足以代耕，嘗從容喩之曰：

“吾欲先興學校，以奬士類，何以則精選才子，終見實效?”

曰：

“善哉侯言！若欲抄擇，當三設白場，取其連榜，齊會學宮，逐日課督，上下其食，則雖不能興起邃學，而亦足以成就績文矣.”

曰：

“吾意亦如此，而性本疎慵，務且劳攘，不能盡力，君爲我居中主當．愼勿以官費爲念, 凡養賢調度, 務從豊厚. 兩場出題, 必先料置, 以爲[1]出暮收之資."

遂承密敎, 盡心奉行, 士類莫不聳動. 侯必以數三日間, 具大饌往接, 所以情款酬酌如是者, 前後十餘朔. 總計 <51뒤> 五六十員, 供億行賞, 多至一千三百餘兩, 侯不少靳, 反歸功藐余. 士君子好文敎, 不自居之意, 如此也. 自是以來, 眷厚日新.

每吏退, 必致坐間, 有懷畢陳, 無情不吐, 嘗正容謂曰:

"吾之待君, 可謂不薄, 而君獨疏遠何也?"

余退次而對曰:

"此等下敎, 實出情外, 請歷數過惡也."

侯曰:

"君以不耕作窮儒, 必多契活之艱, 而未嘗聞庚癸一呼, 此非分疎故耶?"

余正襟而對曰:

"古所謂 '慾浪滔天, 利焰焚身.'者, 特是不知足而更求之謂也. 惟我侯前後惠賜, 不但渾室, 周足榮享, 亦及於先代, 常有過分之憂, 敢有務得之意乎?"

侯始解頤曰:

"吾惠何能及此? 君言太過矣."

凡所以擺棄城化之分, 待之以儕輩老人, 每與邑子, 言必稱金上舍, 皮裡有一寸未銷之鐵也, 愛而不能知其惡者是歟.

邑有蓮桂所, 卽大小科第員, 參會修稧者也, 侯以本所請參其稧, 要余同錄, 割淸俸組物力, 仍宴新舊員於東廳, 別成冊子, 各手書姓名 · 科次 · 生年, 依 <52앞> 耆英會故事, 畵以爲障, 分授各員, 留示來後. 顧我微軀, 光色一倍增加矣.

於其投紱也, 以記簿餘, 優惠數年資生之資. 及屛山作別也, 握手流涕, 幾乎失聲, 念我, 卑微一物, 何從而得此, 分携倏爾四五年, 而有便必有書, 有書必有餽, 終始如一日. 士大夫恤人之意, 實難忘置於旣骨之後矣. 吾鄕見待之士, 不但奬率之出尋常, 所謂育英齊移劃之沓, 斗數旣優, 滿百斛留惠之谷, 可謂萬古不忘之澤也.

於其送行之日, 齊言立碑頌德, 鳩聚物力, 而一年二年, 竟歸虛套, 有識譏誚, 恐難免矣. 余庸慨然, 篇末及之.

---

1. 爲: 이 글자 다음에 '朝'가 생략된 듯함.

趙侯情分

侯諱載洪, 庚午冬來莅玆土, 處心寬弘, 爲政仁恕, 兼之以愛人下士. 每於務屛, 輒召余言詩, 娓娓不厭. 有述作必求斤正, 或有所陳, 聞輒筆削, 曾不以愚見而斥之, 其文量之弘大, 此可見矣.

癸酉夏鄕老十餘人, 會話鄕廳, 侯聞之, 遣吏邀之, 設宴於韶樓, 要與 <52뒤> 同參, 余以鄕會辭之, 侯請於座間, 强之不已, 遂與於末席. 侯出四韻詩, 請諸老次之, 與之相懽, 一座拜辭曰:

"明府不期會, 而特成老人宴, 未死餘喘, 醉飽德惠."

侯笑曰:

"此是鄕會, 若老人宴, 豈使上壽居末席也?"

槪爲余而發也. 遂畵爲障, 於其額列書參同姓名, 以余爲首, 作小記, 以示鄕黨尙齒之意, 此亦有所警也.

有胤子諱恒鎭, 時年十四, 聰明愷悌, 就余學古文, 課讀不輟一日, 官奚持大書扁額, 兼糊而至, 付壁上, 乃晩喜書齋四字也. 遂入謝, 問晩喜意, 侯笑曰:

"兒常言, '金上舍讀易時, 雖人客入座間, 而不省云.' 喜易字非着題語乎? 筆雖拙而亦足爲他日替面之資."

其過奬也如此.

甲戌春卜科, 得遯卦示余, 余曰:

"此乃朱晦庵焚章之繇也. 然所遇時節不同, 午官臨世得相, 科日又値乙未, 有生合吉格, 必有摘髭之喜云."

瞽說偶中, 旣歸, 請余作解於卦下, 以爲終身觀省之資. 余以本卦爻辭, 好遯嘉遯肥遯等語, 演而爲解, 末以麻衣子書灰三字符爲錢, 若水急流, 退 <53앞> 之戒曰:

"孔繫所謂, 懼而終始, 其無大咎者, 此也. 以明府赫世名家, 公卿大位, 屈指可取, 而第念前月初, 白眉大監, 登黃閣, 今月中明府又占魁科, 雖是應得之物, 而莊周所云, 多取之則造物忌之者, 此也. 幸可辭並(?)務樹來福也."

侯正襟曰:

"先獲我心者尊也, 敢不緊着脊梁."

是秋超秩爲吏議, 遺長札盡情曲, 末乃曰:

“遯卦明解, 未嘗暫忘, 而所遇之時, 有難從心, 冒沒蹲坐, 有若專抛炯戒者然, 臨紙實多愧懼云.”

大人君子不以人廢其言者, 如此也.

大抵居官時, 迎送必起身, 投紱日餽遺極豊厚, 簡札上自稱處必書諱, 如待儕類老人. 其所久而敬之者, 視諸前數侯, 誠有不敢當之禮, 故篇末及之, 以寓不敢忘之意耳.

曺侯情分

侯諱夏盛, 丁酉歲爲義興倅, 愛民下士. 嘗以兼治到縣, 要與相見, 旣歸, 送騎邀之. <53뒤> 與其長胤諱命采, 季胤諱命揆, 同事翰墨. 以華牋一幅, 用八分体, 書示一絶曰:

“提醒蒙學, 孰如君? 付托阿兒. 共緖言相對, 他時能括目, 恩深河海, 更堪論?”

其過奬若此. 自是倒意傾情, 殆同親戚, 動輒相隨, 未嘗半月離去.

戊戌夏侯遘難名之疾, 卜云衙中鬼祟, 出避星廳, 五朔調治, 百藥無效. 聞星州地有崔岑者, 善治鬼, 邀致衙中, 修齊誦經, 而無顯效.

八月念後, 余得一夢, 侯具戎服, 列旗旌, 許多軍馬, 結陣於大門外. 有一將校, 奉粉板, 請行次令, 侯援筆大書九月二十日五字. 旣覺解之曰:

“侯之大命, 必盡於是日.”云.

幸而漸得差道, 及其日而能起居飮食, 余始以夢寐[2]爲誕妄.

己亥秋前症又作, 日益沈痼, 侯自知不復起, 執余手而泣曰:

“君與吾非骨肉之親, 七朔沈痾, 一心救護, 其恩輕重, 宜以何報也?”

取華牋以八分字細書, 四言詩十餘句, 曲敍其情眷, 命長胤次其韻, 連幅而授之曰:

“吾沒 <54앞> 之後, 必以此替面目也.”

余亦垂淚而受之. 自是隨日加重. 余以知其莫爲, 而胤子年少, 無與相議, 欲預備壽器, 以權辭告之曰:

“聞安東有名醫, 欲躬進邀來.”

侯强頷之曰:

---

2. ‘寐’의 오자.

"須速還, 必於生前相面也."

遂乘曉疾馳, 到安東府, 覓置可用板子. 侵晨促歸, 至中路, 承凶音, 果以九月二十日卒逝. 噫! 昨年之夢, 始恊於今年, 何其異也.

密鞭馳到, 日將久矣. 時貞洞李判書大監, 爲本邑倅, 與曺侯有竹馬交情, 在殯外迎謂曰:

"吾聞病危, 昨早來診, 一縷未絶, 精神猶存, 與我永訣, 仍囑之曰: '金某求醫之行, 意在壽器. 此人終始念我, 今不得執手相訣, 是甚恨也. 我死之後, 姑停小斂, 以待其來, 而見我面目也云.' 故時過而不爲, 世豈有此等交情也?"

余聞益痛傷, 撫屍哀號, 不減至親也. 卽運板治喪, 令季仲氏夏望夏鍾甫, 始到矣. 躬自扶櫬, 到醴州之浦東故宅, 營窆於趍揖山先壟下. 行初虞, 自內要余參祀, 以
<54뒤> 內近辭不獲, 遂獻酌而退. 閤內之親我, 無異至親也. 旣返魂而歸.

每入京師, 必先候其宅下, 自內隔戶賜答, 辭意勤懇, 顧我微分, 不勝惶感.

丙辰九月, 余居泮, 觀二十日庭試. 納券而出, 遇命采氏於宣仁門外, 謂余曰:

"今日卽我讎辰, 而有異夢, 故承慈志而有此擧, 得不愧乎?"

曰:

"吉夢惟何?"

曰:

"吾於數月前, 夢爲高官, 按節南下. 將東渡大海, 堅凍塞斷, 强令發船, 氷片迎棹, 坼裂聲如疾雷. 俄見大樹近前, 紅日焂昇, 問之則此乃扶桑日出也, 見甚快活. 旣覺白於慈闈, 以爲登科之兆, 强令入送, 故有此行耳."

仍悽咽不已. 果中其科, 終作日東之行, 冥冥之中, 預指前程, 若是其丁寧也. 是行期會孫衙, 搜前所賜兩篇, 奉覩泣下. 期以死生勿忘, 故略叙兩世情分, 留示後昆耳.

宋侯情分

<55앞> 侯性宋, 諱欽明, 字文若, 先大監諱徵來, 癸亥春, 以武節鎭蔚營. 敬天時寓鎭下, 以難名疾濱死, 大監曲循堂侄左揆公勤請, 日遣醫救療, 割俸鳩藥, 俾得生還故土, 心常感佩.

甲戌歲侯出宰龜山，以治行第一，丁丑春陞叙本邑，政治尤敏，官絕爭訟，塾有絃誦，庫無欠逋，野開陳荒，吏服嚴威，民蒙惠澤，而余以地賤無階納刺.

是年夏大旱，民將盡劉，侯渴盡誠敬，祈禱山岳，慄湫懸崖，徒步顚躓，汗透禮服，未遑寧處者，凡八九箇日，民皆切不瑕有傷之慮，而得甘霈乃止.

不多日有胸膈鬱痞之症，轉成煩渴引飮之疾，醫藥無效，寢食全却. 余始承下速入拜，蓋有過聽，欲使典故論詩，以暢胸襟也. 仍細陳蒙_先公德惠，保有今日之事，侯顯有見晩之嘆，欲遂延世之誼也.

時一境上下民人，憂遑罔措，欲報無階，乃於該面名山，各行祈禱之禮，男女齋沐，刻日行事，侯 <55뒤> 聞甚驚該，發差諭止，而終莫能禁制. 竟賴靈神之助，果瘳沈痼之疾，古所謂精誠所感 金石可通者，是歟.

余甚佳輿情，收拾各處祭文數十丈，竝書其享祀節次，以爲傳後之資矣. 小衙聞之，求見其本，別成冊子，繕寫一通，錄其祭官性名，以爲日後不忘計，此亦誠孝中一事也.

旣掇碣[3]請辭退，侯苦挽，命子受易經，余以素昧奧，旨辭不獲，乃餽以珍饌，衣以細帛，不鄙踈賤之跡，待以嚴師之禮，時年十八矣. 筆翰之夙成，特其餘事，聰明特達，接遇款曲，使人頗忘爲師之患. 侯猶以泛忽爲憂，必欲一意沈潛，作封書授之，式出奬勉之意，而有曰: '爾師金上舍，卽間世人物，平地神仙，必盡敬事之禮，恭受以身.'之教. 又以一封付敬天，申之以期望之盛眷，決非愚下所敢承當者也.

聞小室有疾，命醫診視，出官力具湯藥，俾得生道. 每當親忌，必具祭需，使官廳色領送，幽 <56앞> 顯之感，有難毛記.

有東床玉潤，姓柳，諱侃，系出名家，不特融慣經傳，傍通史學，凡千古帝王興喪，臣僚善惡，無一遺漏，誠稀世之才也. 交遊旣久，而敬勤不怠，又有元生枉春甫，以同視之術，爲敬愛之客，待余以情曲，始終如一，亦可謂賢主佳賓也.

己卯冬以棠營褒，繡衣薦，陞拜畿郡. 曾有爲敬天過奬長篇，繼以有小衙作別篇什，新造八帖屛，聯書兩世詩，以爲替面之資，用作傳家之寶.

離次之後，日月滋久，書尺不絶，每於景仰時，輒開屛叙懷. 爲吾親舊之來觀者，可揣情分淺深，而顧余年方八十有五歲，朝暮待盡，此世重逢，杳無其期，謹以所此撰書于情分篇下.

---

3. 碣: 오자인 듯함.

選窩謾錄 自序 雜著 第五

<56뒤> 雜著者, 取自家所遭神異事, 及賊變曁移家, 感德諸說, 別成一秩, 著于篇末, 以爲不忘之資耳.

一夜運五雛說

姊氏以丁未歲出嫁青松府內, 所養雌犬隨去, 八月十五日平明, 於慈闈東窓外, 有雛犬亂哭之聲, 起視之, 有新生四雛, 相枕呱呱而無母. 俄而母犬含一雛而來, 置于群雛中, 臥而乳之, 喘息甚捉, 汗流如沐. 熟視之, 果隨女而去者也. 多以飯魚飼之, 未知所產此多, 費得幾日力而能至, 莫測其端. 晡時與犬同去新婢出來, 盖欲知乳犬去處, 托以覲母也, 見其犬, 大驚曰:

"此犬以養育之恩, 隨新行而去, 不但上典愛之, 吾亦十分厚飼, 十三日產雛此多, 奴主別樣善喂之, 十四日暮, 更以餘飯加餽, 及曉視之, 無 <57앞> 有矣, 皆以爲虎噬, 而無一雛見存, 哀而疑之, 豈料至此?"云.

異哉! 此去青松, 洽滿百里, 林木茂盛, 蹊徑甚惡, 又縱以虎豺橫行, 雖白日之下, 人莫敢隻行, 此犬一夜之間, 能運五雛, 雖一口啣得五子, 百里之地, 一宵難達. 本家所見, 則平明畢運時, 只含一子, 若爾則運五子, 當有五度行, 合計里道往來, 凡一千里矣, 單飛鷹鸇, 猶難如意, 藐爾走獸, 將得初生之子, 不無亂走見傷之慮, 若徐緩其步, 則一猶難運, 況五箇乎? 百里山蹊, 無非虎豺窟穴, 將此呱呱亂呼之子, 不爲無[1] 呑噬, 而終乃全生者, 其或有造物之助耶? 何其神怪也?

此事已是渾室自覩, 而尙此疑惑, 況塗聽塗說者乎? 無來犬性惟養, 喂之是思? 姊氏與新婢, 上下喂飼, 若是其勤厚, 則宜有不忘之情, 而及其生離之後, 出萬死之計, 乃於夜裡, 能尋一來之路, 將五子而還故土, 然則物性思鄕之念, 勝於飽食之樂乎? 顧余年老還土, 而猶不能將一子, 其有餽[2]於 <57뒤> 微物之慈乎, 吁!

手執啄木鳥

壬戌夏, 痘患熾蔓, 從弟七歲兒染, 得方起脹, 症甚不輕, 余以曾經往診, 旣不開眼, 又不與之語, 盖痛勢甚篤也. 庭下有老奴打麥, 旁有大槐木, 忽有啄木禽飛來, 遵朽枝而求虫, 彩色可愛. 病兒倏然而起, 跏趺而坐, 名[3]老奴曰:

"汝可執彼禽來?"

奴仰首戲之曰:

"痘神雖靈, 而何能執飛鳥也?"

卽厲氣而叱曰:

"汝何敢道我無靈也?"

奴始知其有異, 試上樹, 禽亦抱枝而伏, 不能飛掣, 遂爲老奴所執, 擇置于神床上, 禽卽伸足而死, 何其神也? 兒得愈, 而問執鳥之事, 茫然無所記.

異哉! 使痘神其神, 尙在步獸, 猶可生殺, 而彼高飛鳥, 亦安能敎人執來也? 余旣目見, 而不無所惑焉. 及產得多男女, 俱經此患, 有常所鍾愛七歲男兒, 症勢危惡, 藥物無效, 內 <58앞> 間祈禳, 無所不至, 而不但不能禁, 甚至於自爲文, 虔誠禱祝, 而終不得免焉. 其他死生間, 未見一分靈驗, 未知神亦隨人而殊其顯晦歟.

---

1. 無: '其'의 오자인 듯함.
2. 餽: '愧'의 오자.
3. 名: '命'의 오자인 듯함.

鬼炬照路說

余於甲申五月，遭外艱，丙戌正月喪耦，求葬地．三月晦，隨風水人，往西村，乘暮獨還．到烽燧峴，天已昏黑，山蹊甚險，以杖點檢，而下步甚艱．轉眼間，忽有明滅兩炬在前，人雖不見，而路因以明，心以爲鬼火．行十餘步，添成八九，及下半腹，以百數左右洞照，不減雲陰之晝．出洞口，則前後排列者，多至千餘，孰視不見人形，時聞嘎嚶砉倏之聲．臨溪將渡，脫襪與喪鞋，緊束納袖中，褰袴而涉，衆炬挾之而行，先焰所照，沙礫可數，而少無炎氛薰襲，時覺陰寒逼骨矣．旣渡，坐沙邊，更頓襪鞋，自爾遲滯，炬亦停待．最近者，不過四五步，而厥數倍於 <58뒤> 未渡前．及至小路由沓間，炬亦由沓中列行，將登大路，村犬亂吠，遂漸次退去．適是谷村人金石柱，方還家，逆于路，卽知舊人也，怪余列炬而來．余答以鬼火，渠亦不敢冒進，相與歇休，望見退去千餘炬，於溪上沙場，或排成陣勢，或馳突上下，良久而滅．

蓋聞魍魎之火，自古有之，或明滅於雲陰之夜，幽曠之地，而余所遇，乃是星斗昭森之時，又是大邑數里之內，況我衰服賤子，得免調戲者也．

蛤醢果酸

余小少學通史于洞內士夫，姓李諱再蕡，未嘗一日廢課．年至舞象，以余有述才，親請于上舍公，斆績文，期成就，旣從他門，而猶子之親不少衰，余亦不忘終始教導之恩，仰戴一如負笈時．旣沒，行心喪，每於忌辰參禮．

癸未秋，患脚痛腫，閱月沈綿．一日痛勢小間，夜深後着睡．先師從西墻，喚余，余應唯而出隨，至門下，要入內． <59앞> 當見陳設許多饌品，孤寡具衣冠，在側拜進杯酌，如獻壽禮．師氏每取一器，先嘗，輒與余，余擎手而喫之，無一饌不然．至食醢，投筯而不食曰:

"蛤醢看可好矣，而味則太酸，此必傷於久矣."

取實果而啗之，肸蠁之間，因家人勸粥而起，乃一夢也．

鷄旣鳴，而有哭聲出於師宅，果以忌日行祭也，悽感不已．味爽，婢子世香，以酸[4]

4. 酸: '餕'의 오자.

餘來列於前, 饌品一如夢中所見, 而食醢不來, 謂世香曰:
"吾病口所思, 惟食醢, 何不送來?"
曰:
"果以列蛤爲醢矣, 時過而味酸, 似不合於病口, 故不持來."
余甚異之, 說所夢焉, 胤郎聞卽來見, 遂細陳夢中事, 相與泣下.
噫! 一有師弟之名, 而存沒數年之後, 當忌辰受饗之日, 有相呼情餽之擧, 精魄之不泯可見, 而酸醢之驗, 又若是丁寧, 事之如一之義, 其敢少忽? 而人子享先之禮, 凡於饌品滋味, 十分致誠也, 亦明矣.

火賊有義說

<59뒤> 家有傳來奴, 得良妻産子女. 戊子春, 其妻父以七十貫錢請贖, 遂許之. 以其錢授姻戚金校, 約以急用時還之, 奉老慈故也. 辛卯七月十九日, 遭凶變, 晦日授錢人, 携錢來曰:
"約以急用, 正今日之謂也."
曰:
"厥數幾何?"
曰:
"二百五十兩."
曰:
"何其多也?"
曰:
"曾不責利, 而自然致此, 而所自與者, 可敵此數矣."
曰:
"若是則幸甚, 而當此火賊熾蔓之日, 不可以多錢置孤村, 莫若還置故處, 隨時取用."
金也然之, 而亦不欲白晝來去, 待日暮, 使家僮負去. 時賊倘多布邑內, 潛相告引. 八月初一日夜, 明火突入, 見可五六十名, 魁者立於蓮池上, 勅其徒爲先, 探出昨來錢

兩, 愼勿傷害人物云. 余亦懇於其徒曰:

“家藏雖盡蕩, 無所惜, 而但漆棺待乾, 時未結束, 愼勿放火.”

皆抵[5]聲恭庭[6]‘勿憂勿憂.’

忽有一賊入殯, 掠靈寢衣衾器皿, 草炬折落, 連燒苫席. 余方冒入, 渠亦驚惶, 急以他苫, 掩覆抱出. <60앞> 且見兒少奔竄, 齊聲相戒 ‘勿傷阿只’, 阿只云者, 兒少之尊稱也.

異哉! 旣已賊心, 亂入未葬之家, 則搜探衣貨, 猶恐有遺, 無一分顧惜, 而炬落火熾, 則掩出滅之, 兒少奔竄, 則相戒其見傷, 恭巽其言語, 無敢侮辱, 盖其天賦之性, 於此可見, 而所謂賊本良民者, 其亦有見乎此也.

翌早, 官家專价存慰, 且有所失物件, 後錄呈訴之命. 余對曰:

“罪逆不死, 又遭此變亂, 近間賊徒旣掠奪貨財, 又從以殺人焚屋, 而幸全人命, 又保母櫬, 方感其有義, 何敢有一毫呈推之意乎?”

以此言歸報, 兼致下問, 惶感之意云.

其後, 賊倘爲鎭營勦捕, 伏法者數十人, 而其中三漢卽授錢人之近隣也. 所謂錢貨, 固非孤村所藏, 而其去來亦不可不明白也.

蓮池神物

<60뒤> 余於庚寅秋, 卜居渭川, 建內外舍十餘, 架墻壁土, 皆取庭前汙下處, 掘輒有活水, 土役才迄, 池面頗廣. 遂累石築土, 作方塘, 周回不過五十餘把, 而深可沒腹, 雖大旱不涸. 適兒婢收稻而歸, 見小霔[7]中有許多魚, 兒憐其枯死, 遂以鍮鉢取來, 數可千[8]餘, 而微細難狀, 乃放于池.

辛卯春種蓮, 莖葉茂盛, 游魚又從而充牣, 時或釣出, 而有數寸目者, 其長育之易如此. 是秋丁母憂, 凡朔望祀享, 隨意取用, 有鮒鯉二族, 鮒小而鯉多, 時見盈尺銀鱗, 躍出池面. 至壬辰尤盛, 水益深而黑.

---

5. 抵: ‘低’의 오자.
6. 庭: ‘應’의 오자인 듯함.
7. 霔: ‘窪’의 오자.
8. 千: ‘十’의 오자.

癸巳五月旬日，隣友從池東而來，忽退隱墻隅，以手引余．余潛步就之，見南邊垂柳下，有大魚，長可三尺餘，色白如雪，大小衆魚，浮布護衛，良久乃沒．余謂隣友曰：

“鯉魚烟火食，則成龍云，吾家讀書諸兒，每以飯顆投水，觀其爭呑，此或因是以長大若此耶?”

六月初，數吏以魚具來，傳官令 <61앞> 曰：

“衙中有脹症，用鯉煎則神效，聞君家多有云，二三尾未可惠耶? 然主人於吏族多勢云，若示難意，則其誰能捕得也?”

余不勝惶恐，請於吏曰：

“官令如是嚴峻，雖盡物取之，不敢辭矣.”

卽刈去荷葉，張網搜出，而未見寸鱗．半日掃盪，終無所得，吏以此歸白官，亦末如之何．余亦怪之．

翌日午，假寐廳事上，倔强之狀，躍出一白魚，其大如昨日所見，遠落於東北隅，其聲砉倏雄壯，又自東北，更落西南，池水盪震．俄者驚夢者，果是物也，心甚怪異，恐有魚變堂破屋之患．是夜初更後，始下飜盆之雨，至三更量，有狂風勝海之聲，畏縮不敢出，從窓隙視之，亂波沸騰，彌滿前隣，四更始晴．天旣明，出見之，池水淸澈見底，片鱗不存．水波溢及處，多散落之魚，尙有呀呻者，里人或得數百介，或得二三十尾，舍南田畝，多有積置處，見水渠[9]遵路而出，顯有曳物之迹，至渭川而斷．意者，神魚乘池水，而不[10] <61뒤> 而未有飛騰之術，有此行身之迹耶? 若是龍種，則雖無夢寐之異，而或有雷電之威，而終乃無此，已可怪也．若非神物，則庚寅放時，入眼不碍者，未果四年，長大如人身，知獵夫之至，而率衆魚而避隱，於其去也，復躍出而顯形，窮究其理，有不可測度矣．

數日後，有肥大客來訪，到庭中，忽陷下沒腹．適有健奴援之，與之俱陷，因其水湧，相與扶抱而得出．盖階庭連池，始知神魚別作窟宅於庭下，以爲隱藏之所，身旣離去，而地自空陷者也．

人或言鯉魚非池中之物者，盖言其神變，而曾在畓間小窪，若不遇吾家兒婢，將不免枯壤而止耳．噫! 人與物，或不無神異者，而苟失其養，必無成就之理矣．

---

9. 渠: 원본에 ‘氵’가 없음.

10. 而不: 연문.

母子犬忠孝

余居渭川時, 有使喚婢, 其夫李萬貴者從焉. 癸巳夏, 遘毒癘俱歿, 草殯于 <62앞> 山坡. 其所養黑雌犬, 隨屍而去, 終日伏殯側, 或擧聲哀號, 夜歸空舍. 家中人, 哀而飯之, 如是者, 凡數朔. 及葬, 從柩而去, 伏於砌下, 夜則歸家, 三年不廢.

及余撤還邑里, 又隨來, 産純黃雄雛, 稍長得食物, 則必讓與其母, 出隣里得食, 則必含來餽之, 母不食亦不食, 人皆異之. 聞之者, 必袖肉物而來, 呼而與之, 必含去, 尋母而與之, 未嘗自呑一塊. 邑中上下, 皆稱孝狗. 官家聞知, 送人牽去, 與藥果而試之, 卽含而奔走出來, 餽其母. 侯甚奇愛, 欲留養衙中, 以布帶繫其頸, 全廢飮啗, 晝夜哀號. 侯不忍强留, 許令歸養. 自此聲聞遠播, 來餽陸續, 其母飽而不食, 然後渠乃呑下. 半年後, 其母病死, 命家僮, 裹茵而埋之于城外, 其子哀號隨去, 一如其母之爲其主.

噫! 犬是六畜中無知微物也, 死主之忠, 出於善山地, 而生出孝子者, 未之得聞, 而是母旣忠於主, 是子又孝於母, 有此 <62뒤> 連代奇祥, 則凡我受中以生, 而不忠不孝者, 得不爲此犬之罪人乎? 不數月, 竟爲隣家惡少之所烹, 與尋常獵狗同歸, 此何理也? 太史公曰, '天不報善人'. 善人猶不得報, 況孝犬乎? 嘗聞蓳[11]生家, 鷄犬相呼讓食, 人謂被主人之化, 而所謂萬貴者, 素性頑悍, 曾不知父母, 而其畜物有此母子卓絶之美, 其理亦難究也.

移家感賢侯

李侯諱齊尙, 以遠代宗室筮仕, 戊申歲來莅吾土, 甚有政績. 時余在鐵坡村, 頻見接納, 或代書簡札, 或替作記文. 未嘗三四日間濶, 庚戌正月念後, 傳价召之, 卽進謁, 有何許客在座, 侯指余而問曰:

"此相何如?"

其人熟視良久曰:

"貴且壽矣, 而自今至壬子冬, 有大厄, 趁今月南走三百餘里, 至癸丑還歸, 則凶運

11. 蓳: '董'의 오자.

消 <63앞> 盡, 可享九耋之壽, 不然則今年五月前, 難爲地上人矣."

余曰:

"若有必死之象, 則雖陞天入地, 其可免乎?"

曰:

"此乃門運所關, 遠離家鄕, 自可免矣. 且本相有遷徙吉格, 雖往蠻貊之邦, 可無窘迫之患."

侯曰:

"此客相人多矣, 無不巧中, 以吾愛君之心, 誠不欲一夕相離, 而死生亦大矣. 須以此月內, 身先發去, 以尋生路也."

余伏以對曰:

"辛勤下敎, 實出於欲其生之盛意也, 敢不樂爲之? 所以南去數百里外, 未有葭莩半面之親, 雖欲得所, 而其誰肯納接乎? 且許多家眷, 將何以搬移? 又從以妻孕滿月, 亦難遠役也."

侯曰:

"人馬粮費, 吾可拮据, 若於所到處, 先具鼎茵, 而通示, 則邑力雖薄, 而運致十餘家眷, 亦何難哉? 此事不可稽緩也."

命相者擇吉日, 迫在再明. 侯曰:

"遠行凡具, 卒難私辦, 以五貫賻行."

使趂期登途. 歷慶蔚士夫家, 具陳所懷, 雖無雅分, 而莫不援止, 蓋 <63뒤> 欲留以爲子弟師也.

海上風氣, 不可近觸. 乃於蔚府西竝面, 所謂尺苃村中, 卜得一區. 山深水麗, 人物繁盛. 上下居民, 近村士子, 多欲保護.

卽以此意, 書報衙軒. 侯發從馬七匹帖, 三粮各一斛, 錢十貫, 爲行路之費, 又慮兒少紅疹, 劑送紫葛湯十餘貼, 以爲不時治療之資, 成兒與末女, 中路患疹, 各服數三貼, 賴以得達.

於是遠近學徒, 紛集優行束脩之禮, 積谷之家, 亦多餽遺, 用道贍足, 土風之仁厚, 亦可見矣. 洞中人爲之築精舍淸潭上, 爲講習漁釣之所, 賞心樂事, 固多可記, 而門運不幸, 是年三月, 倚仗家侄, 意外云亡, 五月念一日, 舍弟不救, 纔過四五日, 季妹之訃又至, 翌年六月長子夭折, 其他期功之戚, 不可勝記.

相者所論, 果爲不誣, 而若云身離古土, 移禍至親, 則生不如死, 而八耋之年, 莫非賢侯所賜, 則其恩輕大小, 宜以何報, 而觀相亦不爲無助矣. <64앞>

虛寺洞夢

南行前一日, 室人言于余曰:

"遠寓之計, 出於意外, 固多離土之悲, 而不無新卜之幸矣."

曰:

"何謂也?"

曰:

"夜得一夢, 挈眷作行, 三宿而得達, 見山坡, 新建巨屋, 有如官舍, 入處之後, 周覽內外, 上下樓庫, 錢布各物, 充溢無算. 廐有肥馬壯牛, 廚有珍器佳饌, 室中任役, 皆是尼姑, 門外洒掃, 皆是居士. 余問尼姑曰; '汝等夫婦, 奚爲服我之役?' 曰: '貴宅所建地, 乃是虛寺洞也. 寺廢已久, 許多尼姑, 無所依樓矣. 今幸得主, 故同我夫婦, 供奉家事也.' 旣覺思之, 新卜寓所, 必是虛寺洞也云."

心甚異之. 及至尺苽村, 未聞有此名. 室人素有疾症, 加以産毒, 沈綿轉痼. 至十月六日不救, 方謀還葬矣. 知己碩士朴上舍敏孝氏, 乘間而來, 指北山曰:

"彼挿天而高者, 卽國士峰也. 東落庚兌龍戌作下結氣處, 所謂休基云者, 今古地師皆 <64뒤> 稱名穴, 採樵者當雪風大作之日, 必避休于此, 故得此名. 其藏風向陽, 推此可知. 遠近士夫, 皆欲各占, 而畏此數百家大村, 不敢生意. 賢閤之喪, 出於此地, 或者造物慳秘, 而留爲妥靈之所乎. 況尊與柳營兩衙, 情分不泛, 本府亦不欲相負, 乘此機而圖之, 則此村之人, 皆是兵營將校, 誰敢作梗? 吾方向營中, 當密告此意云."

數日後虞候朴公耇聃氏, 以舊誼來弔, 一村將校, 皆會聽候. 朴公曰:

"似聞營葬於此洞云, 果是何處?"

曰:

"彼北山一麓, 姑爲權厝, 而洞人若以後山而禁之, 則遠客勢難相爭."

曰:

"可易之."

即呼營吏，曰:

“汝造地尺量之吏，揣知其意，亦欲左袒於余，造假尺往量之.”

還報曰:

“村家最近處，一百二十步云.”

曰:

“如是則法外也，誰敢禁止?”

仍謂余曰:

“斬坡日，使道亦來觀，吾亦陪來矣.”

適會本府座首，以子弟之交，特來弔，仍言府使來見之意，在庭將校輩，皆相顧無語.

翌日早擊鼓，會同人意以 ＜65앞＞ 爲禁葬，俄而頭目數人來言曰:

“似聞室內葬地，牢定於村後休基云，此地，人多爭占，而不敢生意，意外喪患出於洞中，是所謂天與之也. 當拱手獻之，合力助葬，而第有悶迫情勢，秋間兵使道，臂鷹到宅之日，下卒作亂，辱及婦女子甚多，昨者都令監來弔時，多有弊端，若于斬坡日，三行次齊到，則一村萬無支堪之勢，若得折簡停止，則洞中男女，必將歸德，而克襄大事，得非安定之道乎?”

曰:

“誠如是萬幸.”

遂作兩度書，使將校人送呈柳營，兵相見書，招入其人，以無敢作梗之意，捧招以送，賴此而卒無事臨葬. 余謂所親金汝勛曰:

“山高水凍，泥灰甚難.”

曰:

“此山白虎，內有古寺基，故名此地爲虛寺洞，法堂基下有湧泉，夏寒冬溫云.”

余因此而得聞夢中之名. 噫! 室人以安東胎生，歸我二十四年，卒聞南移之計，得此丁寧之夢，及就窀穸之日，此名始顯，固知凡人墮地之初，已定歸藏之所，而 ＜65뒤＞ 況在三百里外，則孟子所云‘莫之爲而爲者天也’. 前頭禍福，一聽於天而已，敢用一毫人力于其間哉? 一種求福之人，必欲力求吉地，不憚遠近，徑月徑歲，過葬而不葬者，曾未具得乎此理也. 故玆于記夢之篇，兼置妄求之失.

喪病婚銘感

居新寓之數月，從比隣而歸，室人曰:

“俄者，一婦人年可五十云，是宋把摠，與上舍有戚分，欲敍族而不遇，明當復來云.”

翌日果至，容色顯有池氏樣，施禮畢，曰:

“上舍自義城來，莫是玉里金門裔乎?”

曰:

“然. 聞有戚分云，族派能歷敍否?”

曰:

“吾卽延日地胎生，嘗聞祖父言，玉里金某，爲吾六寸親云矣.”

曰:

“是吾祖考也. 吾嘗有聞于先考，七寸叔池先達，得龍 · 應龍昆弟，移寓延日地云，果其子孫否?”

曰:

“吾乃得龍甫孫女也. 出嫁此洞宋門，而有二子矣.”

彼此驚喜，如得至親，相 <66앞> 與往來，稱兄稱妹. 室患濱危，專意救護. 變出後，襲斂諸節，手自爲之，許多幼稚，依仰慈母，夫豈曰異姓十寸爲遠族也?

洞中李把摠天植，與吾同庚，一倍親厚，金把摠汝勛，信實勤幹，隨事盡誠，爲其子振兌，從我受業故也，遂移家接簷焉，自病至窆，服勞多端. 其他遠居生徒，半是士族，慮主餽無人，家中凡事，列名分授. 鷗江李雲卿，監穀物司賻貨；內城南景薰，監廚饌供餽；蓮巖金秋采，監朝夕祭奠；冷泉李奇玉 · 厚玉 · 雙玉三從弟，主葬埋諸具；本洞金龜 · 麟 · 麒三兄弟振兌等，受指揮，無不專心一意，預辦諸具. 自初終至窆禮，無一事苟艱者，皆其力也.

及葬，各家父兄親舊士夫，亦多來看，而日寒比甚，役軍不肯盡力. 時任座首李公泰傑氏，鄕校上齋李公玄聃氏，鷗江院長裵公命 <66뒤> 厚氏，三員取一鍤，並手取土，謂余曰:

“金上舍雖在故鄕，而當此事，未必令一邑三首侄作役夫也.”

盖欲警洞軍也. 一洞上下，惶恐請罪，極力竣事，其爲客謀忠，至于此也.

不數月，癘氣卒熾，余先傳染，送兩兒於山寺，亦令學徒散去，皆曰：

"函丈獨在他鄕，無人看護，生等豈忍棄去?"

遂百般開喩，强令離出，乃于近村相望地屯聚，晝夜聽候，聞發汗然後，乃歸，其知三事如一之道者，此生徒也. 金把摠以比隣，固宜遠避，而以爲救療無人，常在病側，隨症投藥，得保殘骸，亦可謂擇里仁也. 聞諸生皆得無事，而獨奇玉一人，多染毒氣，九死十生，何幸如之?

逮夫辛壬大殺之歲，渾室待命矣. 鷗江李院長恒文氏，其從子東載氏，各出十貫錢，付去牧場吏金應三貿谷船，雖不準數推得，而十口生活，專賴其惠. 及移井泉，又罹奇疾，已至莫爲之境，而專賴冷泉李院長恭撻氏 <67앞> 四從昆弟極力救護. 本洞金尙起父子，晝夜直守，得保殘命. 癸丑還鄕之日，各家兄弟，遠將于萬里城，相與泣別，或有失聲者，行路多疑其送喪. 其接納之恩，其分携之情，此可見矣. 必欲更來報德.

乃于丁巳歲，卜堤內新基，構數椽書室，士夫親舊，莫不手自執役. 其中多出錢谷者，李院長泰道氏也，殫竭心力者，朴風憲世佑甫也. 繼而營女婚，上中下扶助，不減故鄕親舊，擔當緊具，豊致宴需者，其惟朴護軍喜學 · 金護軍益秋也.

噫! 聞韶至于鶴城，相去三百餘里，曾無葭莩半向之舊，而特以文墨相從之故，竭誠救護，殫財賑施，凡所以曲垂哀憐者，夫豈卑微一物曾無過失也? 槪其土風仁厚，素有濟活窮人之義也，銘在心曲，隕結思報，而年迫就木，莫遂情悃，遂略記始末，俾我不肖子孫，以圖延世之報，而轉眄之間，半爲鬼錄，每一覽之，不覺隕涕.

選窩謾錄 自序 雜著 第五 終

찾아보기

Abstract

Sonwamanrok

The Life Story of Kim Kyoungcheon, Country Writer in Late Joseon Dynasty

Lee Daehyung, Lee Mira, Park Sangseok

*Sonwamanrok*巽窩謾錄 is the miscellaneous records of Kim Kyoungcheon金敬天(1675~1765). It is composed of 5 parts as follows.

Part 1 "assuming the helm of state觀政": Records about Lee Ikjeo李益著 who was a district magistrate of Uiseong義城 and made Kim Kyoungcheon as a classical scholar.

Part 2 "civil service literary examinations科擧": Records about writer's various experience which concerns civil service literary examinations.

Part 3 "literature詞章": Records about the story which concerns his poets and writings.

Part 4 "affection情分": Records about many district magistrates except Lee Ikjeo whom Kim Kyoungcheon had aided.

Part 5 "miscellaneous writings雜著": Records about writer's experience concern about dream, fortune-telling, physiognomy etc.

Kim Kyoungcheon had lived from Sookjong肅宗's period between Youngjo英祖's period, and his hometown was Uiseong of Gyoungsang Province. His status was a petty official of a provincial town鄕吏 which had passed from his ancestors. He became a jinsa進士 at 52 years old, jinsa is a person who has only passed the first examination for office.

Sonwamanrok is a kind of essay. Especially it is a good record about civil service literary examinations which contain writer's personal experience. Also it has various records which the writer has experienced through his whole life, so it would be important material for the study of life history and micro history in the late Joseon's dynasty.

발간사

'한국학'은 이제 학문의 한 분야로 자리잡았다. 한국학을 전공으로 하는 학과도 생겨나고 한국학 연구자들의 국제학술대회도 자주 접할 수 있다. 한국사회가 짧은 시기에 보여 준 역동적인 변화에 대한 학문적 관심이 나라 안팎으로 증대된 결과일 것이다. 한국의 역사와 문화, 사회적 경험에 점점 더 많은 연구자가 관심을 기울이는 것은 매우 반가운 일이다.

한국학이란 고정된 분과학문 체계 내의 한 부분영역이 아니라 다양한 분과학문들이 함께 참여하는 학제적 연구의 성격을 지닌다. 한국학은 과거의 전통에 깊은 관심을 갖지만 현재의 문제들에도 주목하며 미래의 전망을 모색하는 작업도 포함한다. 인문학적 논의와 사회과학적 관심은 물론이고 자연과학적 문제의식과 예술적 시각이 함께 어우러지는 곳이다. 당연히 한국학은 국내의 연구자들이 자신의 특수성만을 부각시키는 폐쇄적인 장이 아니라 전 세계의 학자들이 자유롭게 참여하는 지적 토론의 공간이 되어야 한다. 한국을 대상으로 한 다양한 연구를 지원하며 진지한 논의와 지적 실험을 뒷받침하는 것이야말로 한국학의 가장 중요한 역할이라 할 것이다.

이런 의미에서 한국학은 한국의 문화와 역사적 경험을 전 인류의 문화유산과 역사적 경험의 한 부분으로 바라보는, 전 지구적 시각을 요구받고 있다. 한국학은 한국사회의 경험을 연구하되, 그것을 21세기 세계사적 과제들과 더불어 사고함으로써 새로운 문명적 대안을 모색하는 세계 학계의 논의에 적극적으로 동참하는 작업이 되어야 한다. 이런 종합적이고 개방적인 연구의 집적이 이루어질 때 한국의 특수성만을 절대화하는 오류에서 벗어나면서 동시에 서구의 눈으로 한국을 대상화, 타자화하는 오리엔탈리즘적 지역학의 한계도 극복할 수 있는 길이 열릴 것이다.

한국의 학문 발전에 큰 책임을 지고 있는 서울대학교 규장각한국학연구원은 한국학의 바람직한 발전을 위해 적극적인 역할을 하고자 한다. 이를 위해 별도의 연구재원을 마련하여 '21세기 신규장각 자료구축사업'을 추진하고, 이 사업의 결과물들을 모아 연구총서, 자료총서, 모노그래프를 출간하고 있다. 한국학 연구자들의 연구역량과 진지한 문제의식들이 결집됨으로써 한국학의 연구수준이 더욱 높아지고 내용이 보다 풍부해지리라 믿는다. 이 연구 사업이 해를 거듭할수록 한국사회에 대한 이해가 깊어짐은 물론이고 한국의 경험을 통해 세계 학계의 시각과 논의도 더욱 풍성해질 것을 기대해 마지않는다.

2015년 2월

서울대학교 규장각한국학연구원 한국학연구사업위원회

저자 소개

김경천(金敬天, 1675~1765)

경상도 의성의 향리 김효약(金孝躍)의 아들로 출생했는데 20세 때 의성현감 황응일(黃應一)에 의해 향리에서 벗어났고 다음 해 현감으로 온 이익저(李益著)에 의해 유자(儒者)가 되었다. 이후 책실(冊室) 신분으로 이익저를 보필하였고, 그가 자리를 옮길 때도 따라갔다. 이익저 사후에는 의성에 부임하는 여러 수령의 책실을 지냈다. 52세에 진사시(進士試)에 합격했고, 90세에는 동지중추부사(同知中樞府事)가 되었다. 허적(許積)이 경신대출척(庚申大黜陟) 때 죽임을 당하는 와중에도 충성을 다했던 겸인(傔人)을 다룬 한문소설 「염승전(廉丞傳)」의 작가로 알려져 있다.

역자 소개

이대형

연세대학교 대학원에서 고전산문을 전공하여 문학박사 학위를 받았으며, 현재 동국대학교 불교학술원 조교수로 재직하고 있다.

논문으로 「18세기 열녀전 연구」, 「소대성전의 한문본 大鳳記 연구」, 「김시습의 잡저 연구」 등이 있고, 저서로 『금오신화 연구』, 번역서로 『용재총화』가 있다. 이외 『옛편지 낱말 사전』을 공동 집필하였고, 『한국 고소설 관련자료집』Ⅰ,Ⅱ와 『요람(要覽)』, 『삼방록(三芳錄)』 등을 공동 번역하였다.

이미라

연세대학교 대학원에서 고전산문을 전공하여 박사과정을 수료하고, 현재 연세대학교와 숭의여자대학교에서 학생들을 가르치고 있다.

논문으로 「연행집단의 성격에 따른 이야기 연행의 변화 연구」, 공저로 『숲골 마을의 구전 문화』가 있고, 『요람(要覽)』, 『삼방록(三芳錄)』을 공동 번역하였다.

박상석

연세대학교 대학원에서 고전산문을 전공하여 문학박사 학위를 받았으며, 현재 동아대학교 교양교육원 조교수로 재직하고 있다.

논문 『고소설 선악이야기의 서사규범 연구』로 박사학위를 받았다. 공동 번역서로 『요람(要覽)』, 『삼방록(三芳錄)』 등이 있고, 논문으로 「자기항변의 소설쓰기: ＜염승전＞」, 「활판본 고소설 ＜무릉도원＞ 연구」, 「＜애국부인전＞의 연설과 고소설적 요소」 외 다수가 있다.

서울대학교 규장각한국학연구원 한국학자료총서

1 古代國語 語彙表記 漢字의 字別 用例 硏究 | 송기중

2 한국철학자료집: 불교편 1 – 삼국과 통일신라의 불교사상 | 허남진 외 편역

3 한국철학자료집: 불교편 2 – 고려시대의 불교사상 | 심재룡 외 편역

5 서울대학교 중앙도서관 고문헌자료실 소장 『경제문고』 해제집 | 권태억 외

6 한글본 이언 연구 | 민현식

7상 원문 교주 구운몽 | 원작 김만중, 교주 김병국

7하 현대역 구운몽 | 원작 김만중, 옮김 김병국

8 해방 이후 한국기업의 진화 I: 1976 ~ 2005년간의 통계의 구축과 기초분석 | 이근 외

9 해방 이후 한국기업의 진화 II: 1956 ~ 1977년간의 통계의 구축과 기초분석 | 이근 외

10 서울대학교박물관소장 식민지시기 유리건판 | 이문웅·강정원·선일 편

11 풍자 우화 그리고 계몽담론 | 권영민

12 한국근현대문학의 프랑스문학수용 | 이건우 외

13 한국 근대도면의 원점: 서울대학교 규장각한국학연구원 소장 근대 측량도와 건축도 1861~1910 | 전봉희·이규철·서영희

14-1 유원총보역주 1 | 허성도·김창환·강성위 역주

14-2 유원총보역주 2 | 허성도·김창환·강성위 역주

14-4 유원총보역주 4 | 이영주·허성도·김창환 역주

15 식민권력과 근대지식: 경성제국대학 연구 | 정근식·정진성·박명규·정준영·조정우·김미정

16-1 근대한국 국제정치관 자료집: 제1권 개항·대한제국기 | 장인성·김현철·김종학 엮음

16-2 근대한국 국제정치관 자료집: 제2권 제국–식민지기 | 장인성·김태진·이경미 엮음

17 1980년대 조선–청 국경회담 관련 자료 선역 | 김형종 편역

20 韓國 書誌學의 先鞭: 마에마 교사쿠의 작업을 중심으로 | 한재영·이현희 · 가와사키 케이고

서울대학교 규장각한국학연구원 한국학연구총서

1 지방문학사: 연구의 방향과 과제 | 조동일

2 한국 근대과학 형성과정 자료 | 문만용·김영식

3 목석의 울음: 손창섭 문학의 정신분석 | 조두영

4 통일한국의 농업: 통일 이후 남·북한 농산물의 통합생산 방안 | 김완배 외

5 현대 한국사회의 철학적 문제: 사회운영원리 | 백종현

6 한국유교의 과제 | 금장태

7 韓國 古代·中世初期 土地制度史: 古朝鮮~新羅·渤海 | 이경식

8 『무과총요』 연구 | 나영일

9 북한 주요산업지역의 토지이용 변화와 개방지역에 관한 연구 | 황만익·이기석

10 재벌체제와 다국적기업: 경제개발의 두 가지 유형 | 이승훈

11 붉은악마와 월드컵 | 이순형

12 『조선왕조실록』 보존을 위한 기초 조사연구(1) | 송기중·신병주·박지선·이인성

13 한국 근대의 사회복지 | 안상훈·조성은·길현종

14 한국어 체언의 음변화 연구 | 이상억

15 조선 중기 무예서 연구 | 나영일·노영구·양정호·최복규

16 1950년대 사회주의 건설기의 북한 보건의료 | 황상익

17 후발 산업화와 국가의 동학: 탈관료화와 강성국가의 공동화 | 하용출

18 조선 후기의 기술도: 서양 과학의 도입과 미술의 변화 | 정형민·김영식

19 韓國 中世 土地制度史: 朝鮮前期 | 이경식

20 남북 언어의 문법 표준화 | 권재일

21 50권본 『화엄경』 연구 | 이승재

22 한·중 소화의 비교 | 서대석

23 고려전기의 전시과 | 이경식

24 개항기 전후 경상도의 육상교통 | 허우긍·도도로키 히로시

25 한국어의 주제와 통사 분석: 주제 개념의 새로운 전개 | 임홍빈

26 한국적 패션 디자인의 제다움 찾기: 전통미와 현대적 활용을 중심으로 | 김민자

27 한국 근대문학교육사 연구 | 우한용

28 조선왕조실록의 여진족 족명과 인명 | 김주원

29 중앙아시아 고려말의 문법 | 권재일

30 삼국통일전쟁사 | 노태돈

31 한국의 사회운동과 진보정당 | 임현진

32 한국 행락문화의 변천과정 | 황기원

33 노래의 상상계: '수사'와 존재생태 기호학 | 신범순

34 한국의 언어 민속지: 전라남북도 편 | 왕한석

35 주시경의 언어이론과 표기법 | 송철의

36 일제강점기의 철도 수송 | 허우긍

37 인권으로 읽는 동아시아: 한국과 일본의 인권 개선조건 | 정진성·공석기·구정우

38 정조와 정조시대 | 김인걸 외

39 문화의 정치와 지역사회의 권력구조: 안동과 안동김씨 | 김광억

40 한국어 명사구의 의미론: 한정성/특정성, 총칭성, 복수성 | 전영철

41 한국의 건강 불평등 | 김창엽·김명희·이태진·손정인

서울대학교 규장각한국학연구원 한국학모노그래프

1 예빈도에 보인 고구려 : 당 이현묘 예빈도의 조우관을 쓴 사절에 대하여 | 노태돈
2 현대 한국유교와 전통 | 금장태
3 살인의 진화심리학 : 조선 후기의 가족 살해와 배우자 살해 | 최재천·한영우·김호·황희선·홍승효·장대익
4 무협소설의 문화적 의미 | 전형준
5 정조시대의 무예 | 나영일
6 벼락도끼와 돌도끼 : 고고자료에 대한 전통적 인식 연구 | 이선복
7 한국 옛 경관 속의 생태지혜 | 이도원
8 식민권력과 통계 : 조선총독부의 통계체계와 센서스 | 박명규·서호철
9 한국의 천연염료 : 전통염료와 천연염색기술 | 김재필·이정진
10 북한의 의학교육 | 박재형·김옥주·황상익
11 국문 글쓰기의 재탄생 | 권영민
12 사할린 귀환자 | 이순형
13 조선시대 간척지 개발 : 국토 확장과정과 이용의 문제 | 박영한·오상학
14 3칸×3칸 : 한국 건축의 유형학적 접근 | 전봉희·이강민
15 위성영상을 이용한 북한지역의 해안습지연구 : 평안남도를 사례로 | 유근배
16 한국 구비문학에 수용된 재담 연구 | 서대석
17 한국 자본자유화와 금융자유화의 근년변화 : OECD 가입 및 IMF 사태 이후의 실상, 평가 및 대응 | 이천표
18 구어 한국어의 의향법 실현방법 | 권재일
19 조선시대 복식에 나타난 적색계 색명의 의미 | 남윤자·김순영·박성실
20 우리나라 인체기생충 및 의용절지동물의 동물상과 개요 | 채종일
21 경제개방이 우리나라 노동시장에 미친 효과 | 김대일
22 한국 고소설에 나타난 오이디푸스 콤플렉스 : 〈심청전〉·〈콩쥐팥쥐전〉 | 류인균
23 남북한 경제의 이질성 : 경제통합에 관한 함의 | 이지순
24 한국에서 마르크스주의 경제학의 도입과 전개과정 | 김수행
25 한국 장수인의 개체적 특성과 사회환경적 요인 : 호남지방 장수벨트를 중심으로 | 박상철·이미숙·이정재·한경혜
26 전통마을 경관요소들의 생태적 의미 | 이도원
27 한국의 중산층 | 홍두승
28 한국 여성의 건강증진행위 | 윤순녕·김숙영·이지윤

29 心과 性: 茶山의 『孟子』 해석 | 금장태
30 20세기 초기 국어의 문법 | 권재일
31 한국의 고령노동: 경제활동과 고용구조의 장기적 변화 | 이철희
32 웃음으로 눈물 닦기: 한국 언어문화의 한 특질 | 김대행
33 한국의 좌파 경제학자들 | 김수행·김공회
34 온돌과 한국인의 수면 생활: 침상 기후를 중심으로 | 최정화·김문숙
35 한국 고대의 온돌: 북옥저, 고구려, 발해 | 송기호
36 한국 시민단체의 내부의사결정과정에 관한 연구 | 김준기
37 한국문화를 쓴다: 강용흘의 『초당』과 이미륵의 『압록강은 흐른다』 비교연구 | 최윤영
38 정약용 사상 속의 과학기술: 유가 전통, 실용성, 과학기술 | 김영식
39 仁과 禮: 다산의 『논어』 해석 | 금장태
40 서양인의 한국 종교 연구 | 김종서
41 韓國詩話에 보이는 杜詩 | 이영주
42 한국의 소득불평등과 빈곤: 소득분배 악화와 사회보장정책의 과제 | 구인회
43 한국인 치매환자의 행동 및 심리 증상의 횡문화적 특성 | 조맹제·김진영
44 한국 사회복지 네트워크의 구성과 효과성: 지역종합사회복지관의 네트워크 구성과 조직 효과성을 중심으로 | 김준기
45 근대한국의 국제관념에 나타난 도덕과 권력 | 장인성
46 한국의 의료체제: 제도와 지배구조 | 송호근
47 몽골제국과 고려: 쿠빌라이 정권의 탄생과 고려의 정치적 위상 | 김호동
48 한국무협소설의 작가와 작품 | 전형준
49 한국 근대소설에 나타난 오이디푸스 콤플렉스의 이해: 이광수, 김동인, 염상섭, 이상을 중심으로 | 류인균
50 한국의 하구역: 하구둑 건설 이후의 지형변화 | 유근배·김성환·신영호
51 한국의 신용평가제도 | 이인호
52 전통 마을숲의 생태계 서비스 | 이도원·고인수·박찬열
53 두 개의 예외적인 복제체제 비교 연구: 한국 복지국가 모형의 탐색 | 김태성
54 박정희 체제의 성립과 전개 및 몰락: 국제적·국내적 계급관계의 관점 | 김수행·박승호
55 한국 서해안의 해안사구: 지형학적 관점을 중심으로 | 유근배·류호상
56 『기우제등록』과 기후의례: 기우제, 기청제, 기설제 | 최종성
57 한국어 술어의 사건 구조와 논항 구조 | 남승호
58 舊韓末의 韓獨 外交文書 '德案' 硏究 | 권오현
59 현대 한국어의 공시 형태론: 경주지역어를 실례로 | 최명옥